Cristina Candel

Jo Frühwirth

Dem Glück ein Stück entgegen gehen

Bindung – das Tor zur Freiheit

Manuela Kinzel Verlag

Impressum:

Manuela Kinzel Verlag
73037 Göppingen * 06844 Dessau

Tel. 07165 / 929 399

info@Manuela-Kinzel-Verlag.de
www.Manuela-Kinzel-Verlag.de

Covergestaltung: Jo Frühwirth

2. Auflage, 2016
© Alle Rechte vorbehalten.
Manuela Kinzel Verlag

ISBN 978-3-95544-035-0

Inhalt

Glückssuche

Das Glück ist eine leichte Dirne
Und weilt nicht gern am selben Ort;
Sie streicht das Haar dir von der Stirne,
Und küsst dich rasch und flattert fort.

Frau Unglück hat im Gegenteile
Dich liebefest ans Herz gedrückt;
Sie sagt, sie habe keine Eile,
Setzt sich zu dir ans Bett und strickt.

Heinrich Heine

Das ist ein Buch für die Glückssucher. Es ist ein Reiseführer in die Welt der Seele. Dort ist der Ort, an dem das Glück seine Wohnung finden kann. Es klopft in kleineren oder größeren Abständen an und bittet um Einlass. Es mietet diese Wohnung dann und wann.

Es ist kein Dauermietverhältnis.

Manchmal können wir das Anklopfen des Glücks nicht hören. Wir weisen es ab, ohne dass uns das bewusst wäre. Wir wundern uns nur zwischendurch, warum es partout nicht kommen will. Dieses Buch ist ein kleiner Impuls, dem Glück ein Stück entgegen zu gehen. Dieser Weg ist meistens steinig und beschwerlich. Deshalb bleiben wir in unserem Alltag lieber da, wo wir sind. Wenn wir uns aber auf den Weg machen, dann hat es das Glück wesentlich leichter, unser Herz zu finden. Auch das Herz ist ein Ort, wo wir es in uns wohnen lassen können.

Aber manchmal haben wir es gerade aus diesem Ort aktiv vertrieben.

Glück ist wunderbar. Wenn wir diesen Zustand empfinden, dann schweben wir frei. Glück ist Erfüllung! Welcher Mensch will nicht glücklich sein? Soweit so gut. Die große Frage bleibt nämlich: Wann stellt sich dieser Zustand ein?

Glück ist flüchtig. Glück ist ein Gefühl und lässt sich nicht festhalten. Glück ist dieses Gefühl, etwas erreicht zu haben. Dieses Gefühl von „Ja!". Aber Glück ist leider kein Zustand von Dauer. Glück ist ein immer wiederkehrendes Ergebnis von Handeln und Tun. Glück stellt sich ein, wenn wir unser Leben in die Hand nehmen, wenn wir Entscheidungen treffen, Schritte gehen und dafür die Verantwortung übernehmen. Glück ist ein Ergebnis, wenn wir nach unseren innersten Überzeugungen, nach unserer inneren Wahrheit handeln. Glück ist das Sein, das unserem innersten Wesen entspricht. Glück ist dabei kein „Friede-Freude-Eierkuchen-Dauerzustand".

Glück ist auch das Resultat von Anstrengung und Kampf. Glück zeigt sich mit dem Tun, mit dem Handeln und mit den Lebensentscheidungen, die wir treffen. Glück ist ein Ausdruck von Lebenswahrhaftigkeit.

Und Glück ist vor allem das Gefühl, am Leben in vollen Zügen teilzuhaben, so wie es der eigenen Person, der eigenen Lebenshaltung entspricht.

Unglück ist nicht immer das Gegenteil von Glück. Das Gegenteil von Glück kann sich als Traurigkeit, Depression, Lethargie, Antriebslosigkeit, Aggression oder im Einsamsein zeigen. Unglück in diesem Sinne entsteht, wenn Menschen nicht mehr so akzeptiert werden, wie sie wirklich im tiefsten Innersten sind.

Und wenn dies Kindern passiert, wenn sie zum Beispiel von Mutter und Vater nicht gesehen werden, wenn sie um Anerkennung und Beachtung kämpfen müssen, oder wenn sie die Eltern durch den Tod für immer verlieren, dann kommen diese Kleinen in ihre ersten großen Lebenskrisen.

Blicken sie dann als Erwachsene auf ihr Kinderleben zurück, fallen ihnen vielleicht manche dieser Lebenskrisen gar nicht mehr ins Auge. Sie sind gut im hintersten Winkel der Seele versteckt. Menschen können viel dafür tun, Schmerzhaftes im Laufe der Jahre auszublenden.

Viele dieser Menschen haben Überlebenskonzepte entwickelt, die dem Schmerz dieser Krisen geschickt ausweichen. Der tiefe Schmerz soll möglichst nicht spürbar gemacht werden. Wer sich anpasst, braucht nicht zu spüren.

Ein typisches Beispiel für solches Anpassungsverhalten ist zum Beispiel das Thema Leistung. Wer als Kind nicht wahrgenommen wurde, entwickelt als Gegenstrategie oft das innere System der absoluten Leistung. „Papa oder Mama, seht mal, wie gut ich bin." Oder: „Auch wenn Du mich niedermachst, Dir zeige ich, was in mir steckt."

Auf diese Weise entwickeln sie ein Ersatzsystem. Sie zwingen sich zu Disziplin und manchmal auch Härte gegenüber sich selbst. Ohne es zu merken, geben sie diese kindliche Wahrnehmung auch an ihre Kinder weiter. Und so tragen sie unbewusst die erfahrene Nichtbeachtung, die emotionale Enthaltsamkeit systemisch weiter. Obwohl sie eigentlich alles anders machen wollten, prägen sie damit dann auch wieder die eigenen Kinder in gleicher Weise.

Das Gehirn formt sich durch die Erfahrung. Deshalb sind es immer nur die eigenen Erfahrungen, die an die nächste Generation weitergegeben werden können. Was die Eltern nicht erlebt und erfahren haben, können sie auch nicht ihren Kindern vermitteln. Und diese „Leistungseltern" können den eigenen Nachwuchs nicht um seiner selbst willen anerkennen. Sie finden ihn nur gut, wenn er auch die gesetzten Leistungskriterien erfüllt. Hinter all diesen Verhaltensweisen steckt meistens der unausgesprochene Wunsch nach Beachtung und Anerkennung.

Auch solche Verhaltensweisen, die wir zum Beispiel „Helfersyndrom" nennen, haben meistens ihre Wurzeln in diesem frühkindlichen Grundbedürfnis nach Anerkennung.

Das Überlebenssystem heißt hier, immer und überall für andere da zu sein. Im Helfen mache ich auf mich aufmerksam und werde beachtet. „Ich helfe, also bin ich." Und wehe das Helfen wird nicht gesehen oder abgelehnt. Dann wird ein Helfer sehr schnell böse.

Leisten oder Helfen sind nur zwei Muster einer kindlichen Reaktion, um Aufmerksamkeit zu bekommen.

Immer wenn Kinder in ihrem Wesen nicht gesehen oder missachtet werden, müssen sie Formen des eigenen Überlebens entwickeln. Und immer sind es in irgendeiner Form auch gewalttätige Beispiele. Die Gewalt richtet sich manchmal aggressiv nach außen gegen andere oder auch selbstzerstörerisch gegen die eigene Person.

Es sind Formen der negativen Überlebenskonzepte. Alle führen dazu, sich im Leben immer weniger glücklich fühlen zu können. Das Leben mit den Mitmenschen ist schwierig. Partnerschaften gehen zu Bruch. Die Beziehung zu den Kindern ist katastrophal und kalt. Das Leben wird anstrengend und freudlos.

Dieses Buch hat keinen Anspruch auf Vollständigkeit. Aber es will den Blick lenken auf die komplexen Zusammenhänge im menschlichen Zusammenleben. Es beschreibt Ausschnitte aus dem Leben, beleuchtet Hintergründe und Prozesse. Es macht sich auf die Spurensuche dieser komplexen Zusammenhänge. Jede Lebensgeschichte ist anders.

Alle sind im Detail so verschieden, wie wir Menschen verschieden und einzigartig sind. Dennoch kristallisieren sich immer wiederkehrende Aspekte einer Lebensdynamik heraus. Sie machen uns manchmal das Leben unnötig schwer, ohne dass wir das realisieren. Solche blockierenden Aspekte sollen ins Blickfeld gerückt werden. Werden sie gesehen, gewürdigt und in das eigene Leben gut integriert, hat das Lebensglück einen freieren Weg, auf uns zuzukommen.

Das Buch lädt ein, sich das eigene Leben genau anzuschauen und sich auf einen spannenden Weg zu machen, auf den Weg zu sich selbst.

Es sind nicht die anderen, die sich verändern müssten. Es sind nicht die anderen, die für unser Leben verantwortlich sind. Für unser Leben tragen nur wir selbst die Verantwortung! Und jedes Leben ist einzigartig. Keine Lebensgeschichte gleicht der der anderen. Jede ist ein Unikat. Es spielt dabei auch keine Rolle, zu welchem Preis wir unser Leben bekommen haben. Das geschenkte Leben ist die große Herausforderung, unser Leben selbst in die Hand zu nehmen.

Das Buch ist keine wissenschaftliche Arbeit. Es schildert Erfahrungsberichte aus der Praxis und lädt ein, die eigenen Lebensschritte in den Blick zu nehmen.

Es ist eine Hilfestellung, die Probleme mit dem Partner und der Familie anzuschauen und zu lösen. Wer sich auf diesen Prozess einlässt, muss bereit sein, sich seinem eigenen Leben zu stellen.

Der erste große Schritt auf dem neuen Weg ist der Blick auf die eigene Lebensgeschichte.

Im Via-Autonomietraining[1] werden zum Beispiel Seminare zur Biografiearbeit angeboten. Sie sind ein guter Einstieg, das eigene Leben gezielt anzuschauen. Wer dazu bereit ist, hat die Chance, positive Veränderungen einzuleiten. Das Buch beschreibt konkrete Erfahrungen von Menschen, die sich auf den Weg gemacht haben.

Sie kamen zum Beispiel in die Workshops des *Zentrums für Halt und Bindung (Zhab) e.V.*[2] oder in die privaten Beratungsstunden der Autoren. Diese Männer und Frauen suchten Hilfe in ihrer aktuell schwierigen Lebenssituation. Sie steckten mittendrin in Beziehungsstörungen und ungelösten Problemen mit den Partnern und der Familie. Sie waren unzufrieden mit dem eigenen Leben. Sie kamen nicht mehr klar mit den Kindern. Oder es herrschte Funkstille bei den Eltern.

Für diese Menschen gab es nur einen Ausweg, sich diesen Schwierigkeiten zu stellen und das gegenseitige Miteinander neu zu ordnen.

Die Beziehungsgeschichten lenken den Blick auf Fehlentwicklungen, ihre möglichen Ursachen und mögliche Auswege. Das Buch ist aber kein Beziehungskochbuch nach dem Motto „man nehme".

Jedes menschliche Schicksal ist anders, jedes ist einzigartig.

---

[1]   www.via-derweg.de

[2]   www.zhab.de

Deshalb kann es nicht nur das eine gleiche Patentrezept für alle geben. Das eigene Schicksal ist ein ganz persönlicher Weg, den jeder Mann und jede Frau im Leben zu bewältigen hat.

Ob es am Ende eine erfolgreiche, weil sinnvolle Wegstrecke sein wird, hängt von der Energie und dem persönlichen Einsatz der Beteiligten ab. Ein jeder ist aufgefordert, sich um eine Lösung zu bemühen. In diesem Sinne ist jeder „seines Glückes Schmied".

Die vorgestellten Beispiele sind Anregungen und Impulse. Sie sind Gedankenfutter für eigene Entscheidungen.

Die einzelnen Lebensgeschichten sollen den Leser und die Leserin ermutigen, selbst neue Wege zu finden, die eigenen Bindungen und Beziehungen lebendiger und kraftvoller zu gestalten.

Menschen sind in ihrem Leben existenziell auf Bindungen angewiesen. Fallen sie aus Bindungen heraus, bedeutet das Lebensgefahr. Wenn der Partner oder Familienmitglieder, Freunde oder Kollegen sich verweigern, ist das die Verbannung in die Isolation. In dieser Isolation verliert der Betroffene sein Gefühl, ein vollwertiger Mensch zu sein. Er gehört nicht mehr dazu. Seine Gefühle verkümmern. Das reale Leben ist ein monotones vor-sich-her-Leben. Freude, Trauer, Schmerz und Lust haben darin keinen Platz mehr und flachen ab. Oft verschwinden die Gefühle ganz.

Wir haben immer die Chance und die Möglichkeit, uns auf den Weg der „Glückssucher" zu begeben. Wir haben zu jedem Zeitpunkt unseres Lebens die Möglichkeit zur Richtungsänderung. Dabei gibt es nicht den einen Königsweg. Viele Wege führen nach Rom, sagt ein altes Sprichwort. In diesem Buch ist von solchen unterschiedlichen Wegen die Rede. Sie alle haben das eine große Ziel, das eigene Glück zu finden.

Bei dieser Suche stoßen wir immer wieder auf das große menschliche Lebensthema: Es ist der Bindungsverlust und die Sehnsucht nach Bindung. Wir werden von ihr geprägt, wenn sie da ist, aber auch, wenn sie fehlt.

Wir können nur menschlich existieren in der Bindung, in der Koexistenz mit anderen Menschen. Deshalb ist die Frage nach der Qualität der Bindung unter uns Menschen unsere existenzielle Frage.

Man kann es auch anders ausdrücken. In unserem menschlichen Miteinander, in unserem Zusammenleben geht es immer nur um einen Punkt. Es ist das große Fundament, auf dem alles ruht. Es ist die Liebe. Sie hat viele Erscheinungsformen und Variationen. Die Liebe verbindet uns. Bindung ist ein Teil und ein anderer Ausdruck für die Liebe.

In diesem Sinne wird in diesem Buch auch der Begriff Bindung verstanden und benutzt. Wer gut gebunden ist, fühlt sich geliebt und sicher. Wer sich sicher fühlt, ist offen für den Besuch des Glücks.

In diesem Sinne ist die Glückssuche, die in diesem Buch beschrieben wird, eine Suche nach den eigenen Hürden und Blockaden. Wenn wir sie aus dem Weg räumen, hat das Glück die Möglichkeit, uns immer wieder zu besuchen.

Bindungsverlust – Überlebensmuster

Wer in seinem Leben aus der Bindung herausfällt, gerät in Lebensgefahr. Der Mensch ist auf den anderen Menschen angewiesen, um sich seiner selbst bewusst werden zu können. Ohne Bezugs- und Bindungsperson ist der Mensch ein Niemand.

Um in einer solchen Lebenssituation weiter existieren zu können, muss dieses große Loch des Verlustes gestopft werden. Es gibt unzählige Variationen menschlicher Lebens- und Überlebensgeschichten. Immer geht es darum, wieder die Aufmerksamkeit von anderen Menschen zu bekommen.

Die einen wählen die Mittel der Aggression. Andere passen sich an, ordnen sich unter, zappeln den ganzen Tag oder leisten Außergewöhnliches. Manche fallen in die Depression.

Allen geht es im Grund nur darum, durch ihr Verhalten wieder Aufmerksamkeit zu bekommen, wieder in Kontakt mit anderen zu sein.

Viele solcher Lebenskonzepte scheitern. Das ist dann ein Zustand, den wir Krise nennen.

Die folgenden Lebensgeschichten sind Ausschnitte aus dem komplexen Geschehen des Lebens. Sie sollen ein Gefühl dafür entstehen lassen, auf welchen existenziellen Grundpfeilern unser Leben aufgebaut ist. Sie sollen Zusammenhänge aufzeigen, zwischen den Störungen, die uns das Leben als kleineres oder größeres Paket einfach vor die Türe legt, und unseren manchmal unzureichenden Lösungsversuchen.

Alle diese Ausschnitte aus einzelnen Biografien vermitteln uns einen Eindruck von den Automatismen, die einsetzen, wenn der große Schmerz in unser Leben tritt. Eine Beschreibung dieses großen Schmerzes heißt: „Ich werde nicht gesehen." Die zentrale Lebensfrage, die sich dann stellt, heißt: „Wie komme ich aus dieser Sackgasse wieder heraus?"

Die Weitergabe der eigenen Biografie
Manchmal hört die Trauer nicht auf

Helga und Michael kommen mit ihren drei Kindern zum Familien-Workshop. Jakob, ihr Ältester, ist acht Jahre alt. Er ist das Sorgenkind.

Die Eltern wissen nicht mehr, wie sie ihn unterstützen können. „Jakob macht alles mit sich alleine aus, ihm fehlt Lebensfreude, er lacht kaum", berichtet die Mutter. Sie hat den Wunsch, Jakob zu halten. Die Mama will ihrem Kind zeigen, dass es nicht alles alleine durchkämpfen muss.

Beide Eltern wünschen ihrem Sohn endlich die Erfahrung, sich fallen lassen zu können und klein sein zu dürfen. „Er ist so erwachsen und vernünftig", beschreiben ihn die Eltern. Außerdem ist das Essen ein Dauerstressthema. Jakob verweigert oft die Mahlzeiten. „Er bekommt schwer was runter. Es macht ihm auch keinen Spaß zu essen." Die Eltern sind verzweifelt, weil sein Gewicht schon an der Untergrenze ist.

Beim Erstgespräch mit den Eltern stellt sich heraus, dass Jakob in der 31. Woche als Frühchen auf die Welt kam. Dies ist eine

auffallende Parallele zum Schicksal seiner Mutter Helga. Sie war auch eine Frühgeburt. Sie kam ebenfalls in der 31. Woche zur Welt. Das Thema Essen ist auch für die Mutter ein Stressfaktor: „Mir bleibt noch heute oft das Essen im Hals stecken."
Mit Jakob und seiner Essproblematik kommt Helga im Alltag immer auch an ihre eigene Angstthematik und an ihre eigene Grenze.
„Ich merke, ich habe oft keine Kraft und Geduld mehr!"
Im Gespräch über die Schwangerschaft und die Geburt betont Helga, dass die Bindung zu den anderen zwei Kindern viel besser ist als zum Frühchen Jakob.
Der Zugang zu den beiden „Normalgeborenen" ist natürlicher und viel leichter. Offensichtlich erinnern sie ihre Mutter nicht ständig an das eigene Schicksal.

Mit Jakob ist das anders. Seine Frühgeburt trifft genau in den Schmerz, den die Mutter selbst in ihrem Körper trägt.
Sie musste auch zu früh in diese Welt kommen. Unbewusst wehrt sie sich allerdings gegen diese ganz tief in ihr schlummernden und versteckten Gefühle. Und so beeinflusst dieses Verhalten ihre Beziehung zum Sohn. Helga nimmt seit Jakobs Geburt eine Trennung zwischen sich und dem Kind wahr. Sie leidet darunter sehr. Aber erst im Laufe des Gesprächs wird ihr bewusst, wie viele Parallelen es zwischen ihrem Schicksal und dem von Jakob gibt: Frühgeburt, Brutkastensituation, starker Wille, Unlust gegenüber dem Essen, alles mit sich alleine ausmachen wollen, das Leben als Kampf erfahren!
Es gibt nur einen Unterschied. Sie hält ihre eigene Haltung, alles immer möglichst alleine durchzukämpfen, für gut und richtig. Ändern will sie daran nichts.

Der Zusammenhang zwischen Realität und Erfahrung wird an diesem Fall sehr deutlich. Mama Helga ist in einer schwierigen persönlichen Lage. Sie kam als Frühgeburt auf die Welt.

Für Babys ist eine solche Lebenserfahrung eine absolute Ausnahmesituation.

Wir können nur ahnen, mit welcher Angst und mit welcher Unsicherheit dieses Ereignis verbunden ist. Die Medizin unternimmt in solchen Fällen alles, um das Leben des Frühchens zu erhalten. Der Preis dieses „technischen Eingriffes" heißt Brutkasten statt Mutterbauch, heißt Schläuche und Maschinen statt Plazenta. Alle wollen, dass der kleine Wurm überlebt.

Die Mama hat in ihrem Körper diese Erlebnisse der Frühgeburt gespeichert. Aber dennoch machen wir uns viel zu wenig bewusst, welchen emotionalen Preis das Baby dafür bezahlen muss.

Eine Frühgeburt ist eine traumatisierende Ausnahmesituation. Das Kind verliert urplötzlich die Geborgenheit des Mutterbauches. Dies ist ein Schock für das kleine handvoll Leben. Es ist plötzlich herausgerissen aus dem Schutz durch den Körper der Mutter. Es hat keinen Kontakt mehr. Es ist ohne Verbindung zu dem Organismus, der bisher das Leben garantierte.

Die Technik kann die menschliche Zuwendung und Bindung nicht ersetzen. Die Technik kann höchstens den Erhalt biologischer Lebensfunktionen garantieren. Das Frühchen ist alleine im Brutkasten. Es hat Angst um sein Leben. Es hat Todesangst!

Das zentrale Thema im Leben aller Heranwachsenden heißt von Beginn an: „Sicherheit!"

In jeder Phase des Großwerdens spielt die Sicherheit eine zentrale Rolle. Dazu gehört natürlich der Schutz vor Gefahren, die emotionale Nähe und Wärme und die Verlässlichkeit der Bindungsperson. Kinder müssen sicher sein können, leben zu dürfen. Das gilt für die Babys im Mutterleib, für die Frühchen und für die Neugeborenen.

Wenn Kinder sich sicher fühlen, dann können sie die Welt entdecken. Wenn Kinder sich sicher fühlen, dann können sie gut wachsen und sich gut entwickeln.

Wenn sie sich unsicher und bedroht fühlen, müssen sie sich sehr anstrengen, um mit dieser Bedrohung klarzukommen. Sie müssen eigene Überlebenskonzepte entwickeln. Manchmal haben sie keine Wahl. Eine solche Situation drückt sich zum Beispiel in dem Sprichwort aus: Vogel, friss oder stirb!

Bei den Frühchen hat dieses Thema eine ganz besondere Dimension. Ihr Einstieg in das Leben ist ein fundamentales Erlebnis von Todesnähe.

Die Erwachsenen haben diese emotionale Ausnahmesituation der Kleinen nicht immer im Blick. Sie tun dann alles, um das neugeborene Leben zu retten. Doch dieses Tun ist technisch. Es hat die Erhaltung der körperlichen Funktionen im Blick.

Die emotionale Seite wird dabei oft übersehen.

Bei Mutter Helga kommen alle diese Gefühle ihrer Frühgeburt wieder ans Licht, als ihr Sohn Jakob auch zu früh auf die Welt kommt. Alles ist wie ein Déjà-vu Erlebnis. Durch das Schicksal ihres Sohnes wird sie an ihr eigenes Schicksal erinnert.

Die unbewussten Gefühle der Verlassenheit, der Angst, des Alleinseins kommen alle wieder hoch. Sie kann nichts dagegen machen. Sie spürt auch ihre zentrale Haltung in dieser Extremsituation. Sie will überleben. In diesem Zustand ist sie so intensiv von ihrer eigenen Not überrollt, dass sie die Not ihres Kindes gar nicht mehr wahrnehmen kann. Sie will alles alleine machen. Sie hat keine andere Wahl.

Bis in das aktuelle Verhalten prägt diese Lebenserfahrung das eigene Handeln. Der große Nachteil ist nur, dass ihr die Zusammenhänge nicht bewusst sind. Sie empfindet ihr eigenes Verhalten als vollkommen normal und richtig. Eigenständigkeit, alles selbst in die Hand zu nehmen, ist ihr Überlebenskonzept. Sie hatte damals keine andere Wahl, um weiterleben zu können.

Zwischen Helga und Michael gibt es wie bei vielen Männern und Frauen ein klassisches Partnerproblem. Der Eine will Nähe, der andere verweigert sie.

Es ist häufig zu beobachten, dass Männer sich gegen das Kuscheln und Frauen sich gegen die Sexualität sperren. Wenn eine Frau die körperliche Nähe ihres Mannes nicht lange ertragen kann, und der Mann seiner Frau die Zärtlichkeit verweigert, erleben das beide als persönliche Zurückweisung.

Dies führt zwangsläufig zu großer Spannung in der Ehe.

Helga geht seit geraumer Zeit Michael aus dem Weg. Er versteht überhaupt nicht, warum sich seine Frau immer wieder verweigert.

Auch in Konfliktsituationen zieht sie sich gerne zurück.

Er hat deshalb nur wenig Möglichkeiten, Konflikte mit ihr auszutragen.

Helga ahnt den Hintergrund ihrer Angst. Sie befürchtet, in der Auseinandersetzung mit Michael angegriffen zu werden und sich nicht wehren zu können.

Helga: „Wir sind im Elternhaus Konflikten aus dem Weg gegangen. Wir haben funktioniert, wir wurden versorgt, doch es fehlte Liebe."

Eigentlich kam Helga mit dem Wunsch, ihren Sohn halten zu wollen. Im Therapiegespräch wird aber ganz schnell deutlich, dass nur eine Person gut halten kann, wenn sie selbst stark genug ist. Halten bei Kindern heißt nämlich vor allem, dem Kind Sicherheit zu bieten. Es heißt auch, unterscheiden zu können zwischen den Gefühlszuständen des Kindes und den eigenen Empfindungen.

Wenn ein Kind schreit, werden Eltern dadurch unbewusst oft an ihr eigenes Schreien als kleines Kind erinnert. Es kommt also darauf an, dass sie den eigenen Schmerz vom aktuellen Schmerz des Kindes unterscheiden und zurückstellen können.

Ein Kind muss auf die Eltern vertrauen können, um sich fallen lassen zu können. Deshalb ist es für die Eltern oft wichtig, ihre eigenen schwachen Seiten ehrlich anzuschauen. Außerdem macht die eigene Erfahrung mit einem Halteprozess die Eltern viel sicherer. Sie wissen dann, wie es sich anfühlt, die Nähe im Halten zu spüren und anzunehmen.

So entscheidet Helga, sich von ihrem Mann halten zu lassen. Anfangs fällt es Helga überhaupt nicht leicht, die Nähe von Michael zu ertragen. Sie spürt einen Druck im Bauch, der für sie schwer auszuhalten ist.

Die Therapeutin lädt sie ein, in den Bauch zu atmen und dabei nachzuspüren, wie sich dieser Druck anfühlt. Alle Körpersymptome haben eine ganz spezielle Botschaft, die es zu ergründen gilt.

Womit steht der Druck in Verbindung? Welches Gefühl entsteht? Welches innere Bild erscheint? Wo taucht ein Schmerz auf?

Helga lernt mit jedem Ausatmen den Druck ein Stück weit rauszulassen. Ursprünglich kostete es sie eine große Überwindung, die Nähe von Michael zuzulassen. Aber ganz langsam wird der Abwehrreflex immer weniger.

Immer besser kann sie der Ursache für ihren inneren Druck nachspüren. Sie spürt, dass diese innere Anspannung in Verbindung steht mit einem Gefühl der Trauer.

Die Therapeutin unterstützt sie im Prozess und führt Helga langsam dahin, der Trauer Raum zu geben. Sie lädt ein nachzuspüren, ob im Zusammenhang mit diesem Gefühl noch Bilder auftauchen. Helga traut sich in dieser geschützten Situation Gefühle zu benennen, die ihr im Alltag nicht bewusst waren.

„Wenn Michael mich so anschaut, ist sein Blick so durchbohrend." Die Therapeutin begleitet sie dabei: „Woher kennst du diesen Blick?"

Helga ist plötzlich in ihrer Kindheit. Die Mutter kontrolliert immer ihre Hausaufgaben. Und immer findet sie Fehler.

„Ich musste immer funktionieren, perfekt sein und nach außen immer gut drauf sein, ganz egal, wie es mir wirklich ging."

In der Sicherheit und im Schutz des Halteprozesses kann Helga sich diesem Gefühlserleben aus der Kindheit stellen. Endlich darf sie ausdrücken, welche große innere Bürde sie auf diese Weise tragen musste. Sie kann ohne schlechtes Gewissen ihren Tränen freien Lauf lassen.

Ein zweites Bild taucht auf. Helga ist im Alter zwischen 15 und 16 Jahren. Sie soll mit ihrer Schwester ins Internat gehen. Zu Hause wird gefeiert. Ihr steht der Sinn nicht nach dieser Fröhlichkeit. Sie ist traurig, aber sie lächelt.

Im Halten kann sie mit der Begleitung noch einmal nachspüren, wie sie damals wirklich empfunden hat. Sie kann mit der Hilfestellung der Therapeutin auch ausdrücken, was damals in ihr wirklich vorgegangen ist, was sie damals als Kind nicht auszusprechen wagte. Sie kann den Gästen ihr wirkliches Befinden zeigen. „Es ist alles so steril, so kalt, so unwirklich ruhig."

Dieses Gefühl nimmt die Therapeutin auf und führt Helga noch ein Stück weiter in ihre Kindheit: „Wo begegnete dir das noch? Wo war alles so steril, kalt, ruhig?"

Es kommt ein Bild, als Helga 5 Jahre alt war. Sie steht mit ihrer Zwillingsschwester am Gitterbett. Die Eltern und ihre große Schwester wollen ohne die Kleinen verreisen. Sie verabschieden sich von ihr. Die Oma bleibt da. Helga ist tieftraurig, weil sie nicht mit darf. Der Halteprozess bietet auch hier die Möglichkeit, dieses Gefühl der Trauer zum ersten Mal bewusst auszudrücken.

Helga spricht aus, was sie so noch nie ausgedrückt hat. Sie ist voll in diesem Gefühl der Zurückweisung. Sie spürt ihr damaliges Bedürfnis. Sie spürt ihren Wunsch, dass die Mutter sie in ihrer Trauer doch sehen soll.

Doch die Mutter schaut immer weg und nimmt sie nicht war. Helga ist voll im Schmerz von damals: „Lasst mich nicht allein!" Ihre Stimme ist sehr zaghaft und leise, wenn sie nach der Mutter ruft.

Im Nacherleben ihres großen Schmerzes wird ihr bewusst, wie sehr sie darunter gelitten hatte, nicht gesehen zu werden, wie sehr sie als Gegenreaktion ihr Überlebenskonzept entwickelt hatte, zu funktionieren und nicht aufzufallen. Sie wollte ihre Mutter schonen.

Die Therapeutin führt sie noch weitere Schritte zurück in die Kindheit. Sie beschreibt die Zeit im Mutterleib, wo es nicht so „steril kalt und ruhig" war, und sie den Kontakt zu ihrer Zwillingsschwester hatte.

Helga sieht plötzlich ein Bild, das sie so gar nicht mehr in Erinnerung hatte. Sie liegt im Inkubator, sieht die Scheibe um sich. Sie spürt die Leere. Draußen stehen ihre Mutter und ihre große Schwester und unterhalten sich. Helga spürt den

Wunsch, gesehen zu werden. Trotz aller Anstrengung schafft sie es nicht, sich bemerkbar zu machen. Sie kann nicht zur Mama, kann nur den Kopf drehen. Ihr Herz und ihr Körper sind wie leblos. Sie spürt nichts. Anfangs versucht sie noch, sich bemerkbar zu machen, ihre Gefühle zu zeigen, doch die Ohnmacht ist stärker. Es kommt keine Zuwendung von Seiten der Mutter. Ihre Bemühungen lassen nach. Sie resigniert, kauert sich zusammen.

Im Halteprozess fordert sie jetzt plötzlich den Abstand von Michael ein. Dieser gibt nach und zieht sich traurig zurück.

Die Therapeutin nutzt diese Situation zur Einordnung. Sie erklärt die Dynamik dieser frühkindlichen Traumasituation.

„Durch diese Abwendung von der Mama und dem Rückzug auf dich selbst hast du überlebt. Niemand war da, um dich emotional aufzufangen. Du warst auf dich alleine gestellt. Du hast dich damit abgefunden. Du hast schon ganz früh gelernt, alles alleine durchzustehen. Was würdest du tun, wenn heute jemand da wäre und dich in den Arm nehmen würde?"

Helga: „Mich fallenlassen."

Michael setzt sich auf und nimmt Helga in den Arm.

„Da, lass' dich fallen, du darfst jetzt sein, ohne Anstrengung. Genieße einfach, da zu sein."

Helga genießt lange das ankommen Dürfen in den Armen von Michael.

Sie kann seine Nähe jetzt wahrnehmen und muss sie nicht zurückweisen.

Sie wirkt entspannt. Sie schaut ihn an.

Die Therapeutin fragt: „Wie schaut Michael jetzt?"

Helga: „Nicht mehr so bohrend."

Für Michael ist es auch neu, seine Frau länger halten zu dürfen. „Es ist schön, dass du mich siehst."

Helga: „Ich seh dich so gerne."

Michael: „Du darfst bei mir ankommen."

Er äußert seine Freude darüber, dass es das erste Mal ist, dass sie seine Nähe so zulässt und ganz bei ihm ist: „Ich liebe dich. Ich bin froh, dich so bei mir zu haben und zu spüren. Es ist was ganz Neues."

Helga: „Für mich ist es eine ganz neue Erfahrung. Ich darf sein. Es ist okay, wie ich bin. Ich muss mich nicht anstrengen bei dir."

In seinem Überschwang möchte Michael ihr versprechen, dass sie immer zu ihm kommen darf, und er immer für sie da sein wird.

Die Therapeutin bremst ihn. Er formuliert sein Angebot realistischer: „Ich freue mich, wenn du meine Nähe genießen kannst. Ich bin gerne für dich da."

Beide schauen sich lange tief in die Augen.

Michael weint: „Dich so zu sehen, freut mich und gleichzeitig tut mir weh, wie viel gemeinsame Zeit wir bisher verpasst haben."

Das Halten

Das Halten ist eine wirksame und heilsame Methode in der therapeutischen Arbeit. Das Bindungshalten ist ein Weg, wieder mit sich, seinen Kindern, seinem Partner in Kontakt zu kommen. Nach und nach können so Bindung und Liebe erneuert werden.

Das Bindungshalten legt Wert auf eine behutsame Wiederaufnahme eines körperlichen und emotionalen Kontaktes. Es begleitet und unterstützt die Menschen, sich den eigenen Gefühlen wieder zu nähern.

Das Bindungshalten baut Schranken und Ängste ab. Berührung und berührt werden im wörtlichen und übertragenen Sinne sind die Grundlage für den Kontakt mit sich selbst, für stabile emotionale Nähe zwischen den erwachsenen Partnern, zwischen Eltern und ihren Kindern oder zwischen erwachsenen Kindern und ihren alten Eltern. Wer gut auf dem Fundament seiner eigenen Emotionen Halt gefunden hat, gut in Bindung und Verbindung mit den anderen ist, gewinnt die Freiheit, sein eigenes Leben verantwortungsvoll zu gestalten.

Das Halten oder gar das Festhalten ist ein Begriff, der manchmal Unbehagen auslöst. Es kommt das Bild vom Schraubstock, von Freiheitsberaubung, von Einengung, von Gefesseltsein. Dabei ist das Halten eine urmenschliche Verhaltensweise. Jedes Neugeborene wird im Arm gehalten.

Kinder suchen Trost im Arm der Mutter oder des Vaters. Erwachsene halten sich, wenn sie ihre Liebe und Zuneigung weitergeben.

Warum also haben viele eine Abwehr gegen diese körperliche Nähe, gegen diesen unmittelbaren Ausdruck von tiefem menschlichen Miteinander? Möglicherweise ist die Abwehrhaltung ganz einfach zu erklären.

Wenn Kinder sich zurückgewiesen oder verletzt fühlen, sagen sie immer den gleichen Satz: „Lass mich!"

Sie sagen diesen Satz, obwohl sie gerade in diesen Situationen nichts nötiger hätten, als in den Arm genommen und getröstet zu werden. „Lass mich" ist die Abwehrreaktion der Verletzten.

Möglicherweise ist das die Erklärung für die Abwehr gegen Halteprozesse.

Im Halten werden die Gefühle aktiviert. Die körperliche Berührung gibt einen sicheren Rahmen, hilft dabei, den eigenen Körper zu spüren im Schmerz, im Aufbäumen, in der Wut. Halten kann ganz vorsichtig sein oder ganz fest. Der Gehaltene kann sich in den Arm des Haltenden fallen lassen oder das Gewicht spüren, wenn dieser auf ihm liegt. Er kann sich mit dem Rücken ganz sanft an sein Gegenüber anlehnen. Manchmal genügt auch nur die Hand auf der Schulter oder auf dem Bauch oder dem Herzen.

Berührung ist eine Form von Nähe. Sie muss erst einmal zugelassen und dann neu entdeckt werden. In dieser Nähe zum Haltenden, in der Begleitung vom Therapeuten gehen emotionale Türen auf. Der Körper gibt Gefühle frei, die er bisher gut gehütet hat. Der Körper erinnert sich an Vieles aus dem vergangenen Leben. Er korrespondiert mit der Seele.

Der Therapeut spürt sich ein in diese Vorgänge, verstärkt sie, lenkt sie, unterstützt sie. Er bringt den Betroffenen in Kontakt mit sich selbst. Und zwischendurch spricht er mit seinem Verstand, erklärt und ordnet ein, sortiert und rückt in den Mittelpunkt. Solche Prozesse sind Erkenntnisexpeditionen auf den verschiedenen Ebenen von Körper, Geist und Seele.

Wer diesen Halteprozess hinter sich hat, braucht erst einmal Zeit, um alle neuen Informationen emotionaler, körperlicher und rationaler Art auf sich wirken zu lassen. Diese Zeit wird Integrationszeit genannt. Das Gehirn produziert dabei neue Verschaltungen. Der Bewusstseinsprozess kommt in Gang. Das Verhalten kann sich ändern. Manchmal ist das Halten wie ein „Aha-Erlebnis".

Manchmal braucht es danach noch weitere Trainingseinheiten, um das Anliegen vollständig zu bearbeiten.

Halten ist ein Schritt zur Freiheit. Es ist wie beim Bergsteigen. Der sichere Halt ist die Grundlage für den Weg zum Gipfel.

Jakob ist bereit, sich von seiner Mutter halten zu lassen. Er liegt steif in ihren Armen. Helga erzählt ihm, dass es für sie schön ist, ihn so nah bei sich zu haben.

Die Therapeutin lädt Jakob ein, zu sagen wie es sich anfühlt, wenn die Mama ihn hält. Er verdreht die Augen und sagt ins Leere: „Es ist mir egal."

Dann fragt sie die Mama nach der Reaktion auf diese Aussage. Helga hat Schwierigkeiten, einen Zugang zu ihren Gefühlen zu bekommen. Sie versucht, Jakobs Aussage mit dem Kopf zu begreifen. Innerlich ist sie verzweifelt, dass ihr Kind sich dieser gutgemeinten Anstrengung widersetzt. Sie rutscht dabei entweder in die Hilflosigkeit oder in die Wut und den Ärger.

Dieses Verhalten ist nicht unbekannt in den Workshops. Eltern wollen mit Kopf und Verstand verstehen, warum sich ihr Kind auf diese Weise verhält. In dieser Haltung versuchen sie, die Lage zu analysieren. Sie versuchen eine Erklärung zu finden. Sie wollen endlich das Erziehungsrezept. Sie übersehen dabei, dass sie in diesem Zustand kein spürbares Gegenüber für das Kind sind.

Sie sind nicht in Beziehung. Sie sind ständig auf der Suche nach den Rezepten für die Erziehung. Aber wenn sie so in ihrer Verstandesebene sind und dort auch bleiben, sind sie für ihre Kinder nicht wirklich erreichbar.

Ein Kind will seine Eltern spüren. Es sucht den persönlichen unmittelbaren Kontakt über die Gefühle und den Körper. Es braucht eine Ansprache über möglichst viele Sinne.

Und genau in diesem Bereich haben Eltern Defizite, die ihnen nicht bewusst sind. Der emotionale und körperliche Zugang zu bestimmten eigenen Erlebnisbereichen ist den Eltern oft selber nicht bekannt. Sie haben als Kind diese Gefühle verdrängen oder abspalten müssen. In der logischen Konsequenz der Hirnentwicklung heißt das: Was nicht erlebt wurde, steht auch nicht als selbstverständliches inneres Erziehungs-Repertoire zur Verfügung. Was nicht selbstverständlich zur Verfügung steht, macht unsicher in der Umsetzung. Deshalb fruchten auch die bestgemeinten und rational klar beschriebenen Erziehungsratschläge meistens nicht. Sie rufen manchmal sogar genau das Gegenteil hervor.

Eltern halten sich an Erziehungsregeln aus dem Buch, haben aber keinen emotionalen Bezug zu dem, was sie tun. Kinder spüren mit ihren feinen Antennen die Diskrepanz zwischen den Worten und der wirklichen Haltung. Sie spüren die feinste Unsicherheit bei den Großen. Und wenn die Eltern dann die Reserviertheit des Kindes spüren, werden sie unsicher. Je mehr ihre überzeugend klingenden Empfehlungen und Erziehungsanstrengungen ins Leere gehen, desto nervöser werden die Eltern. Ihr inneres Gefühl, nicht zu genügen, wächst. Sie fühlen sich als Versager und werden immer unsicherer.

Unsicherheit ist für ein Kind eine Bedrohung. Es wird gezwungen, eine eigene Überlebensstrategie zu entwickeln.

Eine davon kann heißen, wenn ich quengelig bin, werde ich beachtet, bespielt oder versorgt. Wenn Eltern solche Überlebenskonzepte der Kinder nicht als solche erkennen, kann sich dies zu einem permanenten Dauerkonflikt zwischen Eltern und Kindern entwickeln. Eltern fühlen sich dann vom Kind abgelehnt und nicht beachtet. Mit diesem Gefühl gehen sie aus der Rolle heraus, die Großen und Verantwortlichen zu sein. Sie fühlen sich gekränkt. In diesem Zustand sind sie in der Rolle von Kleinen und Bedürftigen. Sie fordern Verständnis von den Kindern. Die Kinder aber wollen Orientierung. Solche Situationen eskalieren meistens. Am Ende steht dabei oft die totale Erschöpfung auf beiden Seiten.

Die Therapeutin fordert Helga immer wieder auf, ihren Körper wahrzunehmen. Dieses bewusste Wahrnehmen des eigenen Körpers führt die Teilnehmer dazu, mit ihren eigenen Gefühlen in Verbindung zu kommen. Die Atmung führt sie an eine Körperstelle, die schmerzt.

Über das gezielte Wahrnehmen dieses Schmerzes bekommt Helga einen Zugang zu der Trauer, die in ihr ist. Es tut ihr weh zu spüren, dass Jakob in ihren Armen ganz steif ist und ihre Nähe nicht genießen kann.

Sie zeigt ihm ihre Trauer und weint:

„Du musst nicht immer stark und erwachsen sein, Jakob. In meinen Armen kannst du dich ausruhen, dich fallen lassen. Ich bin da." Helga und Michael erzählen Jakob von der Zeit, als Jakob noch in Helgas Bauch war.

Michael hat damals durch die Bauchdecke mit ihm gespielt. Er hat eine Tasse auf Helgas dicken Bauch gestellt. Der lebendige Jakob hat sie immer wieder mit einem Fußtritt von innen umgekippt. Dieses Spiel hat stets großes Gelächter hervorgerufen. Die Eltern berichten von der Geburt und der Zeit, als Jakob im Brutkasten lag. Jakob kann sich an nichts erinnern. Manches kennt er aber aus Erzählungen.

Jedes Mal wenn die Eltern über ihre Gefühle von damals sprechen, horcht der Sohn im Arm von Helga auf. Sie erzählen Jakob davon, wie schwierig diese Zeit für sie damals war. Immer wenn Jakob im Brutkasten lag, geweint hat, und sie ihn nicht herausholen und herumtragen durften, fühlten sie sich besonders hilflos.

Jakob wird bei diesem Gespräch sehr aufmerksam. Die Eltern schildern ihm auch, wie er verkabelt und an die Geräte angeschlossen war. Sie beschreiben, an welchen Stellen er immer wieder gepiekst werden musste, um Blut zu entnehmen.

Jakob schaut die Mutter mit großen feuchten Augen an. Einzelne Tränen kullern. Sein Körper entspannt sich langsam in Helgas Armen. Er wird zugänglicher und lässt sich auf die Erfahrung auf Mamas Bauch ein. Er genießt den Kontakt zur Mutter, lässt jetzt auch Zärtlichkeiten zu. Immer wieder sucht er den Blickkontakt zur Mutter. Für einige Augenblicke verweilt er darin.

Helga zeigt ihre Freude über die gewonnene Nähe zu ihrem Sohn.

Die Therapeutin fragt Jakob, wie es nun für ihn ist, wenn die Mama ihn hält: „… nicht mehr egal."

Während Helga lächelt, ihn weiter streichelt und an sich drückt, wird sein Gesichtsausdruck zunehmend jünger. In ihren Armen ist Jakob jetzt nicht mehr der schon vernünftige, große Sohn, sondern der kleine Junge, der sehnsuchtsvoll und weich seine Mama anschaut und genießt. Michael, der Vater, sitzt daneben und freut sich, dass Jakobs Stirnfalte, die er sonst so oft hat, aus dem Kindergesicht verschwunden ist.

Helga: „Du musstest schon so früh lernen, dich alleine durchzuschlagen und groß zu werden."

Während Jakob weiter genießt, lädt die Therapeutin die Eltern ein zu überlegen, welche Zeit zu Hause für solche körperlichen Zuwendungen zur Verfügung steht. Auf diese körperlich emotionale Ebene kommt es jetzt an.

Das Kind muss jetzt mit vielen praktischen Erfahrungen die Zuwendung nachholen. Dieses Gefühl der Verlassenheit hinter Glas kann sich so wieder verflüchtigen und durch positive Erfahrungen der Nähe und Geborgenheit ersetzen lassen.

Ein Brutkasten ist zwar ein wunderbares Gerät, um das Überleben eines Kindes zu unterstützen. Übersehen wird aber oft die psychische Not der Kleinen. Sie müssen das Getrenntsein von der vertrauten Mama aushalten. Solche Lebensstationen des Babys sind immer mit Angst, wenn nicht sogar mit Todesangst verbunden.

Gerade nach solchen traumatischen Erlebnissen ist das sogenannte „Nachnähren" angesagt. Den meisten Eltern ist dies nicht bewusst. Sie glauben, ihr Kind doch genug zu lieben, es gut zu behandeln. Sie sind erstaunt, hilflos und letztlich auch außer sich, wenn die Kinder ihr Angebot von Nähe abweisen.

Eltern sind immer wieder gefordert, nach solchen existenziellen Erfahrungen die emotionale Verbindung zu ihrem Kind besonders bewusst aufzunehmen und sorgfältig zu pflegen. Es gibt viele Übungen, den Kindern im Alltag mehr körperliche Zuwendung geben zu können. [3]

Gerade für solche Krankenhaus-Kinder, die in ihrer ersten Lebenszeit auf regelmäßigen Körperkontakt und emotionale Zuwendung verzichten mussten, ist das „Nachnähren" besonders wichtig.

---

[3] Siehe Kapitel 6: Therapeutisches Halten, Halten im Familienalltag und Halten ist Übungssache

Es braucht dazu einen Rahmen, in dem die emotionale und körperliche Zuwendung portionsweise aufgenommen werden kann. Manchmal meinen es Eltern aber auch zu gut und verzweifeln, wenn die Kleinen dann in die Abwehr gehen. Diese können eine übermäßige Zuwendung oft gar nicht ertragen.

Wenn den Eltern allerdings die Zusammenhänge klar sind, und sie sogar selber erlebt haben, worauf es ankommt, stärkt das ihre Sicherheit, diese Grundbedürfnisse des Kindes nachzunähren.

Sie können dann auch die kleinen Fortschritte würdigen, verzweifeln nicht am Widerstand der Kleinen und können mit ihrer Abwehr gut umgehen.

Wenn Eltern wissen, was in ihren Kindern vorgeht, müssen sie deren kindlichen Widerstand auch nicht mehr als persönliche Zurückweisung empfinden.

Wenn die Kinder dann so die Sicherheit der Eltern und deren Liebe und Zuwendung spüren, können sie sich auf die neuen Gefühle und Erfahrungen einlassen. So werden sie nach und nach als Person gestärkt. Ihr Vertrauen und damit ihre Selbstliebe können wachsen und sie zu starken Persönlichkeiten reifen lassen.

Helga verabredet mit Michael, dass er in nächster Zeit abends eher Jakobs Geschwister ins Bett bringt.
Helga kann sich so ganz speziell Zeit für Jakob nehmen. Sie kann mit ihm ungestört und ohne den geschwisterlichen Konkurrenzdruck die Übungen machen, die sie beim Workshop gelernt hat. Manchmal hilft auch einfach das bloße Kuscheln. Jakob lächelt zufrieden und genießt weiter das Streicheln der Mama.

Die Geburt – der Einstieg in das Leben

Viele Schwierigkeiten im Erwachsenenleben haben ihre wahre Ursache oftmals im nicht geglückten oder schwierigen Prozess der Geburt. Wir haben das an dem eben beschriebenen Beispiel sehen können. Frühgeburten sind dabei Extrembeispiele. Dennoch ist der normale Schritt aus dem Schutz des Mutterbauches in die reale Welt ein gewaltiger Lebenseinschnitt.

Die Geburt ist eine erste große existenzielle Erfahrung des neuen Erdenmenschen. Aus diesem Prozess kann ein Kind gestärkt hervorgehen. Es kann aber auch die erste Erfahrung mit Todesängsten machen. Beide Erlebnisse prägen den Charakter und die Grundzüge eines Menschen und das ganze Familiensystem.

Andrea und Thomas haben Zwillinge. Sie sind elf Jahre alt. Mit ihrem Verhalten kommen die Eltern überhaupt nicht zurecht. Anton wird von seinem Vater als kleiner Chaot beschrieben, der alles liegen lässt, unruhig und vergesslich ist.

„Er schneidet gern auf und fühlt sich gegenüber anderen minderwertig. Er hat zu wenig Boden unter den Füßen, hüpft hin und her." Diese Verhaltensweisen fallen inzwischen auch in der Schule negativ auf. Antons Leistungen sind schlechter geworden. Gini hingegen wird von der Mutter als viel zu perfekt und strebsam beschrieben: „Sie macht Dinge mir zuliebe, will alles perfekt machen, stellt sich gerne in den Hintergrund. Das will ich nicht. Ich würde ihr gerne nehmen, dass sie immer versucht, anderen mit ihrer Leistung gerecht zu werden und Liebe zu zeigen."

Bei Andrea und Thomas ist es genauso wie bei anderen Eltern. Sie kommen in den Familienworkshop, weil die Kinder auffällig geworden sind. Wie andere Eltern auch haben sie das Bedürfnis, dieses Verhalten abzustellen.

Die Eltern möchten im Umgang mit den Kindern sicherer werden. Was haben sie nicht schon alles ausprobiert. Nichts wirkt in ihrem Sinne.

Wenn Kinder anstrengend werden, geraten die Eltern in Stress. Sie suchen nach einem Rezept, um ein solches Verhalten abstellen zu können. Sie sehen in der Regel nicht, dass sich hinter den Problemkindern Schwierigkeiten ganz anderer Art verbergen können. Die nervigen Verhaltensweisen der Kinder sind immer ein Indiz, dass etwas im Familiensystem nicht stimmt. Eltern werden von den Kindern unbewusst derartig provoziert, dass sie handeln müssen. Im ersten Schritt schauen sie dann natürlich auf das Symptom bei den Kleinen. Die Anfangsfragen sind dabei immer die Gleichen: Warum stören die Kinder? Warum können sie nicht pflegeleicht sein wie andere Kinder auch? Warum rauben sie einem den letzten Nerv? Was ist bloß mit den Kindern nicht in Ordnung?

Aus dieser Sorge um die auffälligen Kinder suchen sich die Eltern eine erste Hilfe. So war es auch hier bei Andrea und Thomas.

Oft nehmen Eltern in solchen Fällen die Dienste von Erziehungsberatungsstellen in Anspruch. Das kann eine erste Hilfe in den Problemzeiten sein. Meistens bekommen die Eltern dann Verhaltenstipps. Viele Eltern versuchen die gegebenen Verhaltensregeln umzusetzen, stoßen aber bald wieder an Grenzen. Der Grund dafür sind oft ungelöste Fragen aus der eigenen Biografie der Eltern. Die Kleinen spüren, dass hinter dem neuen Verhalten keine wirkliche elterliche Kraft steht. Mit unerschöpflicher Kreativität und Ausdauer führen sie Mama und Papa erneut an die Grenzen. Dieser Prozess geht so lange, bis die dahinter verborgene zentrale Grundfrage geklärt ist.

Wenn die Ursachen nicht ans Licht kommen, wird das elterliche Bemühen keinen wirklichen Erfolg haben.

Die Grundfrage einer therapeutischen Begleitung muss daher lauten: Worauf reagieren die Kinder wirklich?

Mit dieser Frage beginnt die Suche nach dem Beginn und nach der möglichen Wurzel der Schwierigkeiten. Erst wenn diese bislang unentdeckten Ereignisse ans Licht kommen und gesehen werden, kommen die Eltern in ihre Kraft. Die Kinder spüren dann diese neue, andere Haltung und akzeptieren Mama und Papa als die Großen. Bei ihnen dürfen sie sich dann ganz sicher fühlen. Sie können dann endlich klein sein und aus ihrer Sicht frei und unbefangen die Welt entdecken. Ganz wichtig ist bei dieser Ursachenforschung der Blick auf die Beziehung der Eltern untereinander. Was strahlt diese Verbindung der Eltern auf ihre Kinder aus?

Bei Andrea und Thomas zeigt sich sehr schnell, dass sich das Thema „Unsicherheit der Eltern" wie ein roter Faden durch das gemeinsame Leben zieht.

Alles begann mit der Schwangerschaft. Schon zu Beginn gab es eine fundamentale Unsicherheit. Meistens werden solche Hintergründe ausgeblendet. Man misst ihnen keine Bedeutung zu. Dennoch haben sie in der Regel große Auswirkungen auf die Beziehung und Bindung zu den Kindern. Bei Andrea und Thomas führt die Spur zu den großen Komplikationen bei der Geburt der Zwillinge. Diese Ereignisse waren verantwortlich für einen sehr ungünstigen Start ins Leben.

Gini und Anton sind sieben Wochen zu früh geboren. Sie wurden per Notkaiserschnitt geholt. Beide kämpften damals ums Überleben. Sie mussten lange künstlich beatmet werden.

Die beiden Frühchen erlebten eine lange Trennung von der Mutter. Sie waren beide zwei Monate im Brutkasten. Erst dann hatten sie das notwendige Gewicht erreicht und durften nach Hause.

Die abwesende Mutter, die künstliche Ernährung, die ersten Lebenstage waren eine Zeit höchster Not. Andrea konnte ihre Kinder vier Wochen lang nicht stillen: „Mir fehlte das Gefühl, ihnen als Mutter was geben zu können, sie ernähren zu können. Ich hatte das Gefühl, als Mutter versagt zu haben."

Gefühle des Versagens sind immer ein großes Hindernis im Aufbauprozess einer guten Mutter-Kind-Beziehung. Manchmal können sie sogar zu einer inneren Trennung von Mutter und Kind führen. Der Kontakt der Mutter zum Kind wird über dieses Gefühl des Versagens getrübt. Ganz unbewusst schleicht sich eine Distanz ein.

Immer, wenn die Mutter ihr Kind in den Armen hält, wird sie daran erinnert, dass sie nicht für das Kind da sein konnte.

Sie nimmt immer wieder dieses Gefühl des Versagens wahr, sobald sie ihr Kind bei sich hat. Dies schafft in ihr tief innen drin ein wachsendes schlechtes Gewissen. Sie ist auf diese Weise immer mit dem eigenen Thema beschäftigt. Deshalb kann sie sich dem Kind und seinen eigentlichen aktuellen Bedürfnissen nicht wirklich frei zuwenden.

Das Kind spürt das. Es hat für dieses Beziehungsgeschehen feinste Antennen. Wenn die Mutter innerlich abwesend ist, erlebt das Baby keinen direkten zugewandten Kontakt zur Mutter. Es nimmt stattdessen das primär belastende Gefühl der Mutter war. Es fühlt sich als Kind nicht gesehen.

Diese Wahrnehmung erzeugt beim Baby auch ein Gefühl der Unsicherheit. Das Baby versucht durch Unruhe oder Schreien für Aufmerksamkeit zu sorgen.

Es lernt schnell: Immer wenn ich schreie, werde ich versorgt, bekomme ich wenigstens eine physische Zuwendung. Oder aber das Baby spürt, dass es über das Wohlverhalten und Funktionieren die Zuwendung der Mutter erhält. Manche sogenannten „pflegeleichten" Kinder verbergen über dieses Verhaltensmuster einen seelischen Schmerz.

Ihre Not wird nicht wahrgenommen. Sie sind ja still. Erwachsene mit einer solchen Kindheit haben es im späteren Leben schwer, ihre Not als Kind zu benennen.

Ihnen wurde ja oft gespiegelt, dass sie ein unkompliziertes, weil ruhiges Kind waren.

Über solche ersten Erfahrungen entwickeln sich also die ersten Stufen eines Überlebenskonzeptes. Das Baby sorgt mit seinem Verhalten für eine Form der Zuwendung und damit für den Aufbau und die Stärkung der eigenen Sicherheit.

Mit vier Monaten mussten die Zwillinge erneut für zwei Wochen ins Krankenhaus. Sie hatten eine Lungenentzündung. Dies war wieder eine massive Trennungserfahrung.

Diese großen emotionalen Belastungen aus der Anfangszeit haben sich tief in die Seelen der Kinder und der jungen Eltern eingegraben. Dieses Gefühl der Hilflosigkeit sitzt heute noch wie ein Schock in Andrea und Thomas fest. Das wird deutlich spürbar, als sie von dieser schweren Anfangszeit berichten. Ihr Körper reagiert immer noch, wenn sie davon erzählen.

Andrea zittert, während sie sagt: „Ich war total unsicher im Umgang mit den Kindern. Sie sahen so zerbrechlich aus. Wir haben uns kaum getraut sie anzufassen. Mir fehlte manchmal die Gewissheit, dass das wirklich unsere Kinder sind."

Die Augen von Thomas werden feucht, die Stimme ganz dünn, als er feststellt: „Der erste Anblick der frühgeborenen Kinder mit den Schläuchen hat sich in mir eingebrannt. Es rührt mich heute noch, wenn ich an den schweren Start denke. Und dann ging es ja auf diese Weise weiter. Die ganze folgende Zeit mit den Kindern war bisher geprägt von Stress, Angst und Warten auf die nächste Komplikation. In diesem Gefühl schauen wir auf unsere Kinder. Wir sorgen uns weiterhin um ihre Entwicklung, anstatt dass wir uns an ihnen freuen."

Im Verlauf des Gespräches wird den Eltern bewusst, wie sehr diese Erlebnisse vor und nach der Geburt immer noch wirken. Sie verhindern die Entstehung eines gesunden, leichteren Zuganges zu den Kindern.

Andrea: „Wir sind viel zu ernst. Wir haben das Lachen verlernt."

Andrea hat als Mutter eigentlich nur ein Hauptanliegen: „Ich will endlich eine Verbindung zu meinen Kindern spüren!" Wegen des Notkaiserschnitts kennt sie nicht das mütterliche Erlebnis, die Kinder selbst auf die Welt gebracht zu haben.

„Irgendwie fehlen mir die innere Gewissheit und das Gefühl, dass das meine eigenen Kinder sind, mein Fleisch und Blut. Ich wünsche mir meine Kinder im Halten nähren zu können."

Es folgt ein ausführliches Gespräch über die Anfangszeit. Dabei kommt noch ein weiterer schwerwiegender emotionaler Faktor ans Licht: Andrea hat diesem Fakt bisher keine echte Beachtung geschenkt. Sie formuliert diese Station ihrer Biografie pragmatisch, sachlich:

„Wenn es nur ein Kind gewesen wäre, hätten wir abgetrieben. Aber es waren Zwillinge, und Zwillinge habe ich mir schon immer gewünscht.
Ich war auch schon bei der Schwangerschaftskonfliktberatung. Dann habe ich mich nach einigen Wochen der Ungewissheit eines Morgens entschieden, die Kinder zu behalten."

Viele Eltern glauben, dass nach einer solchen pragmatischen Entscheidung das Problem aus der Welt ist. Solche Wochen der inneren Ungewissheit gehen aber nicht ganz spurlos an der Mutter vorbei. Sie belasten den Gefühlshaushalt einer Schwangeren ganz beträchtlich. Und damit hat das Geschehen auch automatisch Auswirkungen auf das werdende Leben.

Wenn eine Mutter immer wieder mit dem Gedanken spielt, die Kinder abzutreiben, kann sich dieses Gefühl von Angst und Unsicherheit auf den Embryo übertragen.

In Systemaufstellungen ist dieser Zusammenhang immer wieder zu beobachten. Eine solche emotionale Belastung kann sich schon wesentlich auf die Bindungsfähigkeit des Ungeborenen auswirken. Dieses Gefühl, nicht gewollt und nicht angenommen zu sein, kann sich als Grundgefühl im heranwachsenden Fötus festsetzen. Das innere Gefühl einer Sicherheit kann so nicht entstehen.

Der Hirnforscher Gerald Hüther beschreibt diesen Prozess in einem seiner Bücher. „Die Entwicklung unserer Persönlichkeit beginnt lange vor dem Sprechen lernen. Da ein Kind zu einem frühen Zeitpunkt noch nicht über Sprache verfügt, werden seine ersten Erfahrungen in seinem Körper und in den für die Regulation körperlicher und emotionaler Prozesse zuständigen Bereichen seines Gehirns gespeichert und zwar so tief und fest verankert, dass sie nicht selten sein gesamtes weiteres Leben bestimmen – viel nachhaltiger, als wir bisher dachten. Als verkrampfte oder offene Körperhaltungen, als tiefe eingegrabene enge oder weite Bewegungsmuster, als undefinierbare, tief wirkende, Denken und Handeln bestimmende negative oder positive Gefühle und Grundeinstellungen gegenüber anderen Menschen und dem, was es im Leben zu entdecken und zu gestalten gibt."[4]

Auch die Beobachtungen und Studien der Psychotherapeutin für Kinder, Allessandra Piontelli, bestätigen diesen Zusammenhang.[5] Sie hat das Verhalten von Zwillingen im Mutterleib und in den Jahren danach intensiv beobachtet. Dabei zeigte sich der Zusammenhang zwischen dem Verhalten im Mutterleib und im späteren Leben. Piontellis Beobachtungen an Zwillingen haben gezeigt, wie intensiv das Seelenleben eines Ungeborenen schon zu Beginn der Schwangerschaft ist. In seinen ersten neun Monaten im Mutterleib erlebt der Mensch entscheidende Prägungen. Diese Prägungen bestimmen das Verhalten seines späteren Lebens grundlegend.[6]

Die Beobachtungen von Piontelli deuten darauf hin, dass sich die Identität und Einzigartigkeit des Menschen bereits im Mutterleib abzeichnet. Im späteren Leben beeinflusst diese Entwicklung das Verhalten und die Persönlichkeit eines Menschen.

Dieser Zusammenhang kommt auch in der Arbeit und den Workshops des Zentrums für Halt und Bindung (Zhab) und in

4   Gerald Hüther, Cornelia Nitsch: Wie aus Kindern glückliche Erwachsene werden. Gräfe und Unzer 2008, S. 14

5   Allessandra Piontelli, From Fetus to Child, Routledge 1992

6   Siehe auch: Franz Renggli, Der Ursprung der Angst, Walter Verlag Düsseldorf 2001, S. 37

der Einzelarbeit im Via-Autonomietraining immer wieder ans Licht. Dabei ist erstaunlich, wie die Körper- und Emotionalarbeit solche im Körpergedächtnis gespeicherten Gefühle sichtbar, erlebbar und spürbar macht.

Auch erwachsene Menschen können durch die professionelle Begleitung dabei noch einmal nachempfinden, wie ihre erste Zeit im Bauch der Mutter sie beeinflusst hat. Diese Arbeit öffnet so einen ganz neuen Blick auf das eigene Leben.
Viele unbewusste und nicht erklärbare Reaktionen können auf diese Weise ins Bewusstsein gelangen und bearbeitet werden.
Die unbewusste Angst und Unsicherheit der Hilfesuchenden kann so eingeordnet und befriedet werden. Durch das erneute Erleben der Körpergefühle und Emotionen von damals tritt so oftmals eine echte Beruhigung ein. Andrea und Thomas beschließen, sich zusammen mit ihren Kindern einem solchen Prozess zu stellen. Die Zwillinge Gini und Anton werden dabei im Verlauf ihrer wieder erlebten Geburt Reaktionen zeigen, die darauf hindeuten, dass schon in diesen ersten Wochen der Ungewissheit der Mutter eine Unruhe und Abwendung von der Mutter im Bauch stattgefunden hat.

Die Zeit der Unsicherheit und des Zweifels war lang. Beide Eltern machten es sich nicht leicht. Sie waren emotional in einer Zerreißprobe. Schließlich entschieden sie sich für die Kinder. Mit dieser Entscheidung für das Leben folgte endlich eine Zeit der Entspannung. Bei den Eltern wuchs die gute emotionale Verbindung zu den Kindern.
Andrea: „Und dann war ich die schwangerste Frau!"

Thomas: „Sie hat sich dann von mir bedienen lassen und ich dachte mir: Komm, die ist halt schwanger."

Andrea lacht und zwickt ihn liebevoll in die Seite:

„Deine Fürsorge habe ich richtig genossen!"

Beide waren danach ganz stolz auf den wachsenden Bauch. Und als die Zwillinge sich unter der Bauchdecke mit Beulen bemerkbar machten, gingen die Eltern spielerisch in Kontakt zu ihren Kindern. Sie drückten immer wieder mal gegen die kleinen Wölbungen auf der Bauchdecke. Andrea: „Thomas spielte mit ihnen Fußball."

Der Therapeut dazu: „Das ist gut. Das heißt, es gibt eine gemeinsame Zeit, an die ihr wieder andocken könnt, die noch in euch allen als Erfahrung vorhanden ist."

Dann berichten die Eltern vom überfallartigen und vorzeitigen Einsetzen des Geburtsprozesses.

Andrea: „Die Geburt kam ganz plötzlich. Acht Wochen vor dem Geburtstermin waren wir am Umziehen. Ich hatte Stress in der Arbeit. Ich musste ins Krankenhaus und dort platzte die Fruchtblase. Ich fühlte mich schuldig, die Geburt durch Pressen ausgelöst zu haben. Ich bin dann von der Narkose aufgewacht. Die Geburt war schon vorbei. Ich war erleichtert, dass die Kinder nicht bei mir waren. So konnte ich mich erholen. Ich neige dazu, schlimme Sachen einfach auszublenden."

Thomas: „Sie hat auf cool gemacht und keine Emotionen gezeigt."

Andrea: „Die Zwillinge mussten um ihr Leben ringen. Ich hatte dazu wenig Bezug. Dass mir die Trennung von den Zwillingen immer sehr leicht gefallen ist, dafür schäme ich mich heute noch. Ich gebe sie schon immer gerne her. Dann habe ich Zeit für mich."

Der Therapeut ordnet Andrea ihr Empfinden ein: „Das ist ei-
ne normale Reaktion. Dir fehlt der Draht. Du warst an dem
Vorgang der Geburt nicht beteiligt."
Im Gespräch wird genau herausgearbeitet, wann bei den El-
tern der Augenblick des größten Schmerzes war.

Elterliche Ohnmacht: „Am liebsten hätte ich wie eine Löwin um meine Kinder gekämpft!"

Es ist wichtig, den Augenblick des größten Schmerzes in den Blick zu nehmen. Hinter einem solchen Schmerz der Eltern zeigt sich nämlich die Blockade der Verbindung, die beide real zu ihren Kindern hatten. Leider konnten beide diesen Schmerz in der damaligen Situation nicht zeigen. Sie machten deshalb auch nicht die Erfahrung, von jemandem aufgefangen zu werden. Dieser nicht verarbeitete Schmerz hielt die Eltern gefangen und verhinderte eine emotionale Kontaktaufnahme zu den Kindern.

Für Thomas war der Augenblick des größten Schmerzes, als er
das erste Mal die Zwillinge nach der Geburt sah. „Die haben
mir im Vorbeigehen die Brutkästen gezeigt. Klein und wehrlos
lagen sie darin und waren von vorn bis hinten verkabelt.
Ich durfte sie als Vater nicht zu mir nehmen, konnte gar nicht
an sie ran. Ich dachte mir: Lieber Gott, so kleine Kinder habe
ich noch nie gesehen.
Ich war hammerhart gerührt. Ich dachte: Hoffentlich packen
sie es! Und ich war hilflos.

Ich hatte mir kraftvolle Kinder vorgestellt. Und die waren so zerbrechlich, mir ganz fremd. Ich fühlte mich so ohnmächtig." Thomas kämpft mit den Tränen und der Trauer, die er damals nicht zulassen konnte. Damals musste er stark sein, funktionieren, sich um seine Frau kümmern, den Zwillingen die abgepumpte Milch bringen. „Am schlimmsten war immer wieder diese Angst, ob sie es packen."

Unter der Anweisung des Therapeuten lehnt Thomas sich an Andrea an und bekommt den Raum für die aufsteigenden Gefühle und Körperreaktionen. Er weint und zittert. Andrea hält ihn dabei ganz fest und sagt kein Wort.

Für Andrea war der schmerzlichste Augenblick, als die Krankenschwester an ihr vorbeiging und sie nur die Bilder ihrer Kinder bei sich hatte.

Andrea: „Erst war ich sauer, wie die Krankenschwester an mir vorbeiging, mich fast nicht beachtete, immer wieder zu den anderen Müttern ging, um deren Babys zu bewundern. Dann kam dieser Schmerz."

Andrea schnürt es die Kehle zu, als sie davon erzählt, ihre Stimme wird ganz rau. Der Therapeut lädt sie ein, ganz genau wahrzunehmen und zu beschreiben, was sie im Körper spürt.

„Es fühlt sich im Körper so an wie damals. Der Körper ist ganz schlaff. Ich lasse alles über mich ergehen, will einfach nur meine Ruhe und meine Stimme ist ganz kratzig und wie weg."

Der Therapeut lädt Thomas ein, seine Frau in den Arm zu nehmen. Thomas hält Andrea liebevoll. In seinen Armen wird Andrea weicher. Der Therapeut fragt Andrea, was sie damals gerne anders gemacht hätte.

Andrea: „Am liebsten hätte ich wie eine Löwin um meine Kinder gekämpft!"

Der Therapeut unterstützt sie darin, in ihrem Körper an diese Kraft anzuknüpfen, die kämpfen will. Sie soll diese Kraft wieder spüren und sie für sich und die Kinder einsetzen. Der Satz, der aus Andrea schlussendlich ganz kraftvoll herauskommt, ist: „Gebt mir meine Kinder!"

Nun erklärt der Therapeut Andrea und Thomas den Rahmen für die weitere Arbeit:

„Wir werden gemeinsam mit den Kindern diese erste Zeit spielerisch neu erleben. Doch diesmal nicht mit den Abbrüchen, die ihr damals hattet. Diesmal habt ihr die Chance, die Verbindung mit euren Kindern fortzusetzen. Andrea, mit dem Satz, den du vorher in dir entdeckt hast, holst du dir wieder die Verbindung zu deinen Kindern zurück. Du, Thomas, kannst ihnen diesmal deine Trauer zeigen und für sie aktiv werden. Es ist wichtig, dass ihr den Kummer zeigt, auch vor den Kindern. Sie wollen spüren, wie es euch damals gegangen ist."

Unterbrechungen der gefühlten Bindung zwischen Eltern und ihren Kinder haben oft ihren Ursprung in solchen Situationen der Hilflosigkeit. Das Erleben, nichts machen zu können, ist kaum auszuhalten. Aus solchen Erlebnissen der Ohnmacht speisen sich dann später die Kontaktschwierigkeiten.

Wenn ein Kind in seiner Not nicht von den Eltern aufgefangen werden kann, ist das für die Eltern eine Situation des persönlichen Versagens. Sie werden unsicher. Diese Unsicherheit haben sie auch in den nachfolgenden Lebenssituationen. So wächst das Gefühl von Hilflosigkeit und Inkompetenz.

Die Kinder spüren in ihrer Not, dass Mama und Papa nicht in der Lage sind, sie aktiv zu unterstützen. Sie rebellieren und protestieren auf ihre Art. Aber die Eltern bleiben mehr und mehr in einer eigenen Not gefangen.

So zeigte sich die Dynamik auch in unserem Beispiel. Die Gefühle, nicht mehr weiter zu wissen, waren dabei keineswegs einmalig. Diese Gefühle verstärken sich mit der Zeit. Es ist manchmal wie ein Teufelskreis, aus dem man aus eigener Kraft nicht herauskommt.

Der Schreck vom frischgebackenen Vater Thomas war gewaltig. Beim Anblick der „verkabelten Kinder" hatte er ein totales Ohnmachtsgefühl. Das verhinderte eine Hinwendung zu den Säuglingen. Dieses Gefühl erfasste ihn nicht nur in dieser auslösenden Situation. Es kam hoch bei jedem weiteren Anblick der Zwillinge in ihrem Brutkasten. Die Unsicherheit und Hilflosigkeit nahmen zu. Immer, wenn sich auf der Intensivstation das Thema „Lebensbedrohung" andeutete, fühlte er sich absolut schwach und hilflos.

Dieses Gefühl begleitete ihn auch die Jahre danach. Immer, wenn später die Kinder in bedrohliche Situationen kamen, wuchs bei Thomas dieses Empfinden von Ohnmacht. Es war die Dynamik, wie man sie aus Traumatisierungen kennt. Diese Ohnmachtsgefühle konnte er einfach nicht verhindern. Sie machten sich einfach reflexartig in ihm breit und lähmten ihn. Immer, wenn sich nur der Verdacht auf eine mögliche Gefahr für die Zwillinge ergab, fühlte der Papa diese Handlungsunfähigkeit. Das heißt, die Zwillinge erlebten ihren Vater in Augenblicken ihrer kleineren oder größeren Not als nicht handlungsfähig. Dies bedrohte unterschwellig ihr Bedürfnis nach Sicherheit.

Mutter Andrea war vom Schock der plötzlich eingeleiteten Kaiserschnittsgeburt geprägt. Sie entwickelte Schuldgefühle. Sie machte sich Vorwürfe, für das zu frühe Eintreten der Geburt verantwortlich gewesen zu sein. Ständig kamen diese „Ach, hätte ich doch bloß …"-Sätze.

Diese innere emotionale Blockade versperrte ihr den natürlichen, mütterlichen Kontakt zu den Kindern. Sie konnte die Beziehung zu den Kindern nicht aufnehmen und aktiv gestalten.

Aufgrund der unnatürlichen Komplikationen mussten die Kinder sofort notversorgt werden. Sie wurden von der Mutter getrennt.

Auch in der nachfolgenden Zeit standen die medizinische Versorgung und das physische Überleben der Zwillinge im Vordergrund. Das machte es den beiden jungen Eltern nicht möglich, einen wirklichen emotionalen Kontakt zu ihren Kindern wieder herzustellen. Sie waren damals mit der ganzen Situation und der Wucht des Medizinapparates im Krankenhaus seelisch überfordert.

Sie konnten auch in der Zeit nach der Klinik zu Hause ihre Kinder nur äußerlich versorgen.

Der emotionale Bereich blieb belastet und weitestgehend eingefroren.

Ein solches Geschehen wird in der Fachsprache unterbrochene Hinbewegung genannt.

Sie kann im Bindungs- und Beziehungshalten rehabilitiert werden. Der verloren gegangene, natürliche, emotionale Kontakt zu den Kindern kann wieder erlebbar gemacht werden. Dazu führt der Therapeut die Person in diese schwierige Zeit zurück. Er begleitet sie in ihrem damaligen individuellen Erleben. Er lässt sie noch einmal spüren, warum in dieser schwierigen Lage ein Bindungsaufbau nicht möglich war. Das Erlebte im Körper und im emotionalen Bereich kommt so ans Licht und kann ganz neu angeschaut und neu verankert werden. Das schlechte Gewissen kann gehen. Die Betroffenen bekommen dadurch die Chance, dieses Erlebnis neu einzuordnen. Sie können aus der Rückschau ein großes Verständnis für die Folgerichtigkeit ihres damaligen Verhaltens entwickeln. Sie können sich selbst „verzeihen". Sie können das Geschehen in der Rückschau unter neuen Bedingungen erleben, sich aus ihrer emotionalen Erstarrung befreien und die Hinwendung zu den Kindern neu gestalten.

Der Therapeut schlägt als nächsten Schritt eine spezielle Form des Haltens vor, das Geburtshalten. An diesem Prozess nehmen auch die Zwillinge teil.
Er führt Eltern und Kinder in die Arbeit ein.
„Euch allen fehlt ein Stück Film von eurer Geburt. Auch bei eurer Mama fehlt ein Stück Film. Sie war nach dem Kaiserschnitt eine Zeit lang ohne euch alleine. Auch ihr Kinder wart nach der Geburt alleine, getrennt von eurer Mama und auch voneinander. Und dieses fehlende Stück wollen wir nun nachspielen. Die Mama legen wir hier hin und bauen einen großen Bauch dran, in dem ihr drinliegt."
Die Kinder lassen sich gerne auf das „Spiel" ein und sind mit Spaß dabei. Beide legen sich unter eine Decke. Andrea und Thomas erzählen ihnen aus der Zeit, als sie noch im Bauch der Mama waren. Die Kinder kichern ab und zu. Dieses Setting hat einen ernsten Hintergrund. Es ermöglicht auf einfache Weise, sich der damaligen Gefühlslage zu stellen. Die körperliche Nähe und der Kontakt untereinander unterstützen diesen Prozess.
Als Andrea von der Zeit ihrer Unsicherheit berichtet, kommt Unruhe auf.
Sie erzählt von dieser schwierigen inneren Auseinandersetzung, sich für oder gegen die Abtreibung zu entscheiden. Sie erzählt von den Tagen, in denen sie sich noch nicht ganz si-

cher war, ob sie die Kinder haben wollte. Die Kinder unter der Decke werden dabei ganz unruhig. Anton hält es kaum unter der Decke aus.

Der Therapeut weist die Eltern darauf hin, ganz bewusst mit ihren Händen über die Decke in Kontakt mit den Kindern zu gehen. Auf diese Weise erfahren die Kinder, in welchem schwierigen Gefühlszustand die Mutter damals war. Gleichzeitig spüren sie, dass sie dennoch in Kontakt mit der Mama sind. Die Kinder beruhigen sich wieder.

Nun wird der Kontakt über die vermeintliche Bauchdecke lustvoller und spielerischer. Die Eltern befinden sich in ihrer Erinnerung in der Zeit, als Andrea eine stolze Schwangere war. Es war die Zeit, als beide Eltern einen bewussten Kontakt mit den Kindern suchten.

Die Kinder reagieren ähnlich wie damals. Gini darf ein Glas umkippen, Anton gegen die Faust von Thomas treten und mit ihm Fußball spielen. Dann berichten die Eltern, wie die Fruchtblase viel zu früh geplatzt ist, wie Andrea schnell ins Krankenhaus musste.

Sie erzählen von den Interventionen und medizinischen Maßnahmen, die darauf gefolgt sind.

Anton wird zwischendrin etwas unruhig und schaut ein paar Mal erneut unter der Decke hervor. Das kann ein Zeichen dafür sein, dass er schon damals im Bauch der Mutter unruhig wurde und sich von der Bindung zur Mutter abgewendet hat.

Ansonsten sind die Zwillinge unter der Bauchdecke ganz ruhig und lauschen gespannt den Eltern.

Andrea und Thomas erzählen von dem Kaiserschnitt.

Wie schnell alles ging, wie die Babys aus dem Bauch geholt wurden.

Doch in dieser Haltesitzung dürfen sich die Zwillinge mit eigener Kraft aus dem Bauch stemmen.

Erst kommt Gini, die Schnelle unter den Zwillingen. Sie folgt ihrem inneren Impuls, rauszuwollen und landet kurze Zeit später bei Mamas Brust.

Dann folgt Anton. Thomas setzt sich an die Wand, lehnt sich an und nimmt seine Frau in den Schoß.

Der Therapeut legt ihr die Kinder in die Arme.

Die Körpererinnerungen von der damaligen Kaiserschnittgeburt sitzen in den Kindern sehr tief.

Sie werden trotz dieser korrigierenden Geburtserfahrung fast automatisch aktualisiert. Obwohl das Geschehen schon einige Jahre her ist, reagieren die Zwillinge in diesem Prozess körperlich wie damals nach der Geburt. Anton wirkt apathisch, etwas leblos und liegt abgeschlafft in den Armen seiner Mutter. Gini wendet sich von der Mutter ab. Sie verträgt ihre Nähe nicht.

Als Andrea beide in ihren Armen hält und ihre Not erkennt, wird der Schmerz von damals wieder wach. Sie spürt wieder den Schmerz, als ihr die Kinder weggenommen wurden.

Thomas erinnert sich heute noch genau an dieses Bild. Er schildert den Kindern, wie sie damals als ganz kleine Würmchen total verkabelt waren und an tausend Schläuchen hingen.

Der Therapeut unterstützt sie, diesmal nicht in die Wehrlosigkeit zu gehen. Er hilft Andrea, an ihre neu entdeckte Kraft anzudocken. Er leitet sie an, den Satz auszusprechen, der ihr damals im Hals stecken blieb. Mit einer kraftvollen, lauten, kämpferischen Stimme schreit Andrea immer wieder: „Gebt mir meine Kinder!"

Dabei drückt sie die Kinder fest an ihre Brust. Die Kinder werden lebendiger. Gini lächelt dabei. Anton öffnet ganz groß die Augen. Thomas ist sehr gerührt.

Entspannung tritt ein, als plötzlich alle lachen müssen. Nun folgt eine Zeit, in der die Zwillinge bei der Mama landen dürfen und die Eltern sich ihnen zuwenden. Andrea wendet sich erst Gini zu, die sich erneut von ihr abwendet und bleibt beständig in der Hinwendung zu ihrer Tochter. Sie legt die Arme um sie herum und streichelt ihren Kopf.

Mit der Zeit entspannt sich Gini in ihren Armen und genießt dieses Gefühl, die Mama haben zu können. Doch dann, als sie die Augen öffnet und Andrea anschaut, wird ihr altbewährtes Verhaltensmuster automatisch in ihr wach. Sie wendet sich ihrer Mutter zu. Sie ist dabei nicht das nehmende Kind. Vielmehr geht sie in die Rolle, sich um das Wohlbefinden der Mama zu kümmern. Sie beginnt die Mutter zu streicheln und will die Arme um sie legen und sie trösten. Der Therapeut ordnet Andrea diese bekannte Reaktion Ginis ein.

Es ist dieser typische kindliche Reflex. Wenn es der Mutter nicht gut geht, dann wollen sich die Kinder um sie kümmern.

Der Hintergrund dafür ist das Bedürfnis nach Sicherheit. Wenn die Kleinen sich in Gegenwart der Erwachsenen nicht sicher fühlen, dann müssen sie selbst dafür sorgen, dass dieses Sicherheitsgefühl wieder zurückkehrt. Ohne Sicherheit können sie nicht leben. Deshalb entwickeln sie ihr eigenes Überlebenskonzept, an das sie sich halten können. Entweder schreien sie bei jedem kleinsten Anlass. Oder sie kümmern sich um das Wohl der Großen. Oder sie ziehen sich in ihre eigene Welt zurück. Fernsehen und digitale Technik sind dabei wertvolle Hilfsmittel.

Es gibt viele Formen der kindlichen Reaktion auf bedrohliche Lebenssituationen.

Der Therapeut lädt Andrea ein, die Arme ihrer Tochter zu sich zu nehmen. Mit dieser Geste macht die Mutter dem Kind klar, dass Gini die Kleine ist. Sie darf sich bei Mama entspannen und fallen lassen. Diese Einordnung bedarf der regelmäßigen Wiederholung.

Auf diese Weise erfährt Gini nach und nach, wer sich um wen kümmert. Sie gewöhnt sich so daran, dass sie lernt, sich wirklich in Mamas Armen entspannen zu dürfen. Damit ist die natürliche Ordnung wieder spürbar. Die Eltern sind die Großen. Sie tragen die Verantwortung für die Kleinen. Und die Kleinen können sicher sein, dass sie sich darauf verlassen können. Aus dieser Geborgenheit heraus können sie dann nach und nach die Welt entdecken, erobern und ihre eigene Stärke entwickeln.

Anton ist erst mal ganz ruhig und gibt seiner Schwester den Raum. Als Gini gut an die Mama angedockt ist, beginnt Anton zu stöhnen und dämmert weg. Die Eltern massieren liebevoll seine schlaffen Glieder. Sie freuen sich an seinem Körper. Durch die Massage wird das ganze Kind mit der Zeit lebendig und strahlt seine Eltern an. Gini hält ganz ruhig, bis es ihrem Bruder mit den Eltern gut geht.

Thomas unterstützt seine Frau während des Prozesses. Er knetet die Kinder mit und wendet sich als Papa immer wieder dem Kind zu, welches gerade nicht die Aufmerksamkeit der Mama bekommt.

Danach liegt die ganze Familie glücklich beieinander, ein Bild für Götter!

Beim Nachgespräch zeigt sich Thomas ganz erstaunt über den Verlauf des Geburtshaltens:

„Für mich ist total erstaunlich, dass die Kinder von sich aus genau in die Verhaltensweisen gegangen sind, die sie auch nach der Geburt gezeigt haben. Mir hat es total gut getan, endlich für sie aktiv werden zu dürfen."

Andrea ist noch ganz erfüllt von dem Geburtserlebnis:

„Jetzt hab ich endlich das Gefühl, die Kinder selber geboren zu haben. Ich hatte immer das Gefühl, dass mir das Erlebnis der Geburt meiner Kinder fehlt. Nun sind es meine Kinder, und ich hab um sie gekämpft. Das spüre ich noch ganz kraftvoll in mir."

Der Therapeut ordnet den Eltern noch die Erlebnisse des Geburtshaltens ein.

„Für die Kinder war es wichtig, Thomas' Wut und Angst zu erfahren. Indem sie gehört haben, wie die Mutter um sie gekämpft hat, konnten sie erst mal lachend bei ihr landen. Der erste Blickkontakt zwischen Mutter und Kind ist wichtig, um die Bindung zwischen beiden zu stärken. Den haben sie nachgeholt.

Anton ist eingeschlafen. Das war seine Art der Wegbewegung. Die begann schon in dem Augenblick, als er unter der Decke hervorgelugt hat. Für euch als Eltern ist es wichtig, dass ihr in der nächsten Zeit darauf achtet, dass Gini klein bleibt und nicht die Mama bemuttert. Für Anton ist wichtig, in Augenblicken der Unruhe und Wegbewegung in den Arm genommen zu werden."

Ein Jahr später kam die Rückmeldung der Eltern, dass die Verbindung von Andrea zu den Zwillingen seit dem Workshop an Intensität gewonnen habe. Das Konkurrieren von Bruder und

Schwester untereinander habe sich nach dem Workshop gelegt. Stattdessen seien sich Gini und Anton näher gekommen. Der Junge sei ruhiger und in der Schule sicherer geworden. Das Mädchen könne sich zunehmend leichter bei den Eltern fallen lassen.

Bindungsaspekte aus Sicht des Kindes

Mit der Befruchtung des Eies beginnt für die Mutter und den Embryo eine Zeit absoluter Nähe. Die Biografieforscherin Annelie Keil nennt es „Hausbesetzung". Das befruchtete Ei nistet sich in der Gebärmutter ein. Mutter und Kind sind eins. Eine größere Nähe wird es nicht mehr geben.

Die Qualität dieser Nähe wird das Leben des neugeborenen Menschen grundlegend bestimmen. Nach Neun Monaten endet diese erste Lebensphase dann mit der „Kündigung". Das Baby macht sich auf den Weg in die Welt.

Mit der Geburt beginnt sein eigener Lebensweg. Es ist ein Weg von der Abhängigkeit in die Selbständigkeit. Auf diesem Weg kann der neue Erdenbürger entweder beachtet, unterstützt, gefördert, gesehen und geliebt werden. In einer sicheren Bindung kann er alle seine eigenen Entwicklungserfahrungen machen.

Er kann aber auch missachtet, gedemütigt, geschlagen oder abgelehnt werden. Auch diese Erfahrungen werden sich in seine Seele graben, seine Persönlichkeit prägen und sein weiteres Verhalten bestimmen. Der Mensch entwickelt sich in der Struktur seines Bindungssystems. Learning by experience, Lernen durch Erfahren.

Dieses Erfahren kann ein konstruktives, förderndes, liebevolles Geschehen sein. Es kann aber auch ein Leben mit einer großen Summe von negativen, schmerzvollen oder zerstörenden Erlebnissen bereithalten.

Es gibt ein paar wesentliche Eckpunkte, die zu einer sicheren Bindung und einer gelingenden Paarbeziehung beitragen können.

In den ersten Monaten achtet der Vater die körperliche Verbindung und die Zweisamkeit von Mutter und Kind. Das Kind spürt diese wohlwollende Anwesenheit und Wichtigkeit des Vaters. Es hört seine Stimme und spürt den Gemütszustand der Mutter. Der Embryo spürt, wenn die Mutter sich dem Vater gegenüber sicher und verbunden fühlt. Auch den negativen Stress würde er mitbekommen.

Das Streicheln des Bauches, die erste körperliche Zuwendung des Vaters, ist eine erste Kontaktaufnahme. Es sind die ersten Schritte zu einer tiefen Verbundenheit zwischen Eltern und Kindern.

In den ersten zwei Lebensjahren ist das Kind noch am meisten an die Mutter gebunden. Nach der Zeit im Mutterleib ist die Stillphase noch ein wesentlicher Abschnitt enger Verbundenheit. Diese Nähe und Innigkeit hilft dem Kind, die neue Umgebung langsam anzunehmen und zu erspüren. Die Mutter gibt dem Vater zunehmend Raum und Verantwortung für das Kind. Sie zieht sich zeitweise zurück und überlässt dem Vater das Neugeborene. Auf diese Weise nimmt der Vater Schritt für Schritt seinen Platz als Bindungsperson ein. Die familiäre Bindung ist konstant. Sie muss nicht aufgebaut werden. Sie endet nicht.

Mit zunehmendem Alter treten andere Menschen in das Gesichtsfeld des Kindes. Das sind Geschwister, Großeltern, Verwandte und Erzieherinnen. Für die Bindung bleiben jedoch die

Eltern ein ganzes Leben lang die Hauptbezugspersonen. Die Bindungssicherheit, die sie im Kind anlegen, prägt die Beziehungen zu Außenstehenden. Im weitesten Sinne entwickelt sich alles nach dem Grundsatz: „Ohne Nestwärme kein freier Flug!"

So setzt sich das aktuelle Bindungserleben aus allen biografischen Erlebnissen und Erfahrungen mit den relevanten Bindungspersonen zusammen. Werde ich angenommen? Werde ich zurückgewiesen? Alles rankt sich um das Thema Sicherheit. Wenn Kinder sich sicher fühlen, sind sie emotional satt. Wenn Kinder sich unsicher und nicht gesehen fühlen, sind sie mit der Angst, manchmal mit der Todesangst konfrontiert. Auf dieses Gefühl reagieren sie mit den archaischen Grundmustern. Sie fliehen, sie kämpfen, oder sie stellen sich tot.

Kleine Kinder sind Überlebenskünstler. Leider entwickeln sie dabei oft schwierige Überlebensmuster. Gemessen an den Grundmustern des Überlebensverhaltens können dies sehr untaugliche Verhaltensweisen in einer späteren Paarbeziehung oder in einer Gemeinschaft sein. Wer im Leben das Fliehen gelernt hat, wird vor jeder Auseinandersetzung davonlaufen. Wer das Kämpfen gelernt hat, entwickelt aggressives oder brutales Verhalten. Und wer sich für das Totstellen entschieden hat, entwickelt möglicherweise depressive Verhaltensweisen.

Je mehr stärkende Bindungserfahrungen ein Mensch im Laufe seines Lebens gesammelt hat, umso sicherer kann er Bindungen eingehen und pflegen. Gleichzeitig hat er in sicheren Bindungen erfahren, wer er selbst ist.

„Der Mensch wird am Du zum Ich", hat der große Religionsphilosoph Martin Buber diesen Entwicklungsprozess beschrieben. Wer in einer guten Bindung seine Lebenserfahrung machen darf, entwickelt seine Eigenständigkeit. Wenn ein Mensch Sicherheit und Zuverlässigkeit von seinen Bindungspersonen erfahren hat, weiß er, wie Sicherheit und Zuverlässigkeit sich anfühlen. Er kann dieses Verhalten weitergeben, weil er die Erfahrung zur Verfügung hat. Im umgekehrten Falle gilt dabei leider auch, dass nicht weitergegeben werden kann, was nicht zur Verfügung steht. „Lieben können" ist deshalb eine Folge von „geliebt werden".

Die Grunderfahrung von Zuverlässigkeit und Sicherheit, der Schutz vor Gefahren, und die emotionale Wärme sind das Fundament eines zugewandten Lebens. Die Bindungsqualität ändert sich, wenn das Bedürfnis nach Bindung nicht regelmäßig genährt wird.

Das Verhalten im Erwachsenenleben wird durch dieses Erleben wesentlich beeinflusst. Unsichere Erwachsene haben meistens ein Defizit an guten Bindungserfahrungen in ihrer Kindheit. Gute Erfahrungen lassen sich in jeder Lebensphase machen.

Dennoch gilt der Satz: Je später, desto schwerer finden sie Eingang in das eigene Lebenskonzept.

Immer „das Beste" ist oft das Schlechte

Verdrängung nennen wir das Verhalten, Schmerzen nicht anschauen zu wollen. Oft kommt es dabei zu einem Verhalten, das wir unter der Hausnummer „immer nur das Beste" verbuchen.

Eltern tappen bei der Erziehung ihrer Kinder häufig in diese Falle. Sie trauen sich nicht, den Kleinen das wirkliche Leben zuzumuten. Sie wollen allen Frust von ihnen fernhalten.

Der Familienworkshop ist diesmal anders als sonst. Es liegt nicht daran, dass es richtig winterlich ist, obwohl der Frühling schon anklopft. Es liegt daran, dass überraschend viele Eltern mit Babys und Kleinkindern gekommen sind.

Es herrscht ein etwas lautes Durcheinander. An jeder Ecke quengelt ein anderes Baby. Drei Paare haben Kinder dabei, die noch zu klein sind für die Kinderbetreuung. Kira und Johannes sind mit Anna, sieben Jahre, Luise, zweieinhalb Jahre, und Monika, acht Monate, gekommen. Die Kinder von Dieter und Nelli sind Ruth, fünf Jahre, und Martin, zweieinhalb.

Auch Doris und Karl haben zwei Kleine, die sie ständig auf dem Arm tragen, Steffi, zwanzig Monate, und Jonas, sechs Monate.

Ein Arbeiten ohne Kinder, nur im Kreis von Erwachsenen, ist diesmal nicht möglich.

Die Leiter des Seminars entschließen sich, die Babys und die Kleinen bei der Erwachsenenrunde auf dem Schoß ihrer Eltern dabei sein zu lassen. Es wird ein Arbeiten unter erschwerten Bedingungen und voller Unruhe. Keines der Kleinen und Babys ist in der Lage, eine angemessene Zeit ruhig auf dem Schoß der Eltern zu sitzen.

Alle sind frisch gewickelt, gut gefüttert und versorgt. Daran kann es also nicht liegen. Auch nicht daran, dass sie etwa die Nähe der Eltern vermissen. Schließlich sind sie die ganze Zeit am Körper von Mama oder Papa. Und dennoch entwickelt sich eine überdurchschnittliche Unruhe.

Monika mit ihren acht Monaten sitzt auf dem linken Oberschenkel der Mama. Sie schaut in die Runde. Permanent wippt das linke Bein der Mutter, als ob sie nervös wäre. Und wenn sie mal still hält, hüpft Monika auf ihrem Oberschenkel, stößt einen quengelnden, fordernden Laut aus, als wolle sie sagen: „Auf geht's, nicht müde werden Pferdchen, ich will weiterreiten."

Die Mutter reagiert sofort und ihr Bein wippt weiter. So geht das die ganze Zeit.

Manchmal wird Monika kurz auf den Boden gesetzt. Das geht nicht lange gut. Kira nimmt ihre Tochter wieder auf den Schenkel, der ganz automatisch bereits mit dem Aufsitzen zu wippen beginnt. Wippen, quengeln, absetzen, aufnehmen, wippen, quengeln. Und wenn dann die Unruhe doch zu groß und unerträglich wird, wird das Kind „stillgelegt". Pullover hoch, Brust raus und das Baby kurz angelegt. Diese Methode ersetzt den Schnuller. Für einige Augenblicke herrscht Ruhe. Aber dann geht das Spiel von vorne los.

Auch Doris und Karl sitzen mit ihrem Nachwuchs in der Runde. Jeder von den beiden hat ein Kind auf dem Arm. Doris sieht ein bisschen erschöpft aus. Ihr sieht man die Anstrengung durch die Mutterfreuden an. Auch ihr Outfit drückt diese Anspannung aus.

Karl wirkt als Vater sehr sensibel und zugewandt. Er ist offensichtlich mit einer Eselsgeduld ausgestattet. Wenn das Geschrei der kleinen Steffie zu laut wird, steht er auf und geht durch den Saal. Steffi schreit meistens wie eine Sirene. Sie schreit, als ob es um ihr Leben ginge.

Der Vater schaukelt sie dann mit leichten Auf- und Abbewegungen auf seinem Arm.

Er tut das mit einer ungeheuren Ausdauer. Er geht ans Fenster und lässt Steffi hinausschauen, zeigt ihr Details im Saal, Schuhe oder Jacken. Das macht er so lange, bis Steffie wieder leise ist. Dann setzt er sich wieder in die Runde, bis das Spiel von vorne beginnt. Doris versucht es beim sechs Monate alten Jonas ähnlich.

Sie hat diverse Gegenstände bei der Hand, mit denen sie das unruhige Stillkind ständig ablenkt und beschäftigt. Zwischendurch wird gestillt. Man hat nicht den Eindruck, als ob das Kind trinkt, weil es hungrig ist. Beiden Eltern ist die Anstrengung mit den unruhigen Kindern anzusehen. Irgendwann erzählt Karl, dass er zu Hause schon eine Vorrichtung gebastelt hat, die auf Knopfdruck wippt. In diesem Gerät schläft Steffie gut ein.

Beim Beobachten dieser Szenen fällt einem der Begriff Hyperaktivität ein. Es drängt sich die Frage auf, welchen Beitrag überfürsorgliche Eltern dazu leisten, dass Kinder permanent in Unruhe gehalten werden, obwohl die Eltern doch genau das Gegenteil wollen?

Auch der kleine Martin kann mit seinen zweieinhalb Jahren nicht ruhig auf dem Schoß von Mutter Nelli sitzen. Ständig zerrt er an ihr, rennt durch die Runde und wieder zurück. Ständig nimmt er sie in Beschlag. Sie ist nicht in der Lage, ihn einfach auf ihren Schoß zu setzen. Kaum sitzt er oben, rutscht er schon wieder runter. Es sieht aus, als habe sie schon aufgegeben. Immer wieder erklärt sie dem Kind, warum es sich doch anders verhalten sollte. Martin kümmert sich nicht darum. Nelli wirkt wie eine überforderte Mutter. Ihre Hilflosigkeit ist deutlich spürbar. Ihr schlechtes Gewissen über ihr Kind auch. Manchmal blickt sie mit großen Augen in die Runde, als ob sie alle um Entschuldigung und um Verständnis für ihre ausweglose Situation bitten wollte.

Und dabei haben doch alle Eltern nur das Wohl ihrer Kinder im Auge.

Alles wirkt so paradox. Je mehr sich die Eltern um die Kinder bemühen, desto größer wird deren Verweigerung. Je mehr die Eltern wollen, dass die Kinder ruhig und friedlich sein sol-

*len, desto lauter wird es im Saal. Je mehr Zuwendung, desto
mehr Abwendung. Je mehr beruhigendes Schaukeln, desto
mehr unzufriedenes Verhalten.*
Was passiert da eigentlich?

Sobald Kinder auf der Welt sind, wollen sie leben, wachsen und
groß werden. Sie sind gebunden an die Mama und später auch
an Papa. Von ihren Eltern wollen sie vor allen Dingen eines:
Sicherheit!
Wenn die Sicherheit fehlt, löst das in den Kindern Angst, bis hin
zur Todesangst aus.[7] Wenn Kinder Angst haben oder Hunger,
dann teilen sie das durch Schreien mit. Wenn die Bindungsperson
kommt und sie versorgt, ist alles wieder gut. Der Säugling wird
wieder ruhig. Nicht umsonst heißt die Versorgung mit Muttermilch an der Mutterbrust in tiefer inniger körperlicher und seelischer Verbindung: „Stillen"! Der Säugling fühlt sich geborgen und
sicher.
Alle Störfaktoren irritieren das Kind.
Wenn Kinder in diesen ihren Grundbedürfnissen nicht gesehen
werden, kommen sie in eine emotional schwierige Lage. Sie bekommen Angst. Sie fürchten, ihren Schutz durch die Bezugsperson zu verlieren. Sie sind in einer emotionalen Ausnahmesituation. Alles fühlt sich so an, als ob sie sterben müssten. Niemand ist
da, der die Angst in ihrer Seele wahrnimmt und lindert. Niemand ist da, der Sicherheit gibt. Aus purem Überlebensdrang
heraus fangen die Säuglinge und Kleinkinder an, selber für ihre
Sicherheit zu sorgen, damit sie die lebensbedrohliche Situation
überstehen.

---

[7]   Siehe Brisch: Bindungsstörungen

Aus diesem Mechanismus heraus können Verhaltensweisen entstehen, wie zum Beispiel innerlicher Rückzug oder ein Verhalten, das wir Hospitalismus nennen. Kinder wippen dann mit Körper und Kopf. Diese Regelmäßigkeit der Bewegung betäubt und schafft Sicherheit. Ein solches Gefühl der Todesangst und mangelnden Sicherheit gräbt sich tief in eine Kinderseele ein.

Damit prägt es auch das Leben des Erwachsenen. Es gibt viele unterschiedliche Verhaltensweisen in diesem Prozess der Suche nach Sicherheit. Sie alle formen letztlich den Bindungsstil. Sehr schön kann das am Beispiel der preußisch strengen Mutter gezeigt werden. Immer, wenn Kinder ihre Emotionen, ihre Trauer zeigen, kann die Mutter dies nicht aushalten. Kinder werden rausgeschickt oder getadelt, wenn sie ihre Emotionen zeigen.

„Sei keine Memme!"

„Geh raus und komm wieder, wenn du dich beruhigt hast!"

„Ich konnte mir auch nicht leisten zu weinen."

Solche und ähnlich Sätze sind wie ein steter Tropfen, der die weiche Kinderseele aushöhlt.

In der Angst, dass ihnen die Mutter keinen Schutz mehr bietet, stellen sich Kinder mit ihrem Verhalten auf diese Forderungen ein. Sie lernen ihre Gefühle zu kontrollieren und zu verbergen. Sie lernen mit Leistung bei den Eltern um Anerkennung und Schutz zu werben. In ihrem Inneren baut sich allerdings unweigerlich Stress auf. Das haben Untersuchungen über solche unsicheren Bindungsstile ergeben. Es sind Kinder, die in den Bindungstests sehr souverän wirken. Die Mütter können aus dem Zimmer gehen, ohne dass die Kinder mit Trauer, Wut oder Tränen reagieren. Sie tun so, als ob nichts geschehen sei und konzentrieren sich sehr auf ihr Spielzeug.

Auch wenn die Mutter wieder zurückkommt, reagieren diese Kinder nicht. Sie zeigen der Mutter, dass sie mit Bravour die Situation gemeistert haben. Sie drücken damit aus: „Schau Mama, ich habe dir keinen Kummer gemacht."

In ihrem Blut lässt sich allerdings in solchen nach außen ganz ruhig erscheinenden Situationen ein erhöhter Wert des Stresshormons Cortisol nachweisen.

Diese Kinder stehen unter großer innerer Anspannung, die sie aber unter der Maske des Unbeteiligtseins verbergen.

Wie es da drinnen aussieht, geht niemand was an.

Dieses Beispiel steht nur als Modell dafür, wie sich Bindung entwickelt. Hauptbedürfnis der Heranwachsenden sind Sicherheit und Schutz.

Aus dieser Haltung entwickelt sich auch das paradoxe Verhalten, dass sich Opfer an Täter binden.

Täter sind aus der Sicht von Kindern oft die einzige Möglichkeit, Schutz zu bekommen. Dafür sind sie bereit, Misshandlungen zu ertragen.

Wenn diese Erwachsenen dann selber Mama oder Papa werden, haben sie ein tiefes Bedürfnis, alles anders und alles besser zu machen, als sie es bei den Eltern erlebt haben. Sie fangen an, jeden kleinen Schrei, jeden Mucks, jedes Geräusch, jedes leicht unruhige Verhalten der Kinder ganz sensibel zu registrieren. Jeder Laut des Babys erinnert sie unbewusst an eigenes Schreien und eigene Verzweiflung. Sie können ein weinendes Kind nicht aushalten.

Sie verwechseln manches Weinen mit dem Selbstvorwurf, nicht alles getan zu haben, damit es dem Säugling gut geht. Sie tun alles, um das Kind „ruhigzustellen". Das Weinen des Säuglings erinnert sie unbewusst an den eigenen Schmerz des verlassenen Kindes.

Nelli, die Mutter von Martin, kommt in einem Halteprozess genau an solche Stellen in ihrer eigenen Kindheit.

Der Halteprozess beginnt ganz entspannt. Atmen und Wahrnehmen. Langsam führt die Therapeutin Nelli ins Gefühl.

„Wie fühlt sich die Nähe im Halten an?"

Nelli antwortet prompt, dass sie sich in ihren Gefühlen nicht zeigen könne. Sie hat Angst, dass sie ihr Gegenüber belasten könnte. Die Realitätsprüfung ergibt, dass sich alles anders darstellt. Die Frau, die Nelli hält, ist offen und bereit, auch ihre Gefühle auszuhalten. Sie fühlt sich keineswegs belastet.

Also beginnt die Therapeutin die Gefühle von Nelli einzuordnen. Sie trennt zwischen den Gefühlen, die in die Gegenwart gehören und benennt Gefühle, die in der Vergangenheit für große Schmerzen gesorgt haben.

Nelli ist an einem ganz zentralen Punkt, der ihr so noch gar nicht bewusst war.

„Eigentlich ist es das Gehaltenwerden, wonach ich mich das ganze Leben gesehnt habe, was mir das ganze Leben gefehlt hat."

Und plötzlich sind sie wieder da, die Bilder aus der Kindheit.

„Ich war immer alleine im Bett, hatte total Angst, habe im Bett immer geweint."

Aus Nelli bricht jetzt heraus, wonach sie sich damals gesehnt hat: „Ich habe mir so sehr gewünscht, dass Mama das hört und kommt."

Mama ist damals nur selten gekommen.

Und wenn sie kam, dann war das nur ein ‚08/15'-Trösten, nur heiße Luft."

Das Vertrauen des Kindes zur Mutter schwand mit solchem Verhalten immer mehr. Ständig war sie im Zweifel, ob ihr die Wahrheit erzählt wird oder ob sie schon wieder beschwichtigt oder gar angelogen wird. Ständig beantwortete die Mutter die Gefühlsäußerung der kleinen Nelli mit der stereotypen Abwehrhaltung und diesem furchtbaren Wort: „Alles Quatsch!"

Ihre Beruhigungsversuche waren eher hilflos als wirksam: „Wird schon wieder."

Diese Lebenserfahrung hat bei Nelli nur ein Grundgefühl erzeugt, das sie heute als Erwachsene so ausdrückt:

„Ich fühlte mich als Person nicht gesehen."

Im Halteprozess kommt dann dieses Gefühl von Kränkung und ständigem Misstrauen zum Ausdruck. Nelli drückt ihre ganze Verzweiflung aus. Sie fühlte sich damals wie in einer Gummizelle, in der sie strampeln und schreien konnte, ohne dass sie in ihrer Not gesehen wurde.

Nelli wechselt in diesem Halteprozess die Position, legt sich auf den Rücken und wird von oben gehalten.

Das ganze Gefühl von Hilflosigkeit und Verlassensein kommt hoch. Nach kurzem Spüren dieses Schmerzes lässt die Therapeutin Nelli wieder in Seitenlage gehen. Die haltende Person umfasst sie von hinten und gibt Stabilität und Begrenzung. Die Therapeutin macht Nelli darauf aufmerksam, dass sie hier im Halteprozess sicher ist und nichts zu befürchten hat. Dann lässt sie die junge Frau bewusst in ihren Körper atmen.

Nun darf Nelli dem Gefühl von Nähe, Wärme und Geborgenheit in ihrem Körper Raum geben und bekommt Zeit, ganz bewusst „aufzutanken". Nach einer Weile beendet die Therapeutin den Halteprozess.

Dieses Nacherleben von schwierigen oder gar traumatisierenden Kindheiterlebnissen ist ein wichtiger Schritt, um die Gegenwart meistern zu können.

Ein Halteprozess unter fachgerechter und sorgfältiger Begleitung kann eine Ahnung vermitteln von dem Gefühl, das heute noch im Körper und in der Seele unbewusst präsent ist und nachhaltig wirkt. Manchmal spaltet man im Bewusstsein solche Erinnerungen ab, damit das Weiterleben überhaupt erträglich wird. Wenn dann Mütter, wie zum Beispiel Nelli, das Schreien ihres Kindes hören, kann ein unbewusster Erinnerungsprozess in Gang gesetzt werden. Die alten Gefühle sind plötzlich da.

Der Fachmann spricht dabei von „angetriggert". Die meisten Betroffenen können die starken Gefühle, die Unsicherheiten, das Gefühl von absoluter Schwäche in solchen Situationen nicht zuordnen. Möglicherweise erklärt sich daraus, warum Mütter sich plötzlich beim Schreien ihrer Kinder so hilflos fühlen, warum sie in Starre und Handlungsunfähigkeit fallen.

Rücken die einzelnen Puzzleteile des alten Geschehens aber im sicheren, geschützten Rahmen eines Halteprozess wieder ins bewusste Gefühlserleben, dann braucht es die klassischen Traumareaktionen, sich starr und tot zu stellen, zu fliehen oder anzugreifen, nicht mehr.

Wer solche unterschwelligen Wirkungsmechanismen erkennt, kann sich als Erwachsener Hilfe holen, um die gegenwärtige Situation zu meistern. Wer diese Wirkungen nicht zuordnen kann, versucht es immer weiter mit Ersatzhandlungen.

Entweder werden Gefühle betäubt mit Aktivität, mit extremem Sport, oder es kommen manchmal Alkohol oder andere Suchtmittel ins Spiel. Oder man schaltet ab vor dem Computer oder dem Fernseher. Es gibt unzählige Methoden, seine Gefühle zu ignorieren.

Es braucht Mut und Energie, sich auf die Suche zu machen. Nur wer bereit ist, wirklich in sich hineinzuhören, kommt einen Schritt weiter auf diesem steinigen Weg.

Es gilt, die einzelnen Zwiebelschalen des erlebten Lebens anzuschauen, eine nach der anderen. Und dabei kann man sich immer wieder darüber klar werden und sich selbst versichern, dass man lebt. Die schweren Ereignisse haben einen nicht umgebracht. Der Ist-Zustand lautet:

Ich bin da! Ich lebe! Die Verletzungen haben mich nicht umgebracht.

Aus dieser Haltung heraus lernen wir zu sehen, wo Gefühle wirklich hingehören, ob in die Vergangenheit oder in die Gegenwart. Wer diese Unterscheidung treffen kann, dem gelingt schließlich auch die Einordnung des Geschehens. Das alte Erlebnis ist vorbei. Heute ist dieses Erleben für den Erwachsenen nicht mehr bedrohlich.

Was ins aktive Bewusstsein vordringt, verliert seine Macht über den Menschen. Der Erwachsene hat nun Möglichkeiten, auf dieses Gefühl zu reagieren. Er ist nun für sich handlungsfähig. Auf diese Weise kommt es zu einem wichtigen Entwicklungsschritt. Plötzlich wird wieder eine Handlungsperspektive sichtbar, die vorher durch die traumatischen Gefühle verstellt war.

Es war fast wie im Bilderbuch. Als hätte er es geahnt, kommt der kleine Martin mit seinem Vater ins Zimmer der Mutter. Beide sollten noch beim Spielen sein, aber glücklicherweise war der Halteprozess gerade abgeschlossen. Martin braucht nur eine neue Windel. Als er seine Mutter wahrnimmt, spürt

er sofort ihre emotionale Not und klettert auf ihren Schoß.
Seine kleinen Arme umschlingen die Mama, als wollte er sie
trösten. Er lässt sie gar nicht mehr los.
Die Therapeutin nimmt diese Situation spontan zum Anlass,
auch Dieter, den Vater, in den Prozess mit einzubeziehen.
Dieter nimmt Nelli in den Arm. Nelli lehnt ihren Kopf an Die-
ters Schulter.
Die Therapeutin leitet die beiden an, dem Kind deutlich zu
machen, dass Papa sich jetzt um Mama kümmert.
„Ich habe Mama ganz fest im Arm und tröste sie", sagt er.
Und sie: „Ich kann mich an Papa anlehnen. Das ist gut."
Kurze Zeit nachdem das Paar dem Kind deutlich gemacht hat-
te, dass sich die Erwachsenen um ihre Angelegenheit selbst
kümmern, rutscht der kleine Martin wieder auf den Boden
und spielt mit einem Fotobuch, das auf dem Couchtisch liegt,
als wäre nichts geschehen. Weil er spürt, dass Papa sich jetzt
um Mama kümmert, ist er entlastet und kann seinen Bedürf-
nissen nachgehen.

Dieses Geschehen macht eines ganz deutlich: Kinder wollen, dass
es den Eltern gut geht. Wenn sie spüren, dass etwas mit Mama
oder Papa nicht stimmt, sind sie sofort zur Stelle. Sie fühlen sich
sofort verantwortlich und übernehmen den Trost. Für Kinder ist
es existenziell bedrohlich, wenn es einem oder beiden Elternteilen nicht gut geht. Kinder fürchten dabei unbewusst, selbst nicht
überleben zu können. Diese Angst kann sich in übergroßer An-
hänglichkeit oder genauso durch penetrante quengelnde Ablenkung ausdrücken.
Wenn Kinder Angst haben um das Wohlergehen der Eltern, kann
es im äußersten Fall sogar dazu kommen, dass sie die Haltung
einnehmen: Lieber sterbe ich als du!

Kinder brauchen Sicherheit, um gut und innerlich frei aufwachsen zu können.

Sie in Alltagssituationen alles selbst entscheiden zu lassen, ist dabei eine Erziehungsmethode, die genau zum Gegenteil führt, nämlich zu immer größer werdender Unsicherheit. Wenn mit Kindern immer darüber diskutiert wird, was sie gerade essen, anziehen, unternehmen oder spielen wollen, wird ihnen unbewusst eine Verantwortung aufgebürdet, die sie nicht tragen können. Mit solchem Verhalten stehlen sich Eltern auch aus ihrer Verantwortung. Sie entscheiden nicht mehr, was aus ihrer Sicht angemessen und gut für ihren Nachwuchs ist. Sie übergeben die Entscheidung an das Kind.

Irgendwann wundern sie sich, warum ihnen das Kind entgleitet und nur noch quengelt, unzufrieden ist, ständig etwas anderes will und Mama und Papa am Nasenring durch die Manege zieht. Es sind viele kleine Einzelsituationen, die sich aufsummieren. Es sind Szenen aus dem Alltag, die Eltern nicht mehr aushalten, die aber das Sicherheits- und Orientierungsbedürfnis von Kindern deutlich machen. Wenn Kinder keine Klarheit spüren und damit keine Orientierung entwickeln können, fangen sie an mit den Eltern um alles zu kämpfen.

Der zweieinhalbjährige Martin spielt sehr intensiv mit dem Fotobuch. Er schaut sich interessiert die Bilder an, brabbelt allerhand vor sich hin und ist ganz in seinem Spiel versunken.

Plötzlich macht er Anstalten, eine Seite aus der Broschüre herauszureißen. Papa Dieter sieht das und nimmt ihm das Fotobuch weg. Das Kind protestiert heftig, schreit und schlägt um sich. Die Eltern sind verunsichert über diesen Widerstand. Die Therapeutin weist darauf hin, klar und eindeutig zu sein. Papa

Dieter setzt dies auch gleich um: „Ich nehme Dir das Buch weg, weil ich nicht will, dass Du eine Seite herausreißt."
Das Kind protestiert nur noch lauter und fängt an zu toben.
Die Eltern versetzt dieses Verhalten in eine Hilflosigkeit.
Sollten sie dem Kind nachgeben, um sein Schreien abzustellen?
Die Therapeutin rät ihnen, dem Kind zu sagen, dass sie es sehen und in seinen Gefühlen wahrnehmen.
Darauf sagt Papa Dieter: „Martin, ich sehe, dass Du jetzt richtig ärgerlich und wütend bist, weil ich Dir das Buch weggenommen habe. Ich will aber nicht, dass eine Seite herausgerissen wird."
Dann nimmt er Martin auf seinen Schoß, bestätigt ihm noch ein paar Mal, dass er ihn in seinem Ärger wahrnimmt, weil ihm die Broschüre weggenommen wurde.
Er bleibt klar und eindeutig in seiner Aussage und stößt das Kind nicht zurück. Allmählich beruhigt sich Martin und schläft sogar auf dem Schoß von Papa ein.

Viele Eltern reagieren in solchen Situationen mit Ablenkungsmanövern. Sie bieten den schreienden Kindern gleich andere Spielzeuge oder interessante Alternativen an. Hintergrund dieses Verhaltens ist oft das eigene Schicksal. Eltern werden durch ihre Kinder an ihr eigenes Weinen erinnert. Sie können diese Erinnerung und den damit wieder unbewusst aufkeimenden Schmerz nicht ertragen. Sie können das Weinen des Kindes nicht als ein Rufen nach Bindung verstehen, sondern spüren ihre eigenen Tränen. Diese Schmerzen wollen sie dann dem Kind nehmen. Aber eine solche unbewusste Projektion schwächt sie in ihrer Rolle als starke Eltern.

Das Ablenkungsmanöver als scheinbar „beruhigende" Aktion führt in solchen Situationen in der Regel zum Gegenteil. Das Kind muss mit einer immer größeren Dosis an Ablenkung ruhig gestellt werden. Es spürt dabei nicht, dass die Eltern ihm helfen können, seine Gefühle zu sortieren. Es spürt nicht, dass die Großen die Verantwortung für sein Wohlergehen übernehmen.

Wenn Eltern eine Entscheidung treffen, um das Kind oder einen Gegenstand zu schützen, dann müssen sie auch konsequent zu dieser Entscheidung stehen. Gleichzeitig braucht das Kind aber das Signal, dass es über diese Entscheidung ärgerlich wütend oder traurig sein darf, ohne dass die Eltern es zurückweisen.

Klarheit im Handeln und dabei dem Kind mitteilen, dass es gesehen wird, ist der Grundsatz. Kinder lernen auf diese Weise die Entscheidungen von Eltern anzunehmen, ohne sich missachtet zu fühlen. Kinder lernen so die Regeln, die in der Familie gelten. Sie lernen, dass Mama und Papa die Großen und sie die Kleinen sind. Und für diese Regeln sind nun mal nur Mama und Papa zuständig und verantwortlich. Sie lernen, dass sie sich unter der Obhut der Großen sicher fühlen können. Sie bekommen dadurch Orientierung. Und so lernen sie im Laufe der Jahre, dass sie selbst immer größer werden und mehr und mehr Verantwortung übernehmen, bis sie schließlich in die Selbständigkeit entlassen werden können.

Das Spiel des Lebens

Der Weg vom Leiden zum Handeln ist manchmal lang. Wenn Ehepaare sich zu einem Familienworkshop anmelden, haben sie schon manches ausprobiert. Ihre Alltagskonflikte sind meistens noch ungelöst. Es sind immer ähnliche, wiederkehrende Konflikte und Lebenssituationen, die Eltern und Partner zur Verzweiflung treiben.

Die Eltern kommen immer dann, wenn die Kinder richtig schwierig werden. Ihr Wunsch ist, dass dieses nervige Verhalten endlich aufhört.

Die folgende Aufzählung sind Problemschilderungen von Teilnehmern der Familienseminare. Irgendwie ist es doch beruhigend, dass der Alltag in vielen Familien von ähnlichen Problemen bestimmt ist.

Mutter eines 11-jährigen Jungen: „Ich war mit ihm schon bei vielen Beratungsstellen. Wir haben schon viel abgearbeitet. Das eine jedoch bleibt: Ich habe keine richtige Beziehung zu ihm."

Mutter eines 17-jährigen Sohnes: „Er lebt nicht sein Potential, ist wie ausgebremst, scheint noch in dem Schmerz zu verharren, als wir Eltern uns getrennt haben."

Mutter eines 7-monatigen Sohnes: „Ich wünsch mir endlich die Wut und den Hass gegen Julians Erzeuger nicht mehr zu spüren."

Vater eines 2-jährigen und 6-jährigen Mädchens: „Ich wünsche mir mehr Lebendigkeit und Wachsamkeit in der Familie und möchte rausbekommen: Was geben wir an die Kinder unbewusst weiter?"

Ehepaar, 3 Kinder (12, 10 und 7): „Wir wünschen uns Klarheit für unsere Beziehung und möchten die Machtkämpfe aus der Ehe verbannen."

Alleinerziehende Mutter mit 6-jährigem Sohn: „Mario respektiert mich nicht als Mutter. Er hört schlecht und provoziert ständig. Er nimmt manchmal die Ersatzrolle als Partner ein."

Mutter mit 24-jähriger Tochter: „Wenn ich meine Tochter umarme, kommt es nicht aus meiner Seele. Ich bin so merkwürdig reserviert. Ich spüre große Schuldgefühle ihr gegenüber."

Mutter von 2 Kindern (12 und 5 Jahre): „Ich bin völlig hilflos gegenüber den Eifersuchtsattacken und Wutanfällen meiner Söhne."

Mutter von 2 Töchtern (15 und 17): „Ich befinde mich in einer akuten Trennungssituation. Ich werde das gemeinsame Haus verlassen. Unsere Töchter bleiben bei meinem Mann. Meine Mutter hat das damals auch so gemacht. Ich habe Angst, immer mehr meiner Mutter zu folgen."

Alleinerziehende Mutter mit 4-jähriger Tochter: „Ich möchte meine Angst vor der Zukunft überwinden. Ich möchte auch ohne festen Partner zufrieden sein mit meiner Lebenssituation. Ich will endlich gelassener werden.
Das soll sich auch auf meine Tochter auswirken. Ich wünsche mir, meinen Druck loszuwerden, will mich freier fühlen. Ich habe kein Vertrauen in die Umgebung. Das viele Weinen soll aufhören."

Vater von 3 Kinder (7, 4, 2): „Mein Kleinster, der Uwe (2), ist ein sehr anstrengendes Kind. Ständig stellt er etwas an und ist aggressiv. Er macht Spielsachen kaputt und schlägt. Meine Frau ist körperlich wie seelisch total erschöpft. Sie will die Trennung.
Ich sehe den Hauptkonflikt in unserer Ratlosigkeit im Umgang mit Uwe. Ich will, dass meine Frau spürt, dass ich sie liebe."

Diese Sammlung von den ersten Sätzen in den Workshops deutet die Not an, in der sich Familien befinden. Die Not zeigt sich an den unangenehmen Symptomen des Alltags, an Streitereien, Aggressionen, Hilflosigkeit, Resignation oder am Willen zur Flucht und Trennung.
Es soll doch endlich alles aufhören und wieder normal und gut werden. Das ist das Bedürfnis aller. Diese Menschen sind auf der Suche nach der Lebensqualität in ihren Beziehungen.
Alles hat doch einmal als Paar so hoffnungsvoll begonnen. Die Familie als ein Ort der Sicherheit, des Haltes und der Geborgenheit war das Ziel, und jetzt dieses bittere Erwachen im rauen Alltag.

In die Familienseminare kommen oft Eltern, die den täglichen Umgang mit den Kindern als anstrengend und kräftezehrend erleben.

Es fällt ihnen schwer, auf die emotionalen Reaktionen der Kinder einzugehen, ihnen Halt zu geben.

Möglicherweise werden sie im Laufe der Beschäftigung mit der eigenen Person feststellen, dass auch ihnen selber als Kinder oft der Halt gefehlt hat. Sie können deshalb auch gar nicht wissen, wie sich ein solcher Halt anfühlt. Sie können ihn auch nicht vermitteln. Aus diesem daraus folgenden Stress mit den Kindern oder dem Partner folgt in den weiteren Jahren die Erschöpfung.

Es sind oft Eltern im familiären Burnout. Möglicherweise werden sie sich dem Schmerz stellen müssen, dass ihnen selber als Kind ein Rückhalt gefehlt hat und deshalb auch in ihrer heutigen Elternrolle fehlt.

Alle die bisher angedeuteten Symptome und Erscheinungen haben eines gemeinsam, es sind Themen der Bindung. Die schwierigen Alltagsgeschichten sind Geschichten von Bindungsstörungen.

Je länger der aufreibende Familienalltag die Kräfte und Ressourcen aufzehrt, desto mehr wächst in den Eltern die Sehnsucht nach heiler Welt, nach Harmonie und Ruhe.

Sie wollten doch einfach nur eine tragfähige, gute und sichere Familie haben wie die anderen auch.

Nach dem Wunschzustand in der Familie befragt, nennen die meisten Teilnehmer einen einzigen Begriff: „Harmonie!"

Diese Harmonie wollen sie endlich erleben im Umgang mit den Kindern und im Umgang mit den Partnern. Das Zusammenleben soll endlich frei sein von den Dauerkonflikten. Der regelmäßig stattfindende Streit zwischen den Partnern könnte doch endlich aufhören. Die ständigen Auseinandersetzungen mit den eigenen Eltern oder den Schwiegereltern sollen endlich ein Ende haben.

Mit den Kindern wünschen sich alle endlich einen friedlichen Umgang. Alle wollen endlich das leichte Miteinander.

„Mal wieder miteinander lachen zu können. Bei uns ist alles so ernst …", beschreibt ein Familienvater sein Anliegen. Meistens geht es darum, einen Teufelskreis zu durchbrechen.

Salopp ausgedrückt zeigt sich folgende Dynamik: Die Kinder zeigen ein Problem. Die Eltern sind unsicher und können nicht angemessen reagieren. Die Kinder verweigern sich und werden aufmüpfig. Die Eltern werden noch unsicherer. Je unsicherer die Eltern sind, desto mehr spinnen die Kinder.

Ein Perpetuum mobile.

Es gilt dann, solche festgefahrenen Dynamiken innerhalb der Paarbeziehung oder in der Beziehung der Eltern mit den Kindern ins Blickfeld zu rücken. Wie aus den bisherigen Beispielen zu sehen war, sind neue Erfahrungen, auch mit der eigenen Lebensgeschichte, oft die Grundlage für die positive Entwicklung der Beziehung. Das emotionale Verständnis für die eigenen Erfahrungen hilft, die Beziehung zum Partner und zu den Kindern wieder in den Fluss zu bringen.

So kann eine neue Bewegung angestoßen werden, die dann auch die Kraft gibt, die Bindung untereinander oder zu den Kindern in Halteprozessen zu erneuern oder zu festigen.

Der heutige Trend, in der Kleinfamilie den wesentlichen Halt zu suchen, überfordert viele Paarbeziehungen. Menschen brauchen auch ein soziales Umfeld, welches durch den Alltag trägt.

Auch diese Erfahrung manchen Menschen in Familienworkshops. Sie sehen, dass auch andere Schwierigkeiten mit Partnern oder Kinder haben. Sie bekommen einen Eindruck von den Hintergründen und Folgen bestimmter Lebenserfahrungen. Familienseminare tragen so dazu bei, sich aus der Vereinzelung und Individualität zu lösen. Der Blick wird dafür frei, dass die Konflikte in Familien und das problematische Geschehen die Auswirkung einer systemischen Kraft sind.

Wir alle gehören zu unserer Familiensippe und zu unserem Clan mit seiner ganz eigenen Ausprägung. Wer diese Zusammenhänge sieht, kann plötzlich Dinge einordnen und verstehen, die vorher unbeachtet und unbewusst geblieben sind, aber im Hintergrund die volle Wirkung entfaltet haben. Kurzum, der Mensch ist ein Gemeinschaftswesen und wird von der Gemeinschaft geformt, geprägt, zum Leben ertüchtigt oder am Leben gehindert.

Zum gelingenden Leben als Erwachsener gehört es aber unbedingt dazu, sich der Verantwortung für sein eigenes Handeln bewusst zu werden. So wie die anderen das Individuum beeinflussen, beeinflusst das Individuum durch sein Handeln die anderen.

Es geht also darum, den Prozess der Gegenseitigkeit zu erkennen und die Verantwortung für das eigene Handeln jederzeit zu übernehmen. Man kann nicht ein ganzes Leben in der Position verharren, dass an allem Unglück die Eltern schuld sind.

Die Krise ist die Chance

An dieser Stelle ist es Zeit für eine kurze Reflexion. Es gilt, die einzelnen Lebensgeschichten richtig einzuordnen. Leben ist eine Herausforderung bis zum Tod. Ständig müssen wir Entscheidungen treffen. Es gibt aber leider keinen umfassenden und für alle

Lebenslagen gültigen Entscheidungskatalog, in dem wir nur nachschauen müssen. Unsere Erfahrung ist die Grundlage unseres Handelns. Leider muss der Mensch erst an den Ofen hinfassen. Erst danach glaubt er, dass er heiß ist. Alles Erklären vorher, alle Warnungen haben nichts genutzt. Selbst der doch so bewusst handelnde, erwachsene Mensch lernt meistens nicht durch das Vorhandensein des Wissens allein.

Der erwachsene Mensch ist auch ein Katastrophenlerner. Erst wenn das Kind in den Brunnen gefallen ist, macht er eine neue Erfahrung. Mit dem Schmerz fängt in der Regel sein neues Denken an. Anders ausgedrückt: Das Verhalten ändert sich erst mit der Krise.

Das gilt ganz besonders für Beziehungen.

Meistens geht alles erst wieder weiter, wenn gar nichts mehr geht. Dann werfen die Frau oder der Mann in der Regel alles hin und laufen erst einmal voneinander weg.

In solchen schwierigen Lebensphasen heißt der favorisierte Lösungssatz: „Wir müssen uns trennen."

In der Zeit davor war die Ehe oder die Partnerschaft meistens schon über lange Zeit auf Sparflamme. Oder war sie bereits auf Eis? Groß aufgefallen ist das den beiden jedenfalls nicht.

Paare können jahrelang Meister des Verdrängens sein. Sie versuchen das zu bewahren, was sie besitzen. Sie halten an dem fest, was ihnen im Leben Sicherheit gibt: das Haus, der Garten, die Arbeit, der Urlaub und ein intakt scheinendes Familienleben. So funktionieren Mann und Frau oft jahrelang. Sie leben mit der Lebenslüge. Sie nehmen nicht wahr, was diese Lebenslüge mit ihnen und den Kindern auf Dauer anrichtet.

Wer sensibel ist, wundert sich vielleicht, warum sich das Klima in der Familie ganz schleichend negativ verändert hat.

Ein Grund Konsequenzen daraus zu ziehen, ist das aber noch lange nicht. Manchmal geht es auch im Beruf rasant auf die Pleite zu. Manchmal richtet der Alkohol schon lange nichts mehr.

Er „richtet" nur noch „an"!

Die Resignation ist meistens stärker als jeder Rettungsversuch.

Wenn ein Paar Glück hat, werden die Kinder irgendwann endlich störrisch, mürrisch, bockig oder aggressiv.

So paradox dies klingt, so hilfreich kann das sein. Wenn die Kleinen unerträglich werden, wenn sie machen, was sie wollen, dann kommt wieder Bewegung in das System. Mit ihrem Fehlverhalten weisen sie indirekt darauf hin, dass im Familiensystem großer Reformbedarf herrscht.

Die Kommunikation mit Partner oder Kinder ist nur noch Geschrei. Manchmal ist sie auch teilnahmsloses Schweigen in stiller Aggression. Auf die Frage, wie es geht, kommt von beiden zuerst immer die Antwort: „Danke gut!" Danach heißt es eine Zeit lang: „Geht schon."

Und am Ende? Viele sehen nur noch den einen Ausweg, von heute auf morgen einfach alles hinter sich zu lassen. Wenn jetzt nichts passiert, passiert dann überhaupt noch etwas? Erst mit der Katastrophe gibt es wieder eine Bewegung.

Die Struktur des zwischenmenschlichen Abstieges ist immer so oder so ähnlich.

Bei den Einen geht es schneller und bei den anderen langsamer, bis schließlich alles, was früher Halt gab, nach und nach aufgelöst ist. Meistens läuft dieser Prozess unbewusst ab. Das geht so lange, bis einer der Partner derartig leidet, dass er nicht mehr wegsehen kann und ihm die Lage bewusst zu werden beginnt. Nicht im Wissen, sondern in der Krise liegt die Chance. Jörg, 55 Jahre alt, schildert diesen Prozess am ersten Tag in einer therapeutischen Gruppe so:

> *„Ich lebe für die Arbeit, meine Frau hat zu Hause das Monopol. Sie ist auch seit jeher für die Gefühle zuständig. Seit einigen Tagen wird mir endlich bewusst, was mir fehlt: Ich spüre nichts mehr. Wenn ich meiner Frau, meinen Kindern gegenüber stehe, bleibe ich unberührt. Mein Fühlen ist wie tot. Es ergreift mich nichts mehr. Und das erschreckt mich. Ich will mich endlich vom Leben und den Menschen um mich rum wieder berühren lassen!"*

Dieser Zustand scheint immer das Ende von allem zu sein.
Das ist falsch! Dieser Zustand ist die Chance. Dieser Zustand ist eine erste wirklich echte Möglichkeit für einen neuen Anfang. Es ist der Zeitpunkt, wo alles nur noch besser werden kann!
Menschen sind in ihrem Leben existenziell auf Bindungen und Beziehungen angewiesen. Fallen sie aus Bindungen heraus, bedeutet das Lebensgefahr.
Wenn der Partner oder Familienmitglieder, Freunde oder Kollegen sich verweigern, ist das die Verbannung in die Isolation. In dieser Isolation verliert der Betroffene sein Gefühl, ein vollwertiger Mensch zu sein. Er gehört nicht mehr dazu. Seine Gefühle verkümmern.
Das reale Leben ist ein monotones vor-sich-her-Leben. Freude, Trauer, Schmerz und Lust haben darin keinen Platz mehr und flachen ab. Oft verschwinden die Gefühle ganz.

> *Christa, 45 Jahre, alleinlebend, kommt in eine Abendgruppe. Als ein Teilnehmer sie eine Zeit lang im Arm gehalten hat, sind seit Langem wieder ein paar Tränen gekullert.*

Dieses Gefühl des Berührtseins möchte sie wieder spüren! Also unternimmt sie im Rahmen der ersten Abende alles, um sich genau dieses Gefühl des Berührtseins wieder zu holen. Sie gibt genaue Anweisungen, wie der Haltende sie zu halten hat. Sie nimmt genau die Position ein, die sie damals hatte, in der Hoffnung, dieses Gefühl erneut spüren zu können.

Erst im Laufe einiger Abende bekommt sie eine Vorstellung davon, dass es etwas ganz anderes ist, das ihr hilft.

Es geht bei ihr darum, mit sich selbst in Kontakt zu kommen, Nähe spüren zu können, sich für ihre eigentlichen Gefühle zu öffnen und sich damit anderen zu zeigen. Sie beginnt allmählich zu merken, dass Kontrolle ein Mittel der Schmerzvermeidung ist.

Kontrolle bringt lediglich eine Scheinsicherheit. Sich den wirklichen Empfindungen zu öffnen, braucht Mut, macht erst einmal unsicher, gibt aber letztlich den Weg frei für die eigenen Kräfte und Energien.

Nach und nach entdeckt Christa dadurch wieder ihre Gefühle. Sie lernt dadurch, nach und nach wieder das Leben in seinem wahren Kern zu spüren, sich zu zeigen und anderen zuzumuten.

Der große Humanist und Arzt Albert Schweitzer hat dieses Grundbedürfnis so wunderbar ausgedrückt:

„Ehrfurcht vor dem Leben bedeutet: Ich bin Leben, das leben will inmitten von Leben, das leben will."[8]

Der Rückzug oder der Hinauswurf aus Bindungen ist deshalb ein Rückzug oder ein Hinauswurf aus dem Leben.

---

[8] www.albert-schweitzer-zentrum.de/ fileadmin/user_upload/DASZ_ Unterrichtskatalog_Auflage2.pdf

Bei emotionalen Verletzungen reagieren Menschen viel zu oft nach archaischen Grundmustern. Sie reagieren mit Kampf und Aggression, fliehen aus der Situation oder stellen sich tot.

Alle drei Verhaltensweisen führen dazu, dass Menschen die Beziehung aufs Spiel setzen und sich aus der Bindung entfernen.

Sich aus Bindungen zurückzuziehen, wie es in vielen Partnerschaftskonflikten ganz automatisch geschieht, ist ein gefährlicher Prozess.

Er hat ungeahnte und unkalkulierbare Folgen. Dieser Prozess des Rückzuges verstärkt sich in der Regel selbst.

Unsere moderne Gesellschaft und unser materieller Wohlstand machen es anfangs erst einmal leicht, alles hinter sich zu lassen, Beziehungen abzubrechen und eigene Wege zu gehen. Die Scheidungszahlen sind ein Indiz dafür. Sie sind ein statistisches Warnzeichen. Sie deuten darauf hin, dass Menschen sich lieber trennen und davonlaufen, als sich ihren Konflikten offen zu stellen.

Die Haltung der Autoren ist eindeutig. Die heutige Zeit bietet zum ersten Mal die Möglichkeit, auf die Qualität der Beziehung zu schauen. Wir sind heute unabhängig durch den materiellen Wohlstand. Wir haben eine hohe Lebenserwartung wie keine Generation vor uns.

Dies versetzt uns in die Lage prüfen zu können, ob wir uns in unserer Beziehung wohl fühlen oder nicht. Gleichgültig, ob die Entscheidung Trennung heißt oder in der Beziehung zu bleiben, ein bestehender Konflikt ist immer eine Herausforderung und eine Chance für eine ganz persönliche Weiterentwicklung.

Wenn Hintergrund und Anlass des Konfliktes oder der Trennung nicht in den Blick genommen und bearbeitet werden, haben die Beteiligten in ihrer Beziehung keinen Entwicklungsschritt gemacht. Die Flucht aus der Beziehung führt dann vielleicht in eine kurzfristige Entlastung, aber leider nicht in die wirkliche persönliche Freiheit. Schon bald stellen sich wieder Unruhe und Unzufriedenheit ein.

Und wenn sie in der Beziehung bleiben, werden sie zu wahren Meistern im Ausharren und Aushalten.

In solchen Paarbeziehungen sind in der Regel beide Seiten emotional am Verhungern. Auf die Idee sich mit den Hintergründen der Beziehungsstörung ernsthaft auseinander zu setzen, kommen sie nicht. Solche Weglauf- oder Aushalt-Verhaltens-weisen sind aber nur scheinbare Befreiungen. Jedes Verhalten hat immer auch Konsequenzen. Auch das vermeintliche Nichtverhalten, das Wegducken und Ignorieren ist ein Verhalten, für das letztlich jeder den Preis bezahlen muss.

Zu allererst leiden darunter die Kinder. Sie spüren das Vertuschen der Konfliktursachen. Kinder sind dann wie Seismographen. Sie werden schwierig.

Leider interpretieren viele Eltern dieses Verhalten nicht richtig. Sie sehen nur die Symptome der Kinder und wollen diese kurieren und möglichst schnell beseitigen. Sie sehen nicht, dass die Kinder mit ihrem schwierigen Verhalten auf problematische Hintergründe in der Elternbeziehung aufmerksam machen.

Leider bleibt es dann oft nur am Kurieren der kindlichen Symptome. Auf diese Weise tragen die Kinder die meisten seelischen Wunden aus solchen Prozessen davon. Die Kinder erfahren, dass es sich nicht lohnt, um eine Beziehung zu ringen. Sie werden dieses erlebte Lebensmodell auch in ihren eigenen Beziehungen anwenden. Sie haben kein anderes gelernt.

Oder sie praktizieren das Ausharren als Gegenreaktion zu den eigenen getrennten Eltern.

Auf „Teufel komm raus" wird die eigene Beziehung erhalten, egal zu welchem Preis. Den eigenen Eltern soll bewiesen werden, dass alles besser gehen kann.

Aber Wunsch und Wirklichkeit klaffen dabei auseinander. Obwohl das Anfangsziel hieß, alles besser machen zu wollen als die Eltern, sind Kinder aus Scheidungsfamilien sehr gefährdet, auch wieder Trennungsfamilien zu hinterlassen.

Erst wenn die eigentliche Ursache der ungelösten Paarkonflikte gesehen wird, erst wenn die Krise nicht als Schlusspunkt, sondern als Neubeginn angenommen wird, kann wieder Neues entstehen.

Der Knall in der Beziehung ist ein Signal, eine Einladung, eine wertvolle Botschaft, die Beziehungsdynamik in den Blick zu nehmen. Mit dieser Entscheidung kann sich ein nächster positiver Entwicklungsschritt daraus ergeben.

Scheidung – die Kränkung für alle

Winter ade, scheiden tut weh. Dieser Kinderreim sagt es kurz und präzise. Scheidung ist immer eine Form von Kränkung. Ein Lebensmodell ist nicht geglückt. Ein Lebensentwurf konnte nicht umgesetzt werden und ist gescheitert.

Die Statistik ist präzise und nüchtern.

Im Jahr 2012 wurden in Deutschland 179.147 Ehen wieder geschieden. Das ist weniger als der grobe Durchschnitt der letzten 20 Jahre. Im Schnitt wurden in dieser Zeit 190.000 Ehen jährlich aufgelöst. Ein Umstand ist dabei besonders tragisch. Von allen diesen aufgelösten Ehen hatte ungefähr die Hälfte noch minderjährige Kinder. 2012 waren das 143.022 Kinder und Jugendliche, die noch unter familiärer Begleitung standen.[9]

Für diese Kinder bricht mit der Trennung der Eltern in aller Regel eine Welt zusammen. Scheidungen, bei denen die Eltern es schaffen, sich möglichst in gegenseitiger Achtung und Wertschätzung voneinander zu trennen, sind leider nicht die Regel. Meist sind die Erwachsenen mit ihrer eigenen Not beschäftigt. Sie spüren nicht mehr die elterliche Verantwortung gegenüber den Kindern. Sie können die Kleinen deshalb nicht auffangen und für ihren Schmerz offenbleiben. So kommt es, dass in der Regel die Kinder in der schwierigen Situation alleine sind und ihre bisher geordnete Welt zusammenbricht. Sie erleiden ein mehr oder minder großes seelisches Trauma und müssen sich neue Wege im Leben suchen.

Hinter diesen nüchternen Zahlen der Statistik verbergen sich gewaltige Familienschicksale.

Über diese Folgen wird in der Öffentlichkeit wenig gesprochen. In einer SWR-Radiosendung trauten sich heute erwachsene Scheidungskinder darüber zu sprechen, wie sie als Kinder ein solches Schicksal verkraften mussten.[10] Aus diesen Aussagen lässt sich erahnen, welcher Schmerz einer Kinderseele durch die Trennung der Eltern zugefügt werden kann.

Max war neun Jahre alt, als sein Vater ihm Folgendes mitteilte:

---

[9] Statistisches Bundesamt. Pressemitteilung Nr. 253 v. 30.7.2013

[10] Sabine Voss: Erwachsene Scheidungskinder erzählen. SWR 2 Eckpunkt 7.11.2006. Alle folgenden Zitate der Scheidungskinder sind aus dieser Sendung.

„Ich muss dir etwas mitteilen, wir werden uns trennen. Das war natürlich wirklich so wie ein Stich ins Herz, das fühlt sich wirklich so an, ich konnte einfach nur noch losheulen, es war einfach so der Schock. Ich hab mich auch gefragt, warum eigentlich."

Max hatte schon lange gemerkt, dass bei den Eltern etwas nicht stimmte. Sie stritten sich oft. Die Mutter kam manchmal heulend aus dem Zimmer.
Bei Corinna bricht die Mutter aus der Ehe aus.

„Sie hat mir dann eines Tages eröffnet, ich kann hier nicht leben. Das war für mich sehr schlimm. Und dann habe ich ihr gesagt, ich will mit dir gehen, und da hat sie gesagt, nein. Und dann habe ich gefragt, warum denn, und dann hat sie gesagt, ich kann dich nicht ernähren.
Und die Kränkung ist einfach die, dass die Mutter da weggeht, wo für sie das Leben nicht mehr lebenswert ist, und da lässt sie ihr Kind zurück, an einem Ort, wo sie's selbst nicht mehr aushalten kann. Ich weiß noch haargenau den Tag, wie das war, als sie dann mit ihren zwei Koffern den Flur entlanglief und wie sie dann aus der Tür rausging, und dann war sie wirklich weg, und ich hab sie so über ein Jahr lang nicht gesehen. Also heute denke ich, es war nach heutigen Maßstäben eine Trennung, die unglaublich war. So extrem gewalttätig. Das Haus Familie, das, was man in sich trägt, den Vater und die Mutter, ist kaputt gegangen. Ich weiß das heute einfach, dass Kinder Vater und Mutter in sich tragen, und dass die Seite der Mutter bei mir einfach vollkommen weggebrochen ist."

Wenn das „Haus Familie" eingestürzt ist, liegt da erst einmal ein Trümmerhaufen für alle. Es braucht Zeit, um diesen Verlust zu verarbeiten. Außerdem kann durch die aktuelle Trennung bei den Eltern ein eigener, manchmal verdrängter, existenziell bedrohlicher Schmerz von früher wiederbelebt werden. Das können Trennungen von den damaligen Eltern im Baby- oder im Kleinkindalter wie z.B. bei Krankenhausaufenthalten sein.

Auf diese Weise kann ein Gefühlschaos entstehen, das die Eltern in eine große seelische Not bringt. Ihnen ist das oft gar nicht bewusst.

In diesem Zustand sind sie aber überhaupt nicht in der Lage, die Not ihrer Kinder in diesem Trennungsprozess zu sehen.

Für das Paar ist der Schritt in die Trennung auch erst einmal sehr bedrohlich. Sie trennen sich von ihrem Partner, einer primären Bindungsperson. Dieser Schmerz ist vergleichbar mit dem Schmerz beim Tod eines nahen Menschen.

In solchen Lebensphasen wäre professionelle Hilfe dringend notwendig. Sie wird leider zu wenig in Anspruch genommen.

Auch ein möglicher „Krieg" der Rechtsanwälte hat solche Hintergründe nicht im Blick. Im Gegenteil. Meistens wird die Eskalation durch sie noch verstärkt.

Für Kinder ist diese Situation kaum zu verstehen. Die äußere Sicherheit gerät damit auch ins Wanken oder bricht sogar vollkommen weg. Die Gerichte und die Justiz regeln dann den „Schaden".

Sie sind allerdings nicht die richtige Instanz, die seelischen Wunden der Kinder zu sehen, geschweige denn zu heilen.

Manchmal schaffen die Urteile sogar neuen Unfrieden und eröffnen neue Kriegsschauplätze.

Und dabei wäre ein Frieden zwischen den Erwachsenen ein zentraler Faktor, damit Kinder das Geschehen nach der Trennung gut verarbeiten können.

Ob Eltern sich nach der Trennung zwar mit Distanz, aber respektvoll verhalten, oder ob sie einen Rosenkrieg führen, stellt entscheidende Weichen. Wenn sie nicht gut miteinander umgehen und im Krieg liegen, sind Kinder immer ein guter Vorwand, Druck auf den anderen auszuüben. Sie sind dann „Kriegsverbündete" und haben keine Möglichkeit, in Ruhe das Trauma zu verarbeiten.

Wenn Eltern ihre Kinder in solche gefährlichen Koalitionen zwingen, begehen sie eine Art Missbrauch. Kinder werden missbraucht in Allianzen gegen den anderen Partner.

Über die Kinder besteht in der ersten Zeit die beste Möglichkeit, sich am Partner zu rächen für den in der Beziehung zugefügten Schmerz.

Gestritten wird in der Regel um Geld, das alleinige Sorgerecht, den Lebensmittelpunkt, das Umgangsrecht.

Seit 1998 gilt der Grundsatz des gemeinsamen Sorgerechtes. Die seelischen Wunden sind dabei nicht weniger geworden.

Auch wenn die Prozesse oft ganz unbewusst und sehr subtil ablaufen, hinterlassen sie Spuren für das ganze Leben.

Marianne ist ohne Vater groß geworden. Sie hat ihn nicht gesehen. Ihre Mutter hat den Vater aber immer präsent gehalten. Sie hat ihn als fiktive Moral- und Entscheidungsinstanz benutzt. Marianne trägt deshalb auch ein ganz spezielles Vaterbild mit sich herum:

„Der war unsichtbar, mit dem verband mich nichts, aber irgendwie hat der mein Leben reglementiert. Er hat immer be-

stimmt, was ich durfte, was ich nicht durfte. ‚Wenn das dein Vater erfährt! Und das darfst du nicht, wenn das dein Vater wüsste!'

Auch für meine Mutter war der Vater immer die letzte Instanz. An und für sich hat meine Mutter ihren Kampf auf die Ferne mit meinem Vater geführt. Diese Sache hat nie aufgehört, und der Kampf ist auf meinem Rücken ausgetragen worden. Sie wollte vor ihm gut dastehen, wollte alles richtig machen."

Aus solchen Berichten lässt sich erahnen, wie Kinder mit einbezogen werden in den elterlichen Kampf. Sie müssen Stellung beziehen, ob sie es wollen oder nicht, ob sie es können oder nicht.

Ihnen wird damit das Recht genommen, zu Mama und zu Papa ein gutes Verhältnis zu entwickeln. Sie werden direkt oder indirekt daran gehindert, beide als die eigenen Eltern ins Herz zu nehmen.

Meistens können sie erst als erwachsene Menschen diese Probleme anschauen und bearbeiten.

Max darf mittlerweile seinen Vater besuchen, wann und so oft er will. Er hat mit therapeutischer Hilfe gelernt, seine Gefühle zu benennen und gut mit ihnen umzugehen.

„Also bei mir persönlich ist Wut und bei meinen Eltern auch. Wir haben alle irgendwie Wut, und ich verarbeite die auch gerade. Ich verarbeite das eben so, indem ich immer mehr entdecke, was da los ist, versuche eben auch zu erfahren, was die Wahrheit damals war, und dann kann ich mir jetzt halt eben einfach mein Gesamtbild zusammenfügen. Und irgendwie hab ich jetzt eine Wut auf meinen Vater. Und ich sag ihm

einfach die Meinung. Und das erleichtert mich dann auch wirklich.“

Die Wut der Kinder, ihr Schmerz, ihre Verlassenheitsgefühle führen oft zu einer Lebenshaltung des „So nicht!“. In diesem idealistischen Anspruch liegt aber die große Gefahr der persönlichen Überforderung und Überschätzung. Das Scheitern ist oft vorprogrammiert.

Auch bei Corinna war das so. Ihre Folgelasten waren eine Depression und das Gefühl von Verlassenheit. Es gab Zeiten, da war sie richtig lebensmüde. Sie hat eine Psychoanalyse gemacht, heiratete mit zwanzig, wird zweifache Mutter, und lebt heute ebenfalls getrennt. Eigentlich wollte sie aber alles besser machen.

> *„Ich würde auch sagen, es ist eine typische Geschichte eines Kindes, welches halt eben ohne Bindung aufwächst und halt früh heiratet. Ich hab gesagt, was ihr nicht geschafft habt, das schaffe ich. Das war ja auch das Grundmotto in meiner Ehe dann.*
>
> *Wir waren der Inbegriff einer perfekten katholischen (lachend) Familie. Wir hatten wirklich fantastische, beispielhafte Kindern. Es hat alles rundherum gestimmt, beruflich, finanziell, mit all dem, was man da immer so schön kritisiert, also verlogen und innen drin so hohl, genau das haben wir gelebt. Und die Fassade war sehr, sehr wichtig, weil das halt immer den Eindruck erweckte, ich brauche euch nicht, ich habe meine eigene Familie, und mir geht's gut.“*

Aus solchen Aussagen kann man leicht die unterschwelligen Verletzungen von Trennungskindern herausspüren. Manchmal suchen sie auch Trost in frühen sexuellen Beziehungen. Das bietet Wärme und Sicherheit.

Scheidungskinder wollen vieles besser machen als die Eltern. Frei nach dem Motto: Wenn ich Kinder habe, mache ich diese Fehler nicht noch einmal. Die Fehler passieren dennoch. Und umso größer sind dann die Schuldgefühle. Man fühlt sich als schlechter Mensch, wenn man die Idealbilder nicht realisieren konnte.

Trennungskinder – geteilte Kinder

So einzigartig wie die Menschen, so einzigartig sind auch die Scheidungsgeschichten. Ähnlich sind die Gefühlszustände nach dieser fundamentalen Verletzung. Ähnlich sind auch Hintergründe und Dynamiken des Geschehens. Die Beschreibung eines Einzelschicksals beansprucht deshalb nicht Absolutheit. Die Einzelschicksale vermitteln lediglich einen Eindruck von solchen Prozessen. Die heute erwachsene Margit kämpft mit ihren Erinnerungen an die Zeit nach der Trennung der Eltern, als Mama alleinerziehend war und das Kind mit diesem Zustand klarkommen musste.

Margit liegt auf der Matte und wird von einer Freundin gehalten. Bilder gehen an ihr vorbei aus ihrer frühen Kindheit. Sie ist fünf Jahre alt und schläft in ihrem Bett. Mitten in der Nacht weckt sie ihre Mutter auf: „Du weißt doch, wir gehen doch heut zu Maritta auf die Feier." Peppo, ihr Stoffterrier, darf mit. Die kleine Margit hält sich an ihm fest. Die Mutter stülpt ihr einen dicken Pullover drüber und trägt sie runter in die Garage. Im Auto wird sie angeschnallt. Kurze Zeit später holt sie die Mutter aus dem Autositz heraus und trägt sie in ein Haus. Dort unterhalten sich viele Menschen ziemlich laut. Margit wird in einem Nebenzimmer auf eine Matratze gelegt. In der Ecke brennt ein kleines Licht:

„Hier kannst du weiterschlafen, ich bin nur im Raum nebendran und unterhalte mich mit ein paar Freunden. Wenn du was brauchst, ruf mich."

Dann geht die Mutter und Margit bleibt alleine in dem fremden Zimmer liegen und krallt sich an ihrem Begleiter, dem Stofftier Peppo, fest. Sie starrt an die Decke, spürt, wie die Angst ihr die Kehle zuschnürt. Sie will ihre Mutter rufen und kann es nicht.

Eine andere Erinnerung: Margit ist vier Jahre alt. Sie wacht auf. Sie ist schweißgebadet und schreit. Es ist dunkel. Sie weiß nicht, wo sie liegt. Sie hat keine Ahnung, wo ihre Mama ist. Da merkt sie, dass sie doch zu Hause ist. Sie hat geträumt. Ihr Schreien geht in ein Wimmern über. Irgendwann kommt die Mutter und legt sich neben sie: „Ich hab dich gar nicht gehört, der Fernseher lief gerade."

Orientierungslosigkeit ist ein Zustand der Unsicherheit. Nicht nur Kinder bekommen in diesen Situationen Angst. Wer als Erwachsener beruflich viel unterwegs ist, weiß, was es bedeutet, regelmäßig in fremden Betten zu liegen. Irgendwann passiert es, dass man aufwacht und nicht mehr weiß, wo man gerade ist. Man will zum Beispiel links aus dem Bett steigen, in der Annahme, dass man zu Hause ist, und prompt donnert man gegen ein schiefes Dach. Oder man will rechts Richtung Tür laufen, wie im letzten Hotelzimmer, und knallt gegen die Wand.

Für einen Erwachsenen ist das meistens keine große Sache. Abgesehen von den erlittenen Beulen findet man relativ schnell wieder den Lichtschalter und damit in die Realität zurück.

Eine erwachsene Person kann diese Erlebnisse bewusst noch als Hinweis nehmen, dass zur Zeit das Pendeln wahrscheinlich zu viel ist, und die Seele mit dem ständigen Wechsel nicht hinterherkommt.

Bestenfalls kann ein Erwachsener daraus eine Konsequenz ziehen und den Zustand verändern.

Kindern wird in unserer Gesellschaft ein ständiger Wechsel der Aufenthaltsorte zugemutet. Getrennte Eltern halten es zum Beispiel für gerecht, dass die Kinder eine Woche beim Vater und eine Woche wieder bei der Mutter verbringen. Oder sie muten ihrem Kind den täglichen Wechsel zu. Sie tun dies in dem Bewusstsein, besonders respektvoll und gerecht miteinander umzugehen.

Kinder sollen beide Elternteile haben können.

Diese Wechsel-Haltung bewirkt allerdings genau das Gegenteil von den Erwartungen. Kinder kommen mit einem häufigen Wohn- und Schlafwechsel relativ schnell aus dem Lot. Sie sind der Entscheidung ihrer Mama oder einer sonstigen Bezugsperson ausgeliefert. Sie können sich nicht wehren. Einen eigenen Einfluss auf das tägliche oder wöchentliche Hin und Her zwischen der Wohnung von Mama und Papa haben sie nicht. Sie können sich nicht dafür oder gegen den ständigen Wechsel entscheiden.

Was die Eltern als gerecht und gut finden, bringt die Kleinen in Unsicherheit. Sie können kein Gefühl dafür entwickeln, wo ihr wirkliches zu Hause ist. Dieser Dauerzustand verstärkt das eigene Empfinden des Ausgeliefertseins.

Wechselt dabei zum Beispiel in Kindertagesstätten auch noch kontinuierlich die Bezugsperson, kann sich ein Kleinkind regelrecht bedroht fühlen.

Das fundamentale Grundbedürfnis von kleinen Kindern heißt Sicherheit. Sie sind darauf angewiesen, dass Erwachsene ihnen diese Sicherheit geben. Sie sind abhängig von der Versorgung und Zugewandtheit des Erwachsenen. Ohne diese Sicherheit entsteht Angst, manchmal sogar Todesangst. Kleine Kinder sind nicht in der Lage, selbstständig zu leben. Dennoch wird vor allem im Gefühlsbereich von ihnen verlangt, dass sie mit sich selbst zurechtkommen sollen.

Für dieses Selbstmanagement haben sie aber keine Grundlage an Erfahrung.

Diese Sicherheit, eine ungewohnte Situation gut meistern zu können, muss wachsen können. Diese Sicherheit wächst, wenn viele Faktoren erfüllt sind.

Die wichtigste Sicherheitsquelle für ein kleines Kind ist eine möglichst konstante, zuverlässige, ihnen liebevoll zugewandte Bezugsperson. Wenn Mama und Papa verlässlich sind, lernt das Kind Vertrauen. Ein bekannter Raum, ein vertrautes Bett mit dem stets gleichen Geruch, ein tägliches Einschlafritual, ... Das alles sind zusätzliche Faktoren, die einem Kind das Gefühl von Sicherheit und Geborgenheit geben können.

Solche Grundbedingungen braucht jedes Kind in jungen Jahren, um sich frei entwickeln zu können.

Je jünger das Kind, umso lebensnotwendiger ist es, dass es sich in dieser Geborgenheit aufgehoben weiß, schließlich ist sein Zeitgefühl noch nicht ausreichend entwickelt. Es kann selbst noch nicht einschätzen, was eine Veränderung eines Ortes oder gar einer

Bezugsperson für es bedeuten kann. Die Abwesenheit von Bezugspersonen wird erst mal als „ist nicht mehr da" gespeichert. Dieses Fehlen löst im Kind ein Gefühl der Gefahr, des Schmerzes und des Ausgeliefertseins aus. Ist dann keine vertraute Person da, die die Not des Kindes sieht und adäquat darauf eingeht, kann das Kind in seiner Angst nicht wieder zur Ruhe kommen. Es erfährt, dass seine Hilferufe nicht gehört wurden. Jetzt hat es nur noch die eine Wahl, diesen Zustand so gut es geht auszuhalten. Das Kind entwickelt auf seine ganz persönliche Weise seine eigene Lebensstrategie.

Manchmal steckt hinter dem permanenten nächtlichen Schreien eines Kindes eine solche Problematik. Andere Reaktionen reichen von dem Zwang zu Ablenkungen aller Art bis zum Dissoziieren.

Ein extremes, aber anschauliches Beispiel ist das monotone Wippen von sogenannten hospitalisierten Kindern. Dieses Angstvermeidungsverhalten baut der betroffene Mensch im Laufe der Jahre durch ständige Wiederholungen aus.

In der Regel kommt dann dieses Verhaltensrepertoire auch im Erwachsenenalter in einer ähnlichen Situation meist unbewusst zum Tragen. An einem Fallbeispiel wird die Stressdynamik eines betroffenen Kindes deutlich, obwohl die Eltern nach außen alles richtig machen wollten.

Olivia kommt in die Praxis. Sie ist Mutter einer inzwischen vierjährigen Tochter mit Namen Lea. Als Lea ein Jahr war, trennten sich die Eltern. Beiden Eltern wird das Sorgerecht zugesprochen. Bis zum Alter von zwei Jahren geht Lea tagsüber stundenweise immer wieder zu Peter, ihrem Vater. Olivia pumpt die ersten Monate ihre Milch ab, damit der Vater die Kleine weiterhin mit Muttermilch versorgen kann.

Als Lea zwei Jahre alt ist, wird die elterliche Sorge neu geregelt.

Montag und Dienstag lebt Lea bei der Mutter, Mittwoch und Donnerstag geht sie zum Vater, Freitag schläft sie wieder bei der Mutter und das Wochenende verbringt sie im Wechsel bei Mutter und Vater.

Seitdem vergeht keine Nacht, in der Lea nicht weinend einschläft und mitten in der Nacht aufwacht und schreit. Das geht im zwanzig-Minuten-Rhythmus. Einschlafen, aufwachen, schreien. Lea kommt erst wieder zur Ruhe, wenn die Mutter sie auf ihren Bauch legt.

Mit zwei Jahren kommt Lea vormittags in die Kinderkrippe.

Alle diese Regelungen sollen nach der Vorstellung des Gerichts dem Wohl des Kindes dienen.

Die große Frage ist, ob solche Entscheidungen nicht eher dem Wohl der Eltern dienen sollen.

Da die Eltern sich im Unguten getrennt haben, erlebt Lea auch bei den meisten Übergaben Streitereien der Eltern. Es sind immer die gleichen Kämpfe:

Wer ist der bessere Elternteil? Was überfordert das Kind?

Wer hält sich nicht an Abmachungen?

Wessen Erziehung ist für das Kind besser?

Wenn einer der beiden Eltern mit seinem Latein am Ende ist und sich vom anderen nicht geachtet sieht, werden zwischendrin auch noch die Rechtsanwälte der Eltern eingeschaltet.

Jedes Elternteil versucht auf seine Art und Weise das nächtliche Weinen des Kindes aufzufangen.

Olivia steckt Lea zum Beispiel eines ihrer Nachthemden in ihre Reisetasche, wenn sie wieder bei ihrem Vater übernachtet.

Die Idee der Mutter dabei ist, dass die kleine Lea beim Vater etwas Vertrautes dabei hat, das nach Mama riecht und sie so leichter einschlafen kann. Als Peter zwei Tage später Lea wieder bei Olivia abgibt, ist das Nachthemd frisch gewaschen. Olivia holt das frisch gewaschene Nachthemd heraus, schaut Peter irritiert an und hält es ihm mit einem fragenden Blick vor die Nase. Peter reagiert gereizt:

„Was ist? Das Nachthemd war total versifft, da hat es Kristin (seine aktuelle Freundin) in die Waschmaschine gesteckt und gewaschen. "

Da Peter den Eindruck hat, dass Olivia ihre Tochter zu sehr verwöhnt, bleibt er beim Einschlafen nicht am Bett der Tochter sitzen, wie es die Mutter üblicherweise macht, sondern lässt ein Lämpchen neben ihrem Bett an.

„So brauchst du keine Angst zu haben", sind seine Worte, wenn er die Türe hinter sich schließt. Ab und zu schaut er zwischendrin in das Zimmer und erinnert seine weinende Tochter daran, dass es spät ist und sie schlafen soll.

Diese Anstrengungen mit dem Kind und die daraus resultierenden Spannungen ließen sich munter fortsetzen.

Wenn das Thema Gerechtigkeit zwischen den Eltern so viel Platz einnimmt, dann ist das ein Thema der Eltern und nicht ein Thema der Kinder. Aus dem Blickwinkel des sicheren Ortes für ein Kind müssten eigentlich die Erwachsenen hin- und herreisen. Dieser Aspekt spielt aber im Denken der Großen keine Rolle. Sie machen daraus sogar eine Geschäftsidee. Das Hin- und Herpendeln der Kinder nimmt mittlerweile professionelle Formen an.

„Ihr Kind soll sicher auf Reise gehen und es fehlt an einer Begleitperson? Bei uns können Ihre Kinder an Gruppenreisen auf ausgewählten Bahnstrecken teilnehmen oder sie erhalten pro-

fessionelle Begleitung für individuelle Reisen gemäß Ihren spe-
zifischen Wünschen.
Bei Gruppenreisen liefern Sie Ihr Kind am Abfahrtsbahnhof ab
und lassen es am Zielbahnhof abholen. Unsere betreuten
Bahnreisen finden Freitag und Sonntag nachmittags statt, so
dass ein Wochenendbesuch, beispielsweise bei getrennt le-
benden Elternteilen oder Verwandten, wahrgenommen wer-
den kann. Und das zu Kosten, die weit unter den Preisen für
eine Erwachsenen-Fahrkarte liegen."[11]

Die positive Vorstellung von der Präsenz beider Eltern für ihr
Kind wird mit dem Hin- und Herschicken des Kindes auf den
Kopf gestellt. Das Gegenteil von dem Gewollten wird erreicht.
Das Kind verliert seine Orientierung und kann keine Sicherheit
spüren und auch nicht entwickeln. Den Eltern ist bei allem Bemühen um das Beste für ihr Kind überhaupt nicht bewusst, dass
sie in ihrer Zuwendung und Betreuung der Tochter nicht wirklich
frei sind.

Ihre Trennung wurde nicht im Guten vollzogen. Sie sind weiter
verstrickt im gegenseitigen Kampf. Keiner traut dem anderen.
Deshalb versuchen sie ständig den „Schaden", den der andere
Elternteil beim Kind angerichtet hat, wieder auszubessern. Das
heißt, sie misstrauen einander. Sie sind nicht wirklich frei in ihrem
Handeln.

Der Kontakt zum Kind wird so ein ständiger Spiegel des gegenseitigen elterlichen Misstrauens. Das Kind spürt natürlich total,
dass die Eltern keine wirkliche Achtung voreinander haben. In
diesem Falle heißt es konkret:

---

11   www.kinderbesuch.de

Mama Olivia wird in ihrem Erziehungsstil immer nachsichtiger und überfordert schlussendlich die kleine Lea. Sie bürdet ihr ständig Entscheidungen auf, die Lea für die Mutter treffen muss.

„Entscheide du, was wir heute essen wollen."

„Gehen wir heute in den Park oder bleiben wir im Hause?"

„Lese ich dir etwas vor oder magst du lieber fernsehen?"

Die unbewusste Absicht Olivias ist dabei, die Härte und Strenge von Peter auszugleichen. Peter hingegen fordert von Lea besonders akkurat das Einhalten von Regeln. Er will den „Wischiwaschi-Wahnsinn" der Mutter ausgleichen. Auch er kann sich nicht wirklich auf seine Tochter einlassen. Er macht seine Erziehung abhängig von der Beobachtung der Mutter.

In dieser Dynamik der Eltern verliert die Tochter nach und nach die Orientierung.

Sie weiß immer weniger, worauf sie sich einstellen soll. Sie entwickelt ein taktierendes ambivalentes Verhalten.

Das Weinen der Tochter ist ein großer Hilfeschrei, eine laute Bitte um Klarheit.

Die Eltern können diese Bitte nicht wahrnehmen. Sie wollen das Symptom einfach weghaben.

Um das Weinen der Tochter zu behandeln, sucht Olivia irgendwann eine Osteopathin auf. Lea geht nicht gerne hin, da die Behandlung auch manchmal schmerzhaft ist. Olivia hat den Eindruck, dass die Sitzungen ihrer Tochter helfen.

Zumindest eine Zeit lang wirken sich diese Maßnahmen beruhigend auf Lea aus.

Olivia bekommt erst im Bindungshalten eine Vorstellung von dem üblen Mechanismus, der dabei das Kind durcheinanderbringt.

In der ersten Sitzung schaut Olivia zuerst ihre eigene Kindheit an. Sie kennt auch diese Zerrissenheit, als Kind zwischen den Stühlen zu sitzen und zu vermitteln.

Als sie zehn Jahre alt ist, trennen sich die Eltern. Die kleine Olivia liegt oft nachts wach und hat Angst. Die Eltern gehen regelmäßig aus und lassen sie alleine im Haus.

Im Halteprozess steigen die alten Erinnerungen in ihr auf. Es kommt diese Angst vor dem Vater wieder hoch, der manchmal gewalttätig ist und sie verdrischt. Sie spürt wieder die Unbeholfenheit der Mutter dem Vater gegenüber, die sie damals als kleines Kind auch schon gespürt hat.

Schon als Dreijährige hatte sie immer ein Auge auf die Mama. Wenn diese verängstigt war, hat sich die Kleine immer neben sie gesetzt und sie zu trösten versucht.

Über diesen Blick in die eigene Not als Kind ist es ihr möglich, ein tieferes Verständnis für die Situation ihrer eigenen kleinen Tochter zu bekommen.

Verschiedene Rollenspiele und eine Aufstellung geben ihr eine Ahnung davon, wie sie die eigene Tochter Lea zum Spielball zwischen den Eltern gemacht haben.

Der Mama wird bewusst, wie es Lea gehen muss, wenn sie als Kind für Mama Olivia alles entscheiden muss. Ihr wird klar, dass die Kleine solche Entscheidungen gar nicht treffen kann.

Ihr wird klar, dass sie als Mutter und als die Große zu Hause die Orientierung geben muss.

Sie kann plötzlich einige Situationen unter einem ganz neuen Licht sehen.

Zum Beispiel die Situation mit dem Nachthemd. Ihr wird plötzlich klar, dass das Kind das Nachthemd nur deshalb mitgenommen hat, um der verängstigten Mama einen Gefallen zu tun.

Als Lea den Streit der Eltern um das Nachthemd erlebt, setzt der Tröstungsmechanismus ein. Wieder zu Hause bei Mama klettert sie auf Olivias Schoß und weint um das gewaschene Nachthemd. Dieses Weinen zeigt dabei nicht die wirkliche Not der Kleinen. Es drückt auch damit nicht den Verlust des vertrauten Geruches im Nachthemd aus. Sie weint nicht, weil das Nachthemd gewaschen wurde. Dieses Weinen ist einzig und allein ein Trost für die Mutter.

Die Kleine zeigt der Mama, dass sie gespürt hat, wie wichtig ihr das Nachthemd war.

Aber seine eigentliche Not kann das Kind nicht benennen. Die Not des Kindes ist seine Überforderung mit dem ständigen Streiten der Eltern und dem permanenten Wohnungswechsel. Diese gutgemeinte Verhaltensweise führt zu einer völligen emotionalen Überforderung des Kindes.

Einen Monat später kommt Olivia zu einem Workshop mit der Absicht, sich mit Peter zu versöhnen. Da er zu diesem Zeitpunkt nicht bereit ist mitzukommen, will Olivia eigene Schritte gehen, um Peter als Vater zu achten und damit eine Entspannung für Lea zu erreichen. Doch alles kommt nicht so, wie sie es für sich erwartet hat.

Diese Erfahrung ist in den Workshops nicht neu. Da das Bindungshalten eine körperorientierte Methode ist, öffnet sich manchmal, über das Einbeziehen des Körpers und der Emotionen, ein ganz anderes Thema, als bis dahin gedacht und erwartet.

Wer in Kontakt mit dem eigenen Körper kommt, geht in die Präsenz. Damit werden Themen sichtbar, die im Einklang mit den augenblicklichen inneren Bewegungen wirklich dran sind. Wie bei einer Zwiebel zeigt sich die obere Schale. Es ist oft nicht das Thema, das sich die Teilnehmer in ihrem rationalen, logischen Bewusstsein zurechtgelegt haben. So ergeht es auch Olivia.

Im Rahmen eines Haltens kommt plötzlich die Erinnerung an Mario hoch. Mit Mario erlebte sie eine intensive, leidenschaftliche Beziehung, die über neun Monate währte. Von Mario wurde Olivia schwanger. Olivia war damals schon von Peter getrennt und alleinerziehende Mutter. In diesem damaligen Stress mit Peter wollte sie auf keinen Fall ein zweites Kind bekommen. Sie war sich außerdem nicht sicher, ob Mario zu ihr und seinem Kind halten würde. Die Angst war größer. Sie entschied sich gegen Marios Willen zur Abtreibung. Dieses Thema hatte sie im Rahmen einer Aufstellung schon mal angeschaut.

Die emotionale Seite, der Abschied von Mario und das Beweinen des abgetriebenen Kindes, hatten noch nicht genügend Raum in ihr gefunden.

Sie bekommt im Rahmen eines Halteprozesses die Möglichkeit, sich von Mario zu verabschieden und in einem anderen Prozess, den Tod ihres zweiten Kindes zu beweinen. Sie drückt ihren Schmerz über ihr abgetriebenes Kind aus: „Mir war gar nicht bewusst, was ich alles an Schönem mit dir verpassen würde, als ich dich nicht wollte. Das alles ist nun nicht mehr möglich."

Der Ausdruck eines solchen Schmerzes stellt noch einmal eine Herzensverbindung zu Mario und dem Kind her. Olivia spürt so die Verbindung, die sie zu den beiden hatte. Wenn jemand solche wichtigen Bindungsthemen nicht verarbeitet hat und verdrängt, rächt sich das im Laufe der Zeit.

Das ständige Verdrängen von primären Gefühlen wie Angst, Schmerz, Wut und Liebe erfordert bei jedem Menschen eine ungeheure Kraft. Um den nicht gespürten, verdrängten Schmerz weiterhin unter Verschluss zu halten, muss der Körper unbewusst viel leisten. Der Körper ist somit dauerhaft damit beschäftigt, ein bestimmtes Thema und die dazugehörigen Gefühle nicht hochkommen zu lassen.

Diese aufgewendete Energie fehlt für die aktuellen Beziehungen im Jetzt. Diese Anstrengung verhindert Präsenz. Das heißt, solange Olivia diese Themen unterdrückt, ist sie energetisch gebunden. Es kostet sie zusätzliche Anstrengung, für ihre Tochter präsent zu bleiben und die anstehenden Probleme mit Peter kraftvoll anzugehen.

Als Olivia sich endlich am nächsten Tag der Beziehung mit Peter stellen will, taucht ein weiteres längst verdrängtes Thema auf. Es ist der Tod ihrer ersten großen Liebe, Tobias. Das war in den Jahren, bevor sie Peter kennenlernte.

Zu Beginn ihres Studiums begegnete sie Tobias. Zwischen den beiden entwickelte sich über einige Monate hinweg eine tiefe Freundschaft. Eines Abends, bevor sie sich trennten, gestand Tobias ihr seine Liebe. Er war unter Zeitdruck, weil er am nächsten Morgen einige Freunde zu einer Exkursion fahren sollte. Er wollte Schlaf nachholen. Sie verabredeten sich für den nächsten Tag. Da wollte Tobias sich Zeit nehmen, um mit ihr darüber zu reden.

Am nächsten Morgen wurde sie von einem Anruf geweckt. Sie erfuhr, dass Tobias und seine Freunde mit dem Auto tödlich verunglückt waren. Sie war wie erstarrt. Sie ging nicht zu seiner Beerdigung. Sie wechselte den Studienort, um Abstand zu bekommen.

In einem tiefen Prozess bekommt Olivia nun den Raum, all das zu durchleben, was damals nicht möglich war:
Unter Imagination geht sie an sein Grab. Sie kann ihm all das sagen, was sie ihm noch gerne gesagt hätte. Sie kann ihren Schmerz fließen lassen und sich von ihm verabschieden. Damit bekommt auch Tobias einen Platz in ihrem Herzen.

Solche Beispiele zeigen die Verzahnung von wichtigen Ereignissen im Leben, ihre Auswirkung auf die Persönlichkeit. Das Gedächtnis und unser Körper verlieren nichts. Alles, was uns emotional berührt hat, ist an irgendeinem Ort in unserem Körper vorhanden. Und manchmal finden diese Ereignisse auch wieder den Weg ans Licht.
Solche Prozesse sind in der Regel heilsam und befriedend.

Überleben, aber nicht mehr leben

Familienworkshops mit einer Möglichkeit des Bindungshaltens sind wichtige Hilfsangebote. In Familienworkshops können die Teilnehmer sich über mehrere Tage kontinuierlich mit der aktuellen Lebenslage konstruktiv auseinandersetzen. Familienworkshops bieten eine Chance zur individuellen Weiterentwicklung. In unserer modernen Sprache ausgedrückt heißt das: Familienworkshops bieten die Chance zur persönlichen Emanzipation!
Nelson Mandela hat diese Grundhaltung wunderbar ausgedrückt:

„Unsere tiefste Angst ist es nicht,
ungenügend zu sein.
Unsere tiefste Angst ist es,
dass wir über alle Maßen kraftvoll sind.
Es ist unser Licht, nicht unsere Dunkelheit,
was wir am meisten fürchten.
Wir fragen uns, wer bin ich denn,
um von mir zu glauben, dass ich brillant,
großartig, begabt und einzigartig bin?
Aber genau darum geht es,
warum solltest du es nicht sein?
Du bist ein Kind Gottes.
Dich klein zu machen, nützt der Welt nicht.
Es zeugt nicht von Erleuchtung, sich zurückzunehmen,
nur damit sich andere Menschen um dich herum
nicht verunsichert fühlen.
Wir alle sind aufgefordert, wie die Kinder zu strahlen.
Wir wurden geboren, um die Herrlichkeit Gottes,
die in uns liegt, auf die Welt zu bringen.
Sie ist nicht in einigen von uns, sie ist in Jedem,
Und indem wir unser eigenes Licht scheinen lassen,
geben wir anderen Menschen unbewusst die Erlaubnis,
das Gleiche zu tun.
Wenn wir von unserer eigenen Angst befreit sind,
befreit unser Dasein automatisch die anderen."[12]

Diese eindringlichen Worte von Nelson Mandela fordern auf, sich trotz aller Widrigkeiten im Leben nicht klein zu machen.

---

[12]   zitiert nach www.mein-finanzbrief.de

Der entscheidende Schritt dabei ist, nicht das Licht zu fürchten, sondern herauszutreten aus der Dunkelheit.

Ungelöste Konflikte, schwierige Lebenssituationen, traumatische Erlebnisse, Gewalterfahrungen, lange Krankenhausaufenthalte ohne den Schutz der Eltern, Abtreibungen oder der unerwartete Tod von Kindern oder Eltern können unser Leben begleiten. Sie können Hintergrund und Ursache von Fehlentwicklungen in einer Partnerschaft sein. Derzeit ist auch verstärkt zu beobachten, dass die Spätfolgen von Krieg, Flucht und Vertreibung Spuren in den Seelen von Kindern oder Enkeln der Kriegsgeneration hinterlassen.

Solche Folgen können sich über Generationen weiter transportieren und sich in konkreten Schwierigkeiten im Alltag zeigen. Die beiden letzten Weltkriege wirken in diesem Sinne wahrscheinlich noch lange nach.

Für solche Schwierigkeiten werden dann meistens Erklärungen gesucht, die sich aus dem „unmöglichen Verhalten" des anderen ergeben. Der vordergründige Lösungsansatz heißt dann: „Wenn Du Dich änderst, geht es mir besser."

Dieser Satz ist fatal. Er schiebt dem Partner die Verantwortung für das eigene Wohlergehen zu. Diese Verantwortung kann aber kein Partner übernehmen. Diese Verantwortung hat jeder für sich selbst.

Der wirkliche Lösungsansatz besteht darin, die Wurzeln der Verstimmung in der eigenen Person zu suchen, in der eigenen Lebensgeschichte. Viel wichtiger ist deshalb zum Beispiel die Frage, was mich denn in meinem Inneren so unkontrollierbar aus der Fassung bringen kann?

Mit Hilfestellung von außen gelingt es in der Regel leichter, die eigentliche Ursache in den Blick zu bekommen. Deshalb bleiben die Beteiligten dann nicht stecken in einer sich selbst verstärkenden Spirale der Vorwürfe. Ein solches Verhalten kann langsam, aber sicher zum gegenseitigen Achtungsverlust führen. Die Partner verheddern sich immer stärker im Streit über aktuelle Kleinigkeiten. Sie werten sich gegenseitig immer mehr ab. Je mehr dann solche gegenseitigen Vorwürfe zunehmen, desto mehr verkümmern die Achtung und der Respekt voreinander. Die Liebe verschwindet!

Die Beteiligten sind in solchen Prozessen blind. Sie können dabei nicht sehen, dass die Ursachen der Störungen zum Beispiel in ungelösten Konflikten der eigenen Vergangenheit liegen können. Manchmal liegen Auslöser schon einige Generationen zurück und werden von Urgroßeltern zu Großeltern, zu Müttern und Vätern weitertransportiert.

Gerne wird dann davon gesprochen, dass Söhne oder Töchter, Mütter oder Väter einem Mitglied der Sippe aus früheren Generationen nachschlagen. Es wird behauptet, dass positive oder negative Charakterzüge weitervererbt werden oder dass wohl die Gene und Erbanlagen zum problematischen Verhalten beitragen.

Nichts davon stimmt wirklich. Manchmal haben die Störungen ihre Ursache in biografisch einschneidenden Erlebnissen, die nicht aktiv und emotional gemeinsam angeschaut und durchlebt werden konnten.

Sie schlummern deshalb als erstarrtes Ohnmachtsgefühl in den beteiligten Menschen.

Eine gute Bindung ist die Basis für eine gesunde Entwicklung des Nachwuchses. Jeder Mensch hat das Bedürfnis nach Nähe, Bindung und guten Beziehungen.

Kein Wunder, dass Menschen anfällig sind für Märchenbilder von der Traumbeziehung, die alle Schmerzen stillt, alle Bedürfnisse erfüllt und uns das optimale Leben ermöglicht. Hier zeigt sich unsere Sehnsucht nach dem Paradies, das wir vielleicht im Mutterleib erfahren durften.

Für kurze Zeit spüren wir dieses Gefühl in der Hormondusche der Verliebtheit. Wenn dann aber der Hormonschleier der ersten Verliebtheit gelüftet ist, wenn der Alltag einkehrt, dann kommt auch die Ernüchterung. Viel zu oft machen wir dann unserem Partner oder unseren Eltern immer wieder denselben massiven Vorwurf. Er beginnt immer mit den gleichen Worten:

„Du bist nicht ...", „du machst nicht ...", „du siehst nicht ...!"

Der Vorwurf an das Gegenüber hat viele Spielarten, lässt sich im Kern aber in einem Satz zusammenfassen.

Wenn du dich nur ändern würdest, ginge es mir besser!

Der wesentliche Grundmechanismus der menschlichen Entwicklung wurde schon ausführlich beschrieben. Ihn gilt es aber immer wieder aus allen Blickwinkeln zu betrachten. Wenn Kinder zum Beispiel in frühen Jahren verletzt oder gar traumatisiert werden, erleben sie sich in einem Ausnahmezustand. Um diese Schmerzen ertragen zu können, reagieren sie mit einem ganz eigenen Überlebenskonzept. Dieses hat nur den einzigen Sinn, in irgendeiner erträglichen Weise weiterleben zu können.

Solche Überlebenskonzepte dienen nicht immer dem Leben, sondern meistens nur der Vermeidung des nicht aushaltbaren Schmerzes.

Ein solches Verhalten kann zum Beispiel die Dissoziation sein. Kinder und Erwachsene wenden sie automatisch meist unbewusst an, wenn sie extrem bedrohliche Situationen erleben. Das können die Trennung der Bezugspersonen, Krankenhausaufenthalte,

Gewalterfahrungen, körperliche oder emotionale Übergriffe wie z.B. sexueller Missbrauch sein. Die Betroffenen spalten in der Dissoziation das reale Geschehen ab. Nur so wird das Leben erträglicher. Sie beamen sich innerlich aus dem Erleben heraus in eine andere, heile Welt.

Dieses Abspalten und Dissoziieren ist eine logische und wichtige Verhaltensweise. Sie sichert das Überleben. Diese Technik konnte in ihren Zusammenhängen auch bei der Behandlung von Folteropfern studiert werden.

Die Dissoziation ist damit ein persönlicher Schutz. Sie garantiert, dass die extrem schmerzhafte Situation nicht mehr spürbar ist und damit leichter überlebt werden kann. Solche Überlebenskonzepte helfen in diesen Notsituationen zwar physisch zu überleben, aber sie verhindern in der Folge das wirkliche Leben.

Ein anderes existenziell bedrohliches Ereignis in Mutter-Kind-Beziehungen kann zum Beispiel der frühe Tod von Geschwistern sein. Manche Mütter bleiben danach so sehr in der Trauer hängen, dass sie die nachgeborenen Kinder gar nicht mehr sehen können. Mit „Sehen" ist das emotionale Wahrnehmen gemeint. Ein nicht gesehenes Kind entwickelt oft spezielle Verhaltensweisen, um wahrgenommen zu werden. Dies reicht vom Leisten bis zum Rebellieren, vom Helfen bis zur Verweigerung.

Ein solches „Nichtgesehenwerden" übertragen die Betroffenen mit diesem Überlebensmuster manchmal auch auf die nächste Generation. In dieser Dynamik sind dann Kinder, Enkel oder sogar Urenkel nicht in der Lage, eine gute Bindung zu ihren eigenen Kindern aufzubauen. Die Mutter scheint ein kaltes Herz zu haben. Die Kinder leiden unter ihrer Gefühllosigkeit oder Härte. Von der Mutter erfahren sie so nicht, wie sich liebevoller Umgang anfühlt. Sie werden selber hart.

Meistens wird nicht wahrgenommen, welches Geschehen aus früheren Zeiten zu dieser Haltung geführt hat. Wenn solche Zusammenhänge nicht wirklich aufgedeckt und angeschaut werden, gibt es keine Lösung.

Solche Bindungsstörungen werden weitergereicht. Sie zeigen sich in aktuellen Situationen. Menschen reagieren dann auf eine unerklärlich heftige Weise. Sie wurde zwar von einer aktuellen Situation ausgelöst, kann aber mit den sichtbaren Anlässen und Symptomen allein nicht erklärt werden.

Manche Menschen bleiben ein Leben lang stecken in diesem Zustand der Unzufriedenheit, des Streits und des ewigen Vorwurfs. Sie machen sich gegenseitig klein. Beide fühlen sich dabei schlecht, der Angreifer und der Angegriffene.

Beide Beteiligten können nicht sehen, dass hinter jedem Vorwurf der große Wunsch steht: „Bitte sieh mich!"

Im Zustand des automatischen Angriffs und der automatischen Abwehr können sie das nicht mehr wahrnehmen. Und so richten sich viele Paare ein in dieser Gefühlswelt des emotionalen Mangels. Sie fürchten die Veränderung.

Leiden ist manchmal leichter als lösen. Das Leiden kennt man genau und weiß, was einen tagtäglich erwartet.

Die Einen reagieren mit Dienst nach Vorschrift, mit mechanistischem Funktionieren im Alltag. Die anderen entwickeln gesundheitliche Symptome oder bekommen regelmäßig ihre Migräne. Viele nutzen die Möglichkeiten der Ablenkung, die uns unsere Gesellschaft bietet. Urlaub, Sport, Konsum oder Suchtverhalten.

Diese Ablenkungsmanöver können die Mangelgefühle eine Zeit lang überdecken. Irgendwann lässt sich aber das Gefühl nicht mehr wegschieben, dass etwas nicht in Ordnung ist. In diesem Falle haben Betroffene nur noch zwei Möglichkeiten. Er oder sie können resignieren, oder sie können aktiv ihre Probleme in den Blick nehmen und sich auf den Weg machen. Auf einen Weg, der auch mit Risiken gepflastert sein kann.

Das Ziel ist allerdings verheißungsvoll und heißt Selbstverantwortung.

Ohne Aufbruch wird es kein neues Ufer geben. Soviel ist gewiss. Und meistens braucht es für den neuen Weg auch einen Lotsen, der auf die Untiefen im Lebensfluss hinweist.

Bei diesem Neuanfang leistet das Zentrum für Halt und Bindung, das Zhab e.V., wertvolle Hilfestellung. Seine Therapeuten machen sich zum Beispiel bei den Familienworkshops mit den Teilnehmern auf den spannenden Weg ins neue Leben. Auch das Via-Autonomietraining unterstützt Menschen auf diesem Weg.

Die bindungslose Gesellschaft

Der Mensch ist ein soziales Wesen. Das hat der Neurobiologe, Arzt und Psychotherapeut Joachim Bauer in seinen Büchern immer wieder gezeigt und anhand von Ergebnissen der Gehirnforschung nachgewiesen. Der Mensch ist angelegt auf Kooperation und hat Fähigkeiten entwickelt, sich in andere Menschen einzufühlen.[13] Bauer hat gezeigt, dass es keinen angeborenen Aggressionstrieb im Menschen gibt, wie der große Psychotherapeut Sigmund Freud immer behauptet hat.

Freud hat die These aufgestellt, dass es zu den Urtrieben des Menschen gehöre, Aggression auszuleben. Diese These wurde vom Verhaltensforscher Konrad Lorenz noch differenziert.[14] Lorenz behauptet, dass der wichtigste Trieb im Menschen der Aggressionstrieb sei. Bindung könne so nur zwischen Menschen entstehen, die ihre Aggression auf ein gemeinsames Ziel richteten.

Bauer stellt dagegen die Erkenntnisse des Bindungsforschers Bowlby und die moderne Neurobiologie in den Mittelpunkt. Die Hirnforschung hat mittlerweile festgestellt, dass das menschliche Gehirn ein Motivationszentrum besitzt.

---

[13]   Joachim Bauer: Das Gedächtnis des Körpers. Warum fühle ich, was Du fühlst, Eichborn Verlag 2002
Das kooperative Gen, Hoffmann und Campe 2008
[14]   Konrad Lorenz: Das sogenannte Böse, dtv 1974

111

Das neuronale Motivations- und Belohnungssystem wird vorzugsweise dann angeregt, wenn der Mensch in einem guten sozialen Verbund lebt. Dann schüttet nämlich das menschliche Gehirn vermehrt Botenstoffe wie Dopamin, Opioide und Oxytozin aus.

Das Dopamin ist verantwortlich für die Motivation. Opioide sorgen für den Spaß am Leben. Das Oxytozin fördert das Vertrauen.

Je nachdem wie viel Botenstoffe ausgeschüttet werden, empfindet der Mensch entweder mehr oder weniger Motivation, Lebensfreude oder Anstrengungsbereitschaft.

Verweigerte Bindung macht aggressiv

Bauer weist darauf hin, dass nach Ausüben von Aggression das Motivationszentrum diese drei Botenstoffe im Körper nicht ausschüttet.

Das heißt, Menschen verspüren nach dem ausagieren der Aggression keine Lustgefühle. Das neuronale Motivations- und Belohnungssystem im eigenen Körper schüttet die Botenstoffe nur dann aus, wenn der Mensch in einem guten sozialen Verbund lebt.

Daraus kann geschlossen werden, dass der Mensch von seiner Anlage her keinen Aggressionstrieb, sondern ein Grundbedürfnis nach gutem sozialen Zusammenleben hat.

Wer Vertrauen, Verbundenheit mit anderen Menschen, Kooperation und Akzeptanz erlebt, der fühlt sich gut. In solchen Situationen werden nämlich die Glücksbotenstoffe ausgeschüttet. Durch sie fühlen sich Menschen wohl. Und weil die Menschen auf diese Glücksbotenstoffe nicht verzichten wollen, tendieren sie dazu, gute soziale Beziehungsgeflechte aufzubauen. Nach Joachim Bauer ist dies der zentrale Trieb des Menschen. Den gleichen Schluss kann man aus Beobachtungen von Menschen ziehen, die nicht in sozialen Netzwerken verankert sind. Ihre Gesundheit und ihre Lebenserwartung sind deutlich schlechter als die von Menschen mit guten sozialen Kontakten.

Was löst also Aggression aus?

Die Aggression ist ein reaktives Verhaltensprogramm. Es wird aktiviert, wenn die Existenz auf dem Spiel steht. Einer der wichtigsten Auslöser der Aggression ist die Zufügung von körperlichem Schmerz.

Doch der Schmerz entsteht nicht nur durch die körperliche und physische Gewalt, sondern auch durch Erleben von „seelischer Gewalt".

Die bisher geschilderten Beispiele, zum Beispiel aus den Scheidungssituationen, lassen erahnen, dass es viele subtile Formen von psychischer Gewalt gibt. Zurückgewiesene Nähe als Ergebnis einer Entwicklung, wie bei Helga und Michael, zählt auch zu den subtilen Gewaltsituationen. Es ist Gewalt gegen den anderen und auch gegen sich selbst. Und es ist die Folge der lähmenden Hilflosigkeit, als sie einer schwierigen Situation im Krankenhaus ausgeliefert waren.

Auch die noch folgende Lebensgeschichte von Barbara wird zeigen, dass der Körper nach einem seelischen, nicht aufgefangenen Schmerz die Bereitschaft für Aggression entwickeln und bei jemand anderem rauslassen kann.

Das rechtzeitige Zeigen von Aggression dient manchmal dem Überleben. Das in seiner ursprünglichen Form dazugehörige Gefühl der Wut wird zu den primären Gefühlen dazugezählt. Es dient der gezielten Grenzsetzung und verstärkt den Kontakt zur eigenen Autonomie.

Wer als Kind seine Wut nicht gesehen zu werden, nicht ausdrücken kann, lernt nicht den richtigen und angemessenen Umgang mit diesem wichtigen Gefühl. Als erwachsener Mensch muss man dann oft nachlernen, dieses verloren gegangene oder nicht entwickelte Repertoire neu zu entdecken.

Erst über das Wahrnehmen und Ausdrücken einer Wut kann man auf das Überschreiten seiner persönlichen Grenze aufmerksam machen.

Als erwachsene Person kann man dafür sorgen, dass diese Grenze dann auch eingehalten wird.

Das gilt für die Säugetiere genauso wie für den Menschen.

Unser Überleben verlangt die Fähigkeit zur Aggression. Hier besteht auch hirnphysiologisch eine Verwandtschaft mit der Angst. Wenn sie auftritt, werden fast dieselben Hirnareale wie bei der Aggression aktiv. Die Angst dient dem Menschen, die Gefahr einzuschätzen und angemessen darauf mit Flucht oder Angriff zu reagieren.

Eine entscheidende Erkenntnis der Hirnforschung war in den letzten Jahren, dass die Schmerzsysteme im Gehirn nicht nur bei körperlichem Schmerz reagieren. Die Schmerzsysteme werden aktiv auch bei sozialer Ausgrenzung, bei Verlust von Bindungen, bei Demütigung, bei Missachtung oder bei Ungerechtigkeit. Deshalb löst nicht nur die Bedrohung durch den körperlichen Schmerz und die Gefahr für Leib und Leben Aggression aus. Aggression und damit auch die Gewaltbereitschaft ist auch eine Reaktion auf die seelische Demütigung in allen Schattierungen.

Erst mit dieser Sichtweise lassen sich viele Erscheinungsformen der Aggression in unserer modernen Welt verstehen. Soziale Ausgrenzung und gesellschaftliche Isolation sind bekannte Begleitphänomene in unserer kapitalistischen Konkurrenzgesellschaft. Mobbing, Schmähung, Abwertung sind Phänomene, die eine gute Anbindung des Einzelnen an die Gesellschaft untergraben oder verhindern.

Wenn aber ein Mensch die Bindung verliert, werden im Gehirn die Schmerzsysteme in Aktion versetzt. Der Mensch reagiert mit Aggression. Aggression ist deshalb keine genetische Bestimmung, sondern kann vielmehr eine Reaktion auf verschiedene Faktoren sein. Dazu zählen gesellschaftliche Phänomene, das System der Familie, die Biografie der Eltern wie die der Kinder. Alle wirken sich auf die seelische Befindlichkeit aus.

Nach Bauer braucht deshalb jedes Kind Eltern, die wirklich an seiner Person interessiert sind. Interesse meint dabei keineswegs Verwöhnung. Im Gegenteil. Kritik gehört natürlicherweise auch dazu. Wenn das Zugehörigkeitsgefühl entschieden gestört wird, kommt nach Bauer das „Notfallprogramm der Aggression"[15].

Der Mensch sei von Urzeiten an ein Gemeinschaftswesen. Ausgrenzung aus der Gruppe hieß in früheren Zeiten absolute Gefahr mit tödlichem Ausgang.

Ein aus der Gruppe ausgegrenzter Mensch wurde leichte Beute für den Tiger. Sein Gehirn ist deshalb bis heute auf diese Gefahr gepolt.

---

15   Joachim Bauer: Vortrag vor Arbeitnehmerkammer Vorarlberg; „Schmerzgrenze – Vom Ursprung alltäglicher und globaler Gewalt" 11.4.2011

Bisher war bekannt, dass die Zufügung von körperlichen Schmerzen das Gehirn stimuliert. Biologisch sind wir auf körperliche Unversehrtheit angelegt. Schmerz erzeugt Wut. Und wie wir durch die Forschung heute wissen, reagiert das Schmerzzentrum im menschlichen Gehirn bei sozialer Ausgrenzung genauso wie bei körperlicher Verletzung.

Diese psychischen Erfahrungen von „nicht-mehr-dazugehören-Dürfen" werden im menschlichen Körper genauso wahrgenommen wie körperlicher Schmerz.

Daraus ergibt sich eine logische pädagogische Haltung, welche die haltgebende Pädagogik zu einer der wichtigsten Leitlinien gekürt hat. Das Kind muss in seinem Grundbedürfnis nach Zugehörigkeit und Geborgenheit geachtet werden. „Maßnahmen, die getroffen werden müssen, dürfen nicht sozial ausgrenzen: Du gehst jetzt nach draußen / in dein Zimmer. Wenn du wieder lieb bist, kannst du wiederkommen. Niemals wird das Gute als Strafe weggenommen: Weil du mich geärgert hast, lese ich dir heute keine Geschichte vor ... So nehmen Erwachsene sich und dem Kind weg, was für die Pflege der Beziehung wichtig ist."[16]

Philipp Nessling, Mitbegründer der haltgebenden Pädagogik, setzt sich deshalb eindeutig für ein beständiges Beziehungsangebot der Erwachsenen an das Kind ein. „Das Anliegen der Haltgebenden Pädagogik ist es, zu dem Kind in einer positiven Beziehung zu sein. Es geht immer darum, das Kind so zu begleiten, dass es sich zugehörig erlebt und sich einlassen kann auf das soziale Umfeld und seine Angebote. (...) Das Kind, das vorher in Beziehungsunsicherheit oder gar Beziehungsunfähigkeit gefangen

---

[16]   Vortrag auf dem Kongress „Liebe und Festhalten" vom 14.10.-17.10.2009 in Prag. „Die Liebe als Kraft in der haltgebenden Pädagogik" Veranstalter GFH Gesellschaft zur Förderung des Festhaltens als Lebensform

war, kann über ein beständiges Kontaktangebot von Seiten des Erwachsenen in die Freiheit zur sozialen Beziehungsfähigkeit hineinwachsen.

Indem ich als Erwachsener meine Macht nicht dazu missbrauche, das Kind durch Strafen oder Ausschluss zu demütigen „also klein zu machen", sondern ihm Beziehung bedingungslos anbiete, setze ich meine „Überlegenheit für sein Großwerden ein".[17]

Diese Haltung stellt oft empfohlene und praktizierte Erziehungsmethoden, wie zum Beispiel die Auszeit mit Hilfe des Auszeitstuhles oder des Auszeitraumes, radikal in Frage.

Die inzwischen oft in Kindergärten, Schulen wie zu Hause angewandten erzieherischen Methoden fördern mit Sicherheit die Dressur und die Unterwerfung, nicht aber die Eigenständigkeit.

Bauer erklärt auf diesem Hintergrund die Jugendgewalt mit einem Verlust an Bindungen. Jugendliche haben immer weniger Zugehörigkeitsgefühl in unserer Gesellschaft. Die steigenden Raten der Jugendarbeitslosigkeit verstärken dieses Gefühl.

Eine zu beobachtende Reaktion auf diese soziale Ausgrenzung ist die steigende Aggression bei den Jugendlichen.

Bauer zeigt in seinen Büchern den bisher nicht gesehenen Zusammenhang zwischen Aggression und ausgrenzendem Verhalten sehr deutlich.[18]

Die Gene sind nach den Erkenntnissen der Neurobiologie wie eine Klaviatur von Anlagen. Diese Klaviatur wird von den Molekülen und Zellen bespielt. Der Mensch besteht aus 23.000 Genen. Diese Gene haben einen Genschalter vorgeschaltet. Dieser ist sozusagen die Landepiste für Signalbotenstoffe.

---

[17]   ebd.

[18]   Joachim Bauer: Schmerzgrenze, Blessing Verlag 2011

Ein Genschalter funktioniert wie ein Dimmer. Er bestimmt, wie stark die Botschaften für die einzelnen Gene abgelesen und aktiviert werden.

Die Hirnforschung hat jetzt nachgewiesen, dass auch soziale Erfahrungen diesen Dimmer beeinflussen. Sie führen dazu, dass Gene entweder an- oder abgeschaltet werden.

Bisher kannte man das nur von körperlichen Einwirkungen, wie zum Beispiel konkrete körperliche Schmerzen durch Verletzungen.

Jetzt wurde auch gezeigt, dass Stress oder andere emotionale Erfahrungen wie Trauer, Hass oder Wut, schwere Vernachlässigung oder andere seelisch traumatische Erfahrungen die Genschalter aktivieren oder blockieren können. So wurde deutlich, dass zum Beispiel Zuwendung langfristig vor überschießender Stressreaktion schützen kann. Mütterliche Unterstützung oder Nichtunterstützung beeinflusst auf diese Weise auch das Wachstum des Gehirns.

Es konnte gezeigt werden, dass Gehirnentwicklung und Beziehungserfahrung Hand in Hand gehen.

Emotionale Gewalterlebnisse können auf diese Weise zu Bindungsstörungen, Angst oder Suizidalität führen.[19]

Die Liebe in der Familie ist auf diesem Hintergrund ein ganz wesentlicher Faktor dafür, was im kindlichen Gehirn passiert.

Angst bremst. Beachtung, Akzeptanz, Freundlichkeit sind fördernde Beziehungsfaktoren.

Das gilt auch für das Gemeinschaftserleben bei sportlicher Bewegung oder bei Musik. Insgesamt geht es aber nicht um „Wattepädagogik".[20]

---

[19] Joachim Bauer: Das Gedächtnis des Körpers, Piper 2003

„Kinder wollen nicht verwöhnt, sondern gesehen werden."[21]

Kinder seien von Haus aus bereit, sich für eine gute Beziehung anzustrengen.

Eine Beziehung ist nach Bauer eine Resonanz und eine Spiegelung zwischen den Gehirnen zweier Menschen. Ein Gehirn ist in der Lage, ein anderes Gehirn zum Klingen zu bringen. Es kann im anderen Nervenzellen aktivieren, ohne dass das Gegenüber eine entsprechende eigene Tätigkeit ausübt.

Dieses Phänomen wurde unter dem Stichwort Spiegelneuronen beschrieben. Es ist die Erklärung, warum beobachtete Gefühlszustände anstecken können.

Die Ausstrahlung der Erwachsenen erzeugt auf diese Weise in den Kindern eine Resonanz. Es ist wie bei zwei Stimmgabeln. Die eine wird angeschlagen und bringt die andere zum Klingen, ohne dass diese angeschlagen wird. Auf diese Weise findet eine gute Führung der Kinder mit Freundlichkeit und Einfühlung eine entsprechende Resonanz. Dieser Prozess ist also auch die Grundlage für die Entwicklung von Empathie, von Einfühlungsvermögen. So kann sich das entwickeln, was wir unter emotionaler Kompetenz verstehen.

Zusammenfassend kann man sagen: Wer in unseren Familien, in der Gesellschaft, in der Schule oder in Gruppen ausgegrenzt wird, empfindet diesen seelischen Schmerz genauso wie einen körperlichen Schmerz. Darauf reagieren Betroffene mit Aggression. Nur wenn solche Aggression nicht als Bedrohung, sondern

---

[20]   Joachim Bauer, Vortrag: „Einsamkeit, Verletzung, Demütigung: Entwicklung von Aggressivität bei Kindern und Jugendlichen" am 19.4.2013 in Bad Herrenalb Kongress: „Die Liebe in der Familie"

[21]   ebd.

als soziale Botschaft wahrgenommen wird, kann sie kommuniziert und verarbeitet werden.

Aggression und Wut drücken dabei den Wunsch aus, in seinem Wert als Mensch gesehen, in seiner Autonomie geachtet zu werden und dazu gehören zu dürfen. In diesem Zusammenhang ist „der Dialogprozess, den wir Erziehung nennen"[22] von zentraler Nützlichkeit. Joachim Bauer ist deshalb der Meinung, dass wir in unserer Gesellschaft „Aggressionsflüsterer" brauchen. Das sind Menschen, die erkennen können, wo in unserem Zusammenleben die Entwicklung von Gewalt und Aggression angesiedelt sind. Manchmal sind nämlich die Gewalterfahrungen und deren Auswirkungen auf mehreren Ebenen verschoben. Die Aggression, die daraus entsteht, richtet sich nicht gegen den eigentlichen Verursacher der schmerzvollen Erfahrung, sondern oft gegen Unbeteiligte, die als Blitzableiter herhalten müssen.[23]

Das Grundbedürfnis nach Beachtung
Narzissmus ein Überlebensprinzip

Wer als Kind Schmerzen zugefügt bekam, wie in unseren beschriebenen Lebensschicksalen, wer Demütigung oder Nichtbeachtung erfahren hat, wer in seinen fundamentalen Bedürfnissen missachtet oder verletzt wurde, der hat nur zwei Möglichkeiten:

---

[22]   ebd.

[23]   siehe Beispiel Barbara

entweder die Resignation und Selbstaufgabe oder das Entwickeln eines Überlebenskonzeptes.

Manchmal heißt das Überlebenskonzept Gewalt. Ich vernichte alles, was mir Schmerz bereitet.

Manchmal heißt das Überlebenskonzept Abwehr. Ich wehre alles ab, was mich nur in die Nähe der schmerzlichen Gefühle bringen kann. Lieber weise ich einen mir lieben Partner zurück, als dass ich mich in eine Situation bringen lasse, wo ich vielleicht enttäuscht werden könnte.

Manchmal heißt das Überlebenskonzept aber auch, ich suche mir Beachtung um jeden Preis. Dieses Verhalten bezeichnen wir als Narzissmus. Alle Anstrengungen haben das eine große Ziel, dass die ganze Welt nur auf mich schaut. Ich baue ein System um mich herum, das mich groß und bedeutend erscheinen lässt. Ich stelle meine Person absolut in den Mittelpunkt. Ich mache mich mit allen Mitteln so groß, dass mich alle sehen müssen. Dieses Überlebenskonzept des narzisstischen Verhaltens ist in unserer Konkurrenzgesellschaft weit verbreitet und sozusagen systemkonform.

Eine solche Haltung drückt sich zum Beispiel in einer Werbeanzeige subtil, aber punktgenau aus: „Erfinde Dich neu."[24]

Dieser kurze Slogan zeigt alles. Er heißt nicht „Finde Dich neu". Erfinden statt finden, Persönlichkeit modellieren statt Persönlichkeit entdecken, Maske bauen statt offen das Gesicht zu zeigen. Schein statt Sein. Eine sozialpsychologische Untersuchung könnte diese gesellschaftliche Maxime nicht kompakter und deutlicher auf den Punkt bringen. „Erfinde Dich neu" steht als Slogan unter einem Bild mit einem kleinen modernen Auto. Diese Aufforde-

---

[24] www.opel.de/microapps/adam-mobi/carline.php?cl=jam

rung ist die Hauptzeile einer Autowerbung von Opel im Jahr 2013. Eine Frau sitzt vor dem Fahrzeug lässig auf einem Stuhl. Sie strahlt Selbstbewusstsein aus. Kaufe das Auto und Du bist ein wertvoller Mensch, heißt die unausgesprochene Botschaft.

„Erfinde Dich neu", drei Wörter beschreiben präzise die Dynamik, die unsere Konsumgesellschaft in Schwung hält. Wenn ich mich beispielsweise mit einem Auto nach außen präsentiere, bin ich gesellschaftlich angesehen. Als Konsument dieses Produktes kann ich das eigene Image, die eigene Person, das eigene Erscheinungsbild präzise planen und konstruieren. Nichts darf dem Zufall überlassen werden. Es gilt, andere zu beeindrucken. Höher, schneller, weiter. Autos eignen sich offensichtlich wirklich gut dazu, diesen Grundsatz umzusetzen. Mit dem Wagen kann jeder zeigen, wer er ist. Und der Wagen soll ausdrücken, wer ihn fährt.

Ich zeige Dir mein Auto, und Du weißt, welche Stellung mir in der Gesellschaft gebührt. Zumindest weißt Du sicher, wer ich gerne wäre. Dass dieses „aus den tausenden von Möglichkeiten" konfigurierte Auto ausgerechnet den Namen des Urvaters der Menschheit trägt, ist wohl nicht beabsichtigt, sondern Zufall. „Finde Deinen Adam" fordert die Anzeige auf und macht das Ergebnis schmackhaft mit dem Satz „ADAM & YOU".

Der Name Adam wurde wahrscheinlich nicht mit Blick auf den Urvater der Menschheit gewählt, sondern wohl eher, weil die Anzeige von der Adam Opel AG stammt. Die sagt von sich: „Wir leben Autos."

Gelebt wird also nicht das wirkliche Leben, sondern eine Sache, das Auto. In diesem Bild drückt sich die narzisstische Lebenshaltung unserer Gesellschaft aus.

Der Slogan „Erfinde Dich neu" ist die Triebfeder eines narzisstischen Überlebenskonzeptes. Wenn mich schon meine Eltern nur so wahrnehmen, wie sie mich haben wollen und nicht, wie ich in Wirklichkeit bin, muss ich alles tun, um selber auf mich aufmerksam zu machen. Ich muss mich immer neu erfinden.

Hinter allem steckt das urmenschliche Bedürfnis, endlich als Mensch gesehen zu werden, so wie man ist. Kinder drücken das einfach und deutlich aus in der ständigen Forderung:

„Mama (oder Papa), kuck mal!"

Diesen Aspekt betont auch Philipp Nessling im Konzept seiner haltgebenden Pädagogik. Er vertritt eine These, die wir auf den ersten Blick befremdend finden. Nessling meint, dass man Kindern mit Lob nichts Gutes tut, sondern sie unterschwellig damit beschämt. Seiner Meinung nach wollen Kinder einfach groß werden. Sie brauchen dazu die Erwachsenen als Orientierung und Vorbild. Sie suchen die Resonanz bei uns. Wenn ein Kind also zum Beispiel von einem Klettergerüst auf dem Spielplatz ruft: „Mama, guck mal!", dann kann die Mama ganz unterschiedlich antworten. Sie kann sagen: „Ja, ich sehe dich. Ich freue mich, dass du dir das traust." Diese Antwort ist voller Anerkennung. Die Mutter kann aber auch sagen: „Toll, wie du das kannst!" Wo liegt der Unterschied? Die zweite Antwort ist ein sogenanntes Lob auf Leistung und sieht nicht den Wert der Person. Das lehnt Nessling ab. Er will uns zu mehr Sensibilität im Umgang mit den Kleinen bewegen.

„Anerkennung in sozialer Aufmerksamkeit ist von anderer Qualität als Lob und Leistungsbewertung. Das erstere ist aufbauend und integrierend, das andere selektierend und beschämend. Lob und Tadel ohne soziale Anerkennung und Auseinandersetzung bewirken einen geringen Selbstwert und machen abhängig von der Wertung von oben."[25]

Dieses „Guck mal" ist ebenso in vielen gesellschaftlichen Strukturen das zentrale Element geworden. Es gibt viele Beispiele, die eine zentrale, gesellschaftliche Grunddynamik zeigen:

Es ist dieses grenzenlose Bedürfnis, gesehen und wahrgenommen zu werden. Hoch lebe die gesellschaftliche Klatschpresse von Gala bis Bunte. Auch im Fernsehen ist dieser Trend auf dem Vormarsch. Die Castingsendungen Deutschland sucht den Superstar, das Dschungelcamp, Germany's next Topmodel, die Big Brother Serien, die nachmittäglichen Krawall-Talks bei vielen privaten Sendern und jetzt noch das Format „7 Tage Sex", das RTL neu aufgelegt hat, sind eine große Bühne für Leute, die sich zeigen möchten.

Alle Teilnehmer haben nur ein Ziel: Sie wollen „gesehen" werden. Die Schraube wird von den Machern jedes Mal eine Umdrehung weiter gedreht. Für diese Sendung „7 Tage Sex" müssen die Paare sich verpflichten, jeden Tag miteinander zu schlafen. Das Fernsehen schaut zu und nennt alles eine „neue Form der Paartherapie ... und zwar ganz ohne Therapeuten".[26] Dieser Narzissmus oder Exhibitionismus soll eingefahrene langweilige Ehebeziehungen wieder in Schwung bringen. Petra erhofft sich laut Pressetext, dass sie damit ihren „Frank mit mehr Sex glücklich" machen kann. Und Marcel und Nadine wollen mit dieser ungewöhnlichen Therapie „das Feuer wieder zwischen ihnen entfachen".

---

[25]   Vortrag auf dem Kongress „Liebe und Festhalten" vom 14.10.-17.10.2009 in Prag. „Die Liebe als Kraft in der haltgebenden Pädagogik" Veranstalter GFH Gesellschaft zur Förderung des Festhaltens als Lebensform

[26]   Web.de 21.2.2013

Das Bild, das diese Sendungen von den Paaren zeichnet, können wir ahnen. Was aber bewegt Menschen dazu, sich in ihrem Intimsten so zu outen? Was verführt sie, ihr Innerstes nach außen zu kehren? Offensichtlich ist es dieses unerfüllte Bedürfnis, dieser tief versteckte Wunsch: „Bitte schaut alle auf uns!"
Anders ausgedrückt: „Mama, kuck mal!"
Welches unterentwickelte Selbstwertgefühl muss hinter einem solchen Verhalten stecken?
Welches menschliche Bedürfnis wird bedient, wenn das Fernsehen die Wichtigkeit verspricht, die man nie hatte, aber gerne hätte.
Die Klatsch- und Gesellschaftspresse lebt von dieser Dynamik der Beachtungskonkurrenz. Ein Blick in Bunte oder Gala zeigen von der ersten bis zur letzten Seite, dass es nur um Eines geht. Jeder und Jede wollen schöner und wichtiger sein als die anderen.
Der Mensch wird erst im Blitzlichtgewitter der Fotografen zum echten Menschen. Ich werde fotografiert, also bin ich. Ich betrete den roten Teppich, also bin ich. Ich habe das ausgefallenste Kleid, also bin ich. Ich bin der Erste, nur dann bin ich.
Unsere Leistungssportgesellschaft ist auf der gleichen Schiene. Sie kennt auch nicht mehr die ursprüngliche Freude an der Leistung. Der Stolz, persönlich etwas erreicht zu haben, zählt nur noch beim Sieg. Nur bei einer bloßen Platzierung ist alle Mühe und Anstrengung nichts mehr wert. Die Genugtuung, einen Wettkampf überstanden zu haben, gilt ohne Siegertreppchen nichts mehr. Im Blick sind nur noch die Medaillenspiegel, die Goldmedaillen. Der Grundsatz: Teilnehmen ist wichtiger als siegen ist out.

Wer die Treppe nicht erreicht hat, ist schon Verlierer und darf den undankbaren 4. Platz besetzen. Und selbst auf dem Treppchen blickt alle Welt nur auf den Sieger.

Das gleiche Prinzip herrscht auch in der Wirtschaft. Da zählt auch nur der Begriff „Exportweltmeister". Wer auf Platz zwei ist, der ist bereits der erste Verlierer.

Wir leben zunehmend in einer Gesellschaft des Schöner, Besser, Berühmter. Wir sind Teil einer Gesellschaft der konkurrierenden Egos. Sie wollen besser sein als alle anderen und gesehen werden um jeden Preis.

Psychotherapeuten nennen eine solche Gesellschaft dann „narzisstische Gesellschaft".[27]

Narzissmus beschreibt eine Verhaltensweise, die Menschen entwickelt haben, um einem seelischen Schmerz standhalten zu können. Es sind Menschen, die in ihrer Kindheit körperliche oder seelische Verletzungen, Missachtungen, Missbrauch oder Gewalt ertragen mussten. Die ersten drei Lebensjahre sind dabei zentral. Werden Kinder in dieser Zeit vernachlässigt, werden sie nicht gesehen als das, was sie wirklich sind, sondern als das, was sie zu sein haben, damit die Eltern stolz auf sie sein können, dann bekommen sie zu wenig echte Resonanz.

Hinter diesem Verhalten der Eltern steht oft eine unbewusste Motivation. Sie wünschen sich Kinder, die das werden sollen, beziehungsweise das erreichen sollen, was sie selber im Leben nicht werden konnten oder nicht erreicht haben. Die Kinder bekommen von solchen Eltern zu wenig soziale Anerkennung und Bestätigung. Sie spüren so die Liebe nicht. Die Eltern sind fixiert auf ein ganz bestimmtes Ziel, das sie selber für ihre eigene Aner-

---

[27]   Hans-Joachim Maaz: Die narzisstische Gesellschaft C.H. Beck Verlag

kennung im Leben nicht erreicht haben. Deshalb lieben sie ihre Kinder nicht um ihretwillen, sondern nur, wenn sie entsprechend funktionieren. Die Kinder können sich nicht geborgen fühlen in einem System der vorbehaltslosen Liebe. Sie gieren immer mehr danach, gelobt zu werden und sind verzweifelt, wenn das ausbleibt. Werden sie vielleicht gar noch misshandelt, weil sie nicht funktionieren, dann sind die Dauerschäden programmiert.

Der Therapeut Hans Joachim Maaz weist auf gesellschaftliche Organisationsstrukturen hin, die in dieser Beziehung hohes pathogenes Potential haben.[28] Unsere Gesellschaft beschreibt er als eine Zerstreuungs- und Betäubungsgesellschaft.

Auf der einen Seite haben wir Leistungsstress, Konkurrenzdruck, Mobilitätszwang, Reizüberflutung und die Überlebensangst aufgrund wachsender sozialer Ungleichheit.

Auf der anderen Seite gibt es die unendlich vielen Angebote von Zerstreuung und Ablenkung. Fernsehen, Modebranche oder Werbung bieten laufend Ersatzbefriedigungen. Sie halten den Blick fern von den wahren Bedürfnissen der Menschen.

Auch in unserem Staat gibt es nach der Auffassung von Maaz fundamentale narzisstische Strukturen, die zum Beispiel Personen wie Christian Wulff oder Karl-Theodor zu Guttenberg in hohe Ämter kommen lassen. Gerade bei unserem Verteidigungsminister a.D. sei schön zu studieren gewesen, wie bis zum Ende der Schein gewahrt werden sollte. Die Verfehlungen bei der Doktorarbeit wurden nicht offen eingestanden und zugegeben, sondern bis zum unaufhaltsamen Rücktritt relativiert. Am Ende sollte der Eindruck stehen, dass der Minister überhaupt nicht verantwortlich sein konnte für die Plagiate in seiner Dissertation.

---

[28]   ebd.

Guttenberg tat alles, um sein tatsächliches Verhalten nicht als Unrecht erscheinen zu lassen.

Manchmal hatte man als Beobachter den Eindruck, als ob ein Kind die Hand vor die Augen hält und laut ruft: „Mich sieht jetzt niemand mehr!"

Auch der damalige Bundespräsident Wulff zog alle Register des narzisstischen Verteidigungskampfes. Alles ging nach der Devise, nur ja nichts zugeben müssen. Offene Eingeständnisse eines Fehlverhaltens und damit eine Übernahme von Verantwortung scheint Narzissten in solchen Rückzugsgefechten fremd zu sein.

Das Eingeständnis wäre ja auch eine Vernichtung des eigenen Bildes, das man von sich so mühsam aufgebaut hat. Diese Haltung prägte auch die Verteidigungslinie bei den Gerichtsverhandlungen.

Maaz bezeichnet das narzisstische Defizit als „im Grunde die beste Voraussetzung für das politische Geschäft".[29] Dort geht es ja meistens auch nicht um das Finden der besten Lösung für alle. Dort geht es nicht um das respektvolle Miteinander auch bei inhaltlichen Gegensätzen, sondern um das Kleinmachen des anderen. Wer andere klein macht, kommt sich selbst größer vor.

„Wenn ich sage, Politik ist narzissmuspflichtig heutzutage, dann meine ich damit, (...) dass man die eigene Position, die persönlich eigene oder die der Partei immer hoch lobt, meistens gar nicht so sehr inhaltlich, sondern dann auch schnell mit Phrasen betont, wie toll man ist und die politischen Gegner abwertet. Das ist nahezu ein klassisches narzisstisches Symptom. Sich selber höher, größer machen und alle anderen abwerten."[30]

---

[29]   SWR 2, Sendung Buch der Woche, 29.7.12

[30]   ebd.

Narzissmus, die eigene Überhöhung auf Kosten der Mitmenschen, ist ein Konzept des emotionalen Überlebens. Dies gilt auch für die Partnerbeziehung.

„Eine narzisstische Liebe dient der Erhöhung des eigenen Selbstwertgefühls."[31]

Bei der Ursachenforschung stößt man immer wieder auf die seelischen Wunden der Kindheit. Alles ist eine Reaktion auf mangelndes Gesehenwerden. In solchen Fällen kann eine narzisstische Persönlichkeit heranwachsen, weil das Kind ein Gegenkonzept entwickelt, um diesen Schmerz auszuhalten.

Einfach ausgedrückt heißt die Verhaltensweise dann: Wenn ich schon von meinen Eltern, von meinen nächsten Bezugspersonen nicht gesehen und wahrgenommen werde, dann muss ich alles tun, damit mich andere Menschen beachten.

Das Überlebenskonzept heißt dann: Ich muss alles in Gang setzen, dass ich gesehen und von außen bestätigt werde, wann und wo immer es geht. Daraus entwickelt sich dann die Rolle des Klassenclowns oder die der Modepuppe, des Strebers oder des Fitnessfanatikers.

Solche Überlebenskonzepte können dann dazu führen, dass nichts mehr genug ist. Es reicht nicht mehr, sich gut zu kleiden. Es ist zu wenig, nur gut auszusehen. Alles braucht die ständige Steigerung. Alles muss immer getoppt werden!

In diesem Zwang wird dann das Bedürfnis schlank zu sein zum Diätwahn oder gar zum Schlankheitswahn. Die Botoxspritze bestimmt das Aussehen. Das Fitnessstudio lässt einen nicht mehr los. Die narzisstische Störung kann so in Strukturen einer Sucht übergehen.

---

31   Bärbel Wardetzki über das Drama narzisstischer Beziehungen in Spiegel online: 9.11.2009

„Kein Süchtiger kann gerettet werden, keine Hilfe macht Sinn, wenn nicht vom Kranken selbst eine grundsätzliche Kapitulation des bisherigen Verhaltens akzeptiert wird. (...) Erst das reale Ende der Abwehr und die tatsächliche Lebensbedrohung schaffen eine Chance zur Einsicht und Veränderung."[32]

Narzissten haben ein Überlebenskonzept entwickelt, das nur das eigene Ich in den Vordergrund stellt. Sich selbst zu sehen, sichert das Leben. Die Mitmenschen werden genau sortiert in Bewunderer, die willkommen sind, und Nichtbewunderer, die gefährlich werden können. Der Hintergrund ist eine große Bedürftigkeit.

Es ist dieses ungestillte Bedürfnis nach der Bestätigung durch die Eltern, die zu ihrem Kind sagen:

„Ich sehe Dich, so wie Du bist. Und so bist Du in Ordnung."

Bindung und Bindungslosigkeit

Wer sicher gebunden ist, hat eine üppige Ressource in sich, einen emotionalen Topf voll von gefühlter Sicherheit, emotionaler Wärme und wahrgenommenen Schutzes vor Gefahren.

Gute Bindung vermittelt das Gefühl, einen tragfähigen Rahmen zu haben. Sichere Bindung macht stark und selbstbewusst. Wer mit dieser emotionalen Ressource im Rahmen seiner ersten Lebensjahre ausgestattet wird, geht leichter und gefestigter durch das Leben. Es wirft ihn nichts so leicht um.

---

[32] SWR 2, Sendung Buch der Woche, 29.7.12

Säuglinge brauchen die beständige Gegenwart der Bindungsperson, um diese Ressource in sich spüren, entwickeln und festigen zu können.

Im Regelfall sind dafür die Eltern zuständig. Mit zunehmendem Alter (ca. 4-5 Jahre) kann das Kind mit diesem emotionalen Topf auch eine Zeit lang ohne anwesende Bindungsperson überleben.

Es hat ein Reservoir an Kraft, das für eine Weile ausreicht und auch schwierige Lebenssituationen überstehen hilft.

Um sich als Mensch weiterhin wohl zu fühlen, ist es jedoch ein ganzes Leben lang notwendig, diesen emotionalen Tank regelmäßig aufzufüllen. Bowlby nannte diese körpereigene Regulierung: Bindungssystem. Es befriedigt unser urmenschliches Bedürfnis nach Nähe, die zum Beispiel im Körperkontakt ihren Ausdruck findet. Daraus resultiert ein Gefühl von Sicherheit und innerem Wohlbefinden.

Der Säugling versucht ganz intuitiv in Beziehung zu sein und zu bleiben. Mit seinen Geräuschen und seiner Mimik macht er beständig auf sich und seine Bedürfnisse nach Nahrung, Zuwendung und Sicherheit aufmerksam. Er sichert sich so die Zuwendung der Bindungsperson.

Eine zuverlässige Bindungsperson ist für das Baby überlebensnotwendig.

Ohne ihren Schutz könnte das Baby nicht leben. Wenn die Bezugsperson die Signale des Babys immer wieder ignoriert, nicht darauf reagiert, Signale nicht erwidert, oder gar falsch beantwortet, ändert das Baby sein Verhalten.

Es schränkt im Laufe der Zeit nach und nach seine Signale von Emotionen und Bedürfnissen ein. Damit beugt es intuitiv selbst vor, den möglichen Schmerz des nicht Gesehenwerdens aushalten zu müssen. Es verzichtet auf menschliche Nähe. Durch dieses

„Schmerzvermeidungsverhalten" kann es natürlich sein Gefühl der Sicherheit und der Geborgenheit nicht entwickeln.

Es entwickelt einen unsicheren Bindungsstil. Denn um ein Grundgefühl der inneren Sicherheit zu haben, reichen die äußere materielle Sicherheit wie Geld, Arbeit, Haus alleine nicht aus. Ein Kind muss sich zeigen dürfen mit all seinem inneren Erleben.

Kann es dies nicht, kann es auch kein Gefühl dafür entwickeln, ob es in Ordnung ist, so wie es ist. Ein Gegenüber, ein „Du" muss da sein. Es muss das Kind mit seinem inneren Erleben sehen und eine entsprechende emotionale Resonanz geben. Dies sind Aufgaben der Eltern, damit die Kinder gut groß werden können.

Wenn Eltern in die Therapie kommen, weil die Kinder schwierig geworden sind, geht es meistens darum, sie wieder in Kontakt zu bringen mit der Hauptaufgabe, die sie haben. Sie sind gefordert, dem Kind wieder einen sicheren Rahmen zu bieten. Das Kind will gesehen werden, sich sicher, angenommen und geborgen fühlen können.

Erst aus dieser emotionalen Sicherheit heraus kann es sich wieder trauen, die Umwelt zu erkunden und zu entdecken.

Dieser natürliche Prozess ist sehr schön zu sehen bei Babys und kleinen Kindern. Ein sicher gebundenes Baby verlässt im Krabbelalter immer wieder für kurze Zeit das sichere Ufer der Mutter und begibt sich auf Entdeckungsreise. Sobald es ein Missgeschick erlebt oder einer Situation ausgesetzt ist, die es verunsichert, kehrt es zurück und holt sich von Mama Sicherheit, Trost und Geborgenheit.

Bei Fachleuten (nach Mary Ainsworth) wird die Mutter als sichere Basis definiert, aus der das Kind heraus bei startender eigener Mobilität die nähere Umgebung zu erkunden beginnt.

Erst die Sicherheit schafft die Energie für die Neugierde!

Nur aus der Sicherheit heraus ist man bereit für den Schritt ins Ungewisse, in die unbekannte Welt. Erst aus der Geborgenheit heraus wagt man sich an das Neue.

Mit dieser Nestwärme gelingt der freie Flug.

Das Lernen und sich weiter-entwickeln-Wollen ist im Kind auf natürliche Weise angelegt. Das Gefühl, bei den Eltern sicher zu sein, ist die Basis und das Fundament für die Bereitschaft zu lernen.

Dazu tragen viele Faktoren bei. Eine feinfühlige Mutter, eine Mutter, die ihre eigenen Kindheitserfahrungen verarbeitet hat, ein soziales Netz, welches das Kind auch emotional stützt, eine möglichst beständige und berechenbare Umgebung wirken sehr stabilisierend. Wenn ein Kind unter solchen Bedingungen aufwachsen kann, wirkt sich das sehr positiv auf die Entwicklung seiner Bindungsfähigkeit aus.

Menschen, die in die Workshops des Zhab oder in die private Sprechstunde kommen, sind in der Regel auf der Suche nach mehr Lebensqualität in ihrer Beziehung. Sie suchen nach Halt, nach Sicherheit, nach Geborgenheit, nach einem guten Umgang mit ihren Kindern. All das sind Bindungsthemen.

Es sind oft Eltern, die den täglichen Umgang mit den Kindern als anstrengend und kräftezehrend erleben. Aufgrund ihrer bisherigen Erfahrungen wünschen sie sich eine tragfähige Familie. Es fällt ihnen aber schwer, auf die emotionalen Reaktionen der Kinder einzugehen, ihnen Halt zu geben.

Wie unsere Beispiele gezeigt haben, stellt sich dann oft heraus, dass ihnen in der eigenen Kindheit oft auch selbst der Halt gefehlt hat. Es sind oft erschöpfte Eltern, weil der Umgang mit den unzufriedenen Kindern viel Kraft und Energie kostet.

Wenn Eltern im Rahmen eines Familienworkshops nach dem Anliegen für ihr Kommen gefragt werden, fällt häufig der Satz: „Ich wünsch mir Harmonie in der Familie, ein harmonisches Zusammenleben."

Welche Harmonie meinen sie?

Oft geht es um die Beendigung des Krieges innerhalb des Familiensystems. Der regelmäßig stattfindende Streit zwischen den Eltern und den Kindern, zwischen den Eltern untereinander oder den Auseinandersetzungen mit den Eltern der Eltern oder mit den Schwiegereltern sollen endlich ein Ende haben. Sie wünschen sich ein leichtes Miteinander:

„Mal wieder miteinander lachen zu können. Bei uns ist alles so ernst", formulierte es ein Familienvater bei einer Anliegenrunde.

Ziel des Familienworkshops ist es dann, den Menschen neue Impulse für die Problemlösung zu geben.

Sie sollen erfahren, wie sie für sich und innerhalb ihrer Familie Probleme angehen und lösen können.

Meistens geht es darum, einen Teufelskreis zu durchbrechen, festgefahrene Abläufe innerhalb der Paarbeziehung oder der Eltern mit den Kindern zu erkennen und zu verändern.

Alles, was als einschränkend und festgefahren erlebt wird, kann so dank neuer Erfahrungen wieder ins Fließen kommen, in eine Bewegung, die löst und Kraft gibt.

Eine Beobachtung ist dabei auch zentral. Der heutige Trend, in der Kleinfamilie den wesentlichen Halt zu suchen, überfordert viele Paarbeziehungen. Menschen brauchen auch ein erweitertes soziales Umfeld, welches trägt.

Auch diese Erfahrung können Familien machen, wenn sie zu einem Familienworkshop kommen. Sie spüren, wie wohltuend sich die Erfahrung in einer Gruppe von gleichgesinnten Familien auf ihre eigene kleine Familie auswirkt. Manchmal ergeben sich auch neue Kontakte untereinander, die außerhalb der Workshops weitergeführt werden.

Alles in allem geht es letztlich darum, die Bindungen und die Liebe in der Familie wieder zu beleben und neu zu aktivieren.

Nach dem Abendessen treffen sich Kinder und Erwachsene zur Abendrunde. Draußen wird es langsam dunkel. Der Gruppenraum ist mit Matten ausgelegt. In der Mitte brennen Kerzen. Diese Abende sind für alle wichtig. Die meisten haben es verlernt oder nie gelernt, mit ihren Kindern den Tag angemessen zu beenden. Solche Angebote der Ruhe und der Nähe sind in unserem Alltag bei vielen in Vergessenheit geraten. Sie kennen nicht mehr die Kraft der Rituale, die täglich wiederkehren. Rituale schaffen Sicherheit. Die Kinder wissen, was auf sie zukommt und können sich darauf einstellen.

Rituale gehen auf eine Gefühlswelt ein, die wir aus unserem Leben verbannt haben. Rituale vermitteln Sicherheit. Sicherheit brauchen Kinder für das sogenannte „unbeschwerte" Leben.

Rituale sind eine Quelle Wärme, Geborgenheit und Berührung zu geben. Diese emotionalen Aspekte sind Grundbedürfnisse, die wir Menschen aber genauso zum Leben brauchen wie Essen und Trinken. Sie sollten deshalb jeden Tag auf dem „menschlichen Speiseplan" stehen.

Ein Therapeut leitet eine Körperarbeit an. Eltern nehmen ihre Kinder auf den Schoß und wiegen sie bei leiser Musik hin und her. Auch an dieser Übung beteiligen sich die Großen und die Kleinen. Später wird die Musik abgeschaltet und alle singen gemeinsam Abendlieder. Dann werden die Lichter ausgepustet. Das ist das Zeichen, dass die Eltern jetzt die Kinder ins Bett bringen.

Ein solches Abendritual bringt eine wichtige Struktur in den Tag. Kinder erfahren so, dass jetzt die Zeit gekommen ist, den Tag zu beschließen und zur Ruhe zu kommen. Es ist die Zeit, sich für die Nacht bereit zu machen. Es ist erstaunlich, wie Kinder und Erwachsene diese Rituale genießen. Meistens ist so die Bettzeit kein Problem und Streitpunkt mehr.

Der Mensch ist ein Bindungswesen

Bindung ist ein zentrales Thema des menschlichen Seins. Ohne eine gelingende Bindung ist der Mensch buchstäblich in Lebensgefahr.

Das menschliche Leben beginnt mit der fundamentalen Erfahrung der körperlichen Verbindung. Der Fötus im Mutterleib ist organisch eins mit der Mutter. Sie ernährt und beschützt das heranwachsende Leben. Der Mutterbauch ist im Idealfall für den Fötus wie das Paradies. Wärme, Sicherheit, Ernährung, alles ist einfach da und ermöglicht es dem neuen Leben groß und immer größer zu werden. Mutter und Kind sind eins.

Diese Einheit ist die Grunderfahrung am Beginn des Lebens. Es ist das emotionale Fundament für die weiteren Schritte in die Freiheit und Eigenständigkeit.

Mit der Zeugung und der Einnistung des befruchteten Eis in der Gebärmutter beginnt der Prozess des Wachsens. Die Geburt ist das erste große Erlebnis von Trennung und Eigenständigkeit. Sie ist die Vertreibung aus dem Paradies, die erste Herausforderung, sich dem Leben zu stellen.

Unser Weg wird bis zum Ende des Lebens das Wechseln von der Sicherheit in die Unsicherheit des unbekannten Neulandes sein. Mit jedem Schritt verlassen wir den sicheren Stand und begeben uns in den unsicheren Gang. So wagt jeder Schritt das Risiko hinzufallen. Aber nur so erfahren wir, dass wir dabei wachsen und stärker werden können. Sicherheit und Angst, Unbekanntes und Wagemut sind die Elemente des persönlichen Wachstums.

Das Gesetz des Lebens ist das Hin und Her in der Polarität. Eines ist dabei wesentlich. Erst die Sicherheit des Stehens ermöglicht das Abenteuer des Gehens.

Auf die menschliche Entwicklung übertragen heißt das:

Die unsicheren Kleinen brauchen den Schutz der Großen. Jirina Prekop und Christel Schweizer haben in ihrem wunderbaren Buchtitel die verantwortungsvolle Haltung von Groß zu Klein ausgedrückt.

„Kinder sind Gäste, die nach dem Weg fragen."[33]

In diesem Buch wird diese Polarität zwischen Klein und Groß beschrieben.

Man bekommt eine Vorstellung von der Verantwortung, die wir dem Nachwuchs gegenüber haben, ihn gut ins Leben zu bringen.

Es handelt vom Vertrauen und der Zuversicht. Diese brauchen die Heranwachsenden, um sich diesem fortwährenden Risiko „Leben" stellen zu können und Neues zu wagen. Eine Mutter, die in Reichweite ist, kann ihr Kind trösten, wenn das Hinfallen weh tut.

Max, 5 Jahre, rutscht beim Rennen auf dem Spielplatz aus und bremst mit seinem rechten Knie auf dem sandigen Boden. „Aua, das Knie tut weh!" Max schaut genauer hin: Zwischen den Sandkörnern, die am Knie kleben, entdeckt er eine blutende Schürfwunde. Max erstarrt kurz. Dann folgt ein Schluchzer. Er spürt Angst, sich was Schlimmes zugezogen zu haben. Er zeigt seine Angst durch sein Weinen. Sein Körper

---

[33]   Jirina Prekop, Christel Schweizer: Kinder sind Gäste, die nach dem Weg fragen. Kösel Verlag 2000

beginnt leicht zu zittern. Er steht vorsichtig auf und will zur Mutter humpeln. Die Mutter hat sein Weinen gehört und kommt sofort angelaufen: „Was ist denn passiert?" Max zeigt ihr das Knie. Sie schaut sich die Wunde genauer an. „Das ist nur eine kleine Schürfwunde mit etwas Dreck. So was tut ganz schön weh. Komm her."

Sie nimmt ihn auf den Arm und trägt ihn zur Parkbank. Dort hält sie ihn erst mal eine Weile im Arm und gibt ihm unausgesprochen die Erlaubnis, seinen Schmerz zu zeigen, bis die Tränen versickern und er ruhiger wird. Diese Art des Trostes verharmlost das Geschehen nicht und wischt es nicht weg, sondern sieht, was passiert ist. Bei dieser Art des Tröstens werden die Gefühle des Kindes akzeptiert und eingeordnet. Zu Hause säubert die Mama die Wunde und klebt ihm ein Pflaster drauf. Am Abend zeigt Max stolz dem Papa seine Wunde.

Was können wir in dieser kurzen Geschichte an natürlichen Bindungsvorgängen erkennen?

Körperliche Schmerzen haben zur Folge, dass wir ihnen und somit auch uns selbst Aufmerksamkeit schenken. In Max kommt Angst hoch, als er die Wunde spürt und sieht. Das Gefühl ist eine Energie, die raus will. Das Ausdrücken der Emotion ermöglicht uns zu spüren, was wir brauchen. Max merkt über das Ausdrücken der Angst, dass er Hilfe braucht, in seinem Fall die Mutter, die ihn versorgt. Das Ausdrücken des Gefühls bewirkt gleichzeitig, dass andere Menschen ein Signal bekommen, wie es mir geht und darauf reagieren können. Der Körper wiederum reagiert im gesunden Zustand auf das Gefühl, indem er erst einmal erstarrt. In diesem Zustand spürt der Körper weniger den Schmerz. Die Erstarrung bleibt so lange, bis wir uns in Sicherheit und Geborgenheit wissen. Erst dann können Emotionen fließen. Über das

Fließen der Emotion, über das sich Mitteilen, über das Spüren der Nähe eines anderen löst sich die Anspannung im Körper meistens mit einem leichten Zittern.

Der Körper kommt über die körperliche Nähe eines anderen Menschen zur Ruhe. Die Gefahr ist überstanden. Max hat die Erfahrung gemacht, dass er es gut mit Hilfe seiner Mutter gemeistert hat. Ein Gefühl der Zufriedenheit stellt sich ein. Die Bindung zwischen Mutter und Kind wird gestärkt. Max wird sich nach der überstandenen Gefahr nicht in einer Höhle verkriechen. Im Gegenteil. Er wird sich gestärkt dem nächsten Spielabenteuer stellen.

Ein Gefühl ist eine Energie. Sie will nach außen, sich zeigen und will gesehen werden. Sie nicht zeigen zu dürfen, macht auf Dauer krank. Menschen stumpfen ab, halten sich gefühlsmäßig auf einem Null-Punkt, werden depressiv. Gefühle dienen der Salutogenese[34]. Um sich lebendig zu fühlen und am Leben teilzuhaben, muss ich meine Gefühle leben dürfen. Und ich brauche Menschen, die an meinem Leben teilhaben. Eine Mutter in Reichweite freut sich aber auch an den Fortschritten des Kindes, wenn es etwas Neues entdeckt und ausprobiert. Die gute Bindung ist die Mutter der Freiheit.

Im Mutterleib entwickelt sich das neue Erdenkind. Es wächst und macht Erfahrungen. Ist Mama mir zugewandt oder hätte sie mich am liebsten gar nicht empfangen? Das Baby im Mutterleib spürt

---

[34] Salutogenese bezeichnet den Prozess der Gesundheitsentstehung. Er wurde eingeführt vom amerikanischen Medizinsoziologen Aaron Antonowsky. Der komplementäre Gegenbegriff ist die Pathogenese.

die Ausgeglichenheit der Mutter oder den Stress. Es spürt das Angenommensein oder die Unsicherheit, was wird jetzt bloß?

Das Baby beginnt Geräusche zu hören, die Stimmen der Eltern, Musik oder Ehe-Krach. Es spürt Ruhe oder Streit, traumatische Situationen oder Gewaltexzesse. Und mittlerweile weiß man aus der Hirnforschung, dass alles seine Spuren hinterlässt im heranwachsenden Gehirn. Das Gehirn vernetzt und verschaltet sich durch Erfahrungen.

Die Heranwachsenden lernen im Mutterleib sehr viel mehr als bisher angenommen. Der renommierte Hirnforscher Gerald Hüther und die Psychotherapeutin für pränatale Psychologie Inge Krens beschreiben in ihrem Buch „Das Geheimnis der ersten neun Monate" sehr ausführlich die Entwicklung des Kindes im Mutterleib.[35]

Mutter und Kind sind in den neun Monaten der Schwangerschaft ein Wunderwerk eines Beziehungsgeschehens. Am Ende dieses existenziellen Prozesses ist bei normaler Entwicklung eine tiefe Bindung zwischen Mutter und Neugeborenem entstanden. Bei traumatischem Geschehen kann es umgekehrt sein.

Die moderne Hirnforschung weiß heute manches über die Entstehung des Gehirns, über die Anlage der Möglichkeiten, über die Organisation der Zellen und über die Bereitstellung der Netzwerke, die nach der Geburt das Fundament für alle weiteren Entwicklungen des Gehirns bilden. Was im Mutterleib geschieht, ist ein höchst komplexes und vielfältiges Geschehen. Vieles ist noch unerforscht und unbekannt. Eines ist allerdings deutlich und unbestritten: Die Entwicklung eines Babys im Mutterleib

---

[35]   Gerald Hüther/Inge Krens: Das Geheimnis der ersten neuen Monate
Unsere frühesten Prägungen

ist ein gigantischer und höchst komplexer Prozess des Lernens, der Rückmeldungen der einzelnen Systeme untereinander, der Verknüpfung und Verschaltung von Nervenzellen.

Es ist dieses Wunder, das sich im lebendigen Wachstum zeigt. Es hat sich als Irrtum herausgestellt, dass das Kind als genetisch bestimmte Hardware auf die Welt kommt und erst nach seiner Geburt mit dem Lernen, mit der Entwicklung der dazu passenden Software beginnt.

Das Wachstum im Mutterleib ist ein einziger Lernprozess, bei dem Erfahrungen verarbeitet werden. Die „Hardware" des Körpers wird so entsprechend geprägt, beeinflusst und angepasst.

Schon mit acht Wochen reagiert ein Fötus auf Berührung. Und solche Berührungsreize stimulieren wiederum die Entwicklung des Gehirns. In den ersten neuen Monaten laufen im Mutterleib höchst komplexe und komplizierte Entwicklungen.

Bei allem geht es darum, dass der Fötus Informationen verarbeitet und dadurch ständig lernt. Diese Lernprozesse waren uns lange Zeit überhaupt nicht bewusst. „Während seiner ersten neun Monate lernt ein Kind vermutlich weitaus mehr als im Verlauf seines gesamten späteren Lebens."[36]

Im Mutterleib geht es um die Bildung der Möglichkeiten. Die Haut wird als erstes Sinnesorgan herausgebildet und entwickelt. Sie registriert den Körperkontakt und kann so wichtige Informationen liefern über das Empfinden von Körpergrenzen. Am Ende steht als Ergebnis dieser Informationsverarbeitung ein Bewusstsein von der eigenen Identität.

---

[36]   ebd.: S. 120

Auch das Schmecken und Riechen wird bereits im Mutterleib herausgebildet. Und so kann das Neugeborene die Mutter am Duft der Muttermilch wiedererkennen. Für das Sehen und Hören ist ebenso schon im Mutterleib alles angelegt und vorbereitet.

Der Fötus hört die Stimme der Mutter und andere Geräusche, die angenehmen genauso wie die störenden, die Gespräche genauso wie den Streit, die Lieblingsmusik genauso wie das Dröhnen. Er hört vor allem auch die Rhythmik des Herzschlages, der entweder ruhig ist, oder aufgrund äußerer Einwirkungen oder Traumatisierungen Angst und Gehetztsein ausdrückt.

„So ausgerüstet kann das ungeborene Kind den großen Herausforderungen begegnen, die das Leben nach der Geburt bereithält: Es weiß, an welche Person es sich halten muss, um ernährt zu werden. Es weiß, wo es die Brust finden kann. Es hat das Saugen schon ausgiebig im Mutterleib geübt, und glücklicherweise schmeckt das Kolostrum wie das Fruchtwasser. Durch die über seine Sinnesorgane eintreffenden Informationen hat es für sein Überleben wichtige Aspekte der Welt schon im Mutterleib kennengelernt."[37]

Mit anderen Worten: Das Baby erfährt im Mutterleib die Einzigartigkeit seiner Mutter und ist existenziell an sie gebunden.

Diese existenzielle Bindung wurde viele Jahrzehnte auf den Entbindungsstationen überhaupt nicht zur Kenntnis genommen. Mutter und Neugeborenes wurden gedankenlos voneinander getrennt. Die Mutter blieb im Krankenzimmer. Das Baby kam auf die Babystation.

Niemand machte sich Gedanken über Trennungsängste.

---

[37]   ebd.: S. 78

Das Baby ist grundsätzlich geprägt durch die Erfahrung der absoluten Verbindung. Mutter und Kind sind im Körper der Mutter über die Nabelschnur eine Einheit. Die Nabelschnur ist der Versorgungskanal. Über sie laufen auch die hormonellen Informationen.

Ist die Mutter aufgeregt, ist das Kleine im Bauch auch aufgeregt. Ist die Mutter ruhig, empfindet das der Fötus genauso. Stresshormone der Mutter lösen auch beim Fötus Angst und Furcht aus. So übt sich der kleine Mensch bereits in der Herausbildung von Gefühlen.

Bei diesem Prozess kann es aber auch zu Fehlentwicklungen kommen, zu pränatalen Programmierungen, die das spätere Leben prägen können. Es gibt mittlerweile Forschungen, die die mütterliche Stressbelastung und die Auswirkung auf den Fötus untersucht haben.

Mütterliche Stressbelastung können zum Beispiel Todesfälle in der Familie, die Armutssituation, Trennungen vom Partner, Unfälle oder Gewalterfahrungen sein.

Solche Lebenssituationen lösen bei der Mutter ein hormonelles Geschehen aus. Das hat konkrete Auswirkungen auf den Fötus. Er stellt sich mit seiner Herzfrequenz und seinem Bewegungsmuster darauf ein. Dauert ein solcher mütterlicher Stresszustand lange an, ist die Störung für den Fötus der Normalzustand. Er kennt keinen anderen. Er weiß nicht, wie sich Ruhe anfühlt. Eine solche Übererregung kann dann dazu führen, dass das Gehirn des ungeborenen Kindes mehr hemmende und weniger anregende synaptische Verbindungen ausbildet.

Tritt irgendwann später wieder eine Beruhigung ein, ist das für den Fötus die gefühlte Ausnahme. Das Kind versucht dann, den vermeintlichen Normalzustand, die Erregung, wieder herzustellen. Es wird aktiv im Bauch und bewegt sich vielleicht übermäßig viel. Und so wird die Beruhigung von außen selbst zur Störung. Auf diese Weise wird das Baby möglicherweise zum „unruhigen Kind" programmiert. Es hat sich in seiner Hirnentwicklung an den Stress als Normalzustand gewöhnt und kann diese Fehlanpassung nicht mehr richtig umkehren.

Ähnliche Entwicklungen wurden bei depressiven Müttern beobachtet. So können Blutdruckschwankungen, Herz-Kreislaufkrankheiten, Blutzuckerspiegel, Diabetes, Essstörungen oder Hormonspiegel als spätere Risikofaktoren bereits im Mutterleib angelegt werden.[38]

Auch Schreibabys, die keine Ruhe finden, können ihre Selbstregulationsfähigkeit bei solchen Prozessen verloren oder gar nicht erst entwickelt haben.

Mutter und Kind sind in der Schwangerschaft auf eine so intensive Weise miteinander verbunden wie nie mehr danach.

Das Kind spürt die Stimmungslage der Mutter. Die Mutter spürt, wie es um ihr Kind steht. Und dabei erfährt der Fötus, ob die Mutter voller Glück ist über ihre Schwangerschaft oder ob bei jeder kleinen Bewegung des Ungeborenen Gefühle der Angst, des Hasses oder der Ablehnung bei ihr ausgelöst werden.

Die „erste Beziehung" zwischen Mutter und Kind ist die intensivste Beziehung, die ein Mensch erlebt. Eine solche Nähe wird er im weiteren Leben nicht mehr haben. Er ist auf das Engste verbunden mit dem mütterlichen Organismus, total abhängig davon, dass dieser uns nährt, schützt und Umstände zur Verfügung stellt, die wir zum (Über-)Leben brauchen.[39]

---

[38]   ebd.: S.100 ff.

[39]   ebd.: S. 95

Und auch nach der Geburt ist das Neugeborene noch in der Abhängigkeit. Das Baby ist ohne die Hilfe und Fürsorge der Mutter nicht überlebensfähig. Die Mutter nährt, schützt und ist die erste Lehrerin für Fähigkeiten und Fertigkeiten, die zum eigenständigen Leben notwendig sind.

Die gegenseitige Bindung bleibt und vertieft sich sogar. Diese Bindung ist die Grundlage für alle weiteren Schritte, die der neue Erdenbürger und die neue Erdenbürgerin gehen müssen, um am Ende der Entwicklung selbstständig und eigenverantwortlich leben zu können. Der Titel einer Fachtagung der Gesellschaft zur Förderung des Festhaltens drückte diesen Zusammenhang wunderbar aus: „Ohne Nestwärme kein freier Flug."

Menschen ohne Erfahrung von Nestwärme scheuen sich erst einmal, Hilfe zu suchen. Es ist für sie ein großer Entschluss, den ersten Schritt zu machen und sich den eigenen Themen zu stellen.

Es ist Freitagvormittag. Sechs Familien sind im Seminarhaus eingetroffen und sitzen gemeinsam mit einem Team von Therapeuten im Kreis.

Bevor die Familien begrüßt werden, hüpft die zweijährige Lili vom Schoß ihrer Mutter. Zielstrebig geht sie auf die Therapeutin zu und schaut sie mit großen Augen an. Ein bisschen ist sie mit ihr schon vertraut aus der Einzelarbeit in der Praxis zu Hause. Sie nimmt ihre Hand und sagt:

„Lili Bauchweh." Dann drückt sie die Hand der Therapeutin auf ihren Bauch. Einige in der Runde lachen. Die Kursleiterin nimmt Lili auf den Schoß und streichelt ihren Bauch. Sie schaut in die Runde und sagt zu den Teilnehmern:

„Auch ich merke, dass mein Bauch etwas weh tut. Wenn so ein Seminar losgeht, ist alles noch ein bisschen fremd. Ich weiß noch nicht so genau, was auf mich zukommt. Das Grummeln

im Bauch macht mich auf meine eigene Anspannung aufmerk-
sam. Vielen Teilnehmern geht es sicher genauso. Hier, in die-
sem geschützten Raum, haben wir alle die Möglichkeit wahr-
zunehmen und zu begreifen, was in uns und in unserem Kör-
per vorgeht. Wir können eine Sprache dafür finden. Wir kön-
nen offen sein und spüren, was in uns ist. Das Bauchgrum-
meln oder den Druck im Hals, der die Kehle zuschnürt, oder
das Zittern vor Aufregung oder die Freude, die uns zu uns
selber führt und uns dem anderen näher bringt ... Alles ist
hier willkommen."
Mit diesem ersten Impuls, sich selbst wahrzunehmen und sich
in den anderen einzufühlen, also die Empathiefähigkeit zu
schulen, beginnt wieder ein ganz normaler Familienworkshop
mit einer gemeinsamen Runde des Kennenlernens.
Danach werden die Kinder von den Kinderbetreuern in Emp-
fang genommen. Erst dann beginnt die inhaltliche Arbeit mit
den Erwachsenen und deren Anliegen.

Es ist immer wieder auffallend, wie schnell die Mauern fallen.
Die Familienworkshops sind ein sicherer Rahmen. Viele trauen
sich und erzählen oft das erste Mal, was sie tief in ihrem Herzen
bewegt.

Moni hat sich von ihrem Freund Paul getrennt, als ihre ge-
meinsame Tochter Luisa ein paar Wochen alt war. Ein Jahr
später nimmt Moni ihre Arbeit als Erzieherin wieder auf. Luisa
bringt sie ganztags in einer Krippe unter.
Moni hat Schuldgefühle, da sie für Luisa nur noch wenig Zeit
hat. Außerdem fällt es ihr schwer, Luisa in regelmäßigen Ab-
ständen beim Vater abzugeben: „Ich kann den Typen nicht
sehen, da ist so eine Wut in mir!"

Was sie wirklich beunruhigt und ihr zunehmend Sorgen macht, ist die Beobachtung, dass ihre Tochter ihr zunehmend entgleitet. Moni schafft es immer seltener, ihr Grenzen zu setzen. Luisa hält es nur bedingt im Arm ihrer Mutter aus und übernimmt zu Hause immer öfter die Regie. Moni wünscht sich im Rahmen des Workshops zu lernen, auf welche Weise sie Luisa Halt geben kann.

Marc und Pia sind mit Marie (12) und Lennart (8) gekommen. Vor gut zwei Jahren waren sie schon einmal da. Damals ging es um die ältere Tochter Marie, zu der die Mutter nur schwer einen Zugang hatte. Sie setzten sich damals mit den Komplikationen bei der Geburt ihrer Tochter auseinander. Marie musste längere Zeit ohne ihre Mutter im Krankenhaus bleiben.
Beim Workshop wurde den Eltern erstmals bewusst, welche Folgen dieser längere Krankenhausaufenthalt für ihre Tochter hatte. Die Mutter konnte nicht bei ihrem Baby sein. Das Kind fühlte sich verlassen und musste mit viel Angst, wahrscheinlich sogar Todesangst, klarkommen.
Die vertraute Bezugsperson, die Mama, die neun Monate für die Sicherheit des Kindes im Mutterleib gesorgt hatte, war plötzlich weg. Wie sollte jetzt bloß das Leben weitergehen können?
Das Baby musste die Abwesenheit der Mutter und den plötzlichen Abbruch der Bindung verarbeiten und für die eigene Sicherheit sorgen. Durch diesen Umstand und auch durch die Unwissenheit des Krankenhauspersonals wurde verhindert, dass nach der Geburt die Bindung zwischen Mutter und Kind weitergehen konnte. Es kam zu einer ersten großen existenziellen Bindungsstörung.

Es war die Aufgabe des Workshops, damals dem Paar diesen Zusammenhang deutlich zu machen. Danach waren die Eltern entlastet, weil sie sich keine persönlichen Schuldvorwürfe machen mussten.

Sie konnten so das auffällige Verhalten ihres Kindes ganz anders sehen und souveräner damit umgehen. Dieser neue Blick trug Früchte. Bei der Kennenlernrunde sitzt Marie ganz entspannt und zufrieden im Schoß der Mutter.

Heute sind die Eltern Marc und Pia wegen ihres Sohnes Lennart (8) gekommen. Lennart ist der Zweitgeborene.

Die Eltern möchten diesmal verstehen, warum er so unruhig ist, sich in der Schule so schlecht konzentrieren kann und die Familie täglich aufmischt.

In den letzten zwei Jahren ist seine Unruhe größer geworden. Vater Marc ist mit seinen Kräften ziemlich am Ende und weiß nicht, wie er mit Lennart gut umgehen könnte:

„Er tyrannisiert die ganze Familie." Dieser Stress wirkt sich natürlich auch auf die Paarbeziehung aus. Das Paar ist immer weniger bereit und in der Lage, sich als Mann und Frau zu erleben. Die Eltern wünschen sich eine Entlastung mit Lennart. Ihr Ziel ist es, wieder einen liebevolleren Umgang innerhalb der Familie zu finden.

Sie suchen nach einem Weg, ihre alltäglich zermürbenden Streitgespräche als Paar zu beenden.

Gelingt dies nicht, verstärkt sich möglicherweise der verhängnisvolle Teufelskreis: Das Kind quengelt. Die Eltern ärgern sich und werden unsicher. Sie verlieren sich als Paar. Das Kind *spürt die Spannung zwischen Mama und Papa und quengelt noch mehr.*[40] *Und so weiter und so weiter.*

Bindung ist ein menschliches Grundbedürfnis. An allererster Stelle steht dabei die Bindung zwischen Mutter und Kind und zwischen Vater und Kind. Ein Neugeborenes ist alleine nicht überlebensfähig. Es braucht ganz existenziell die Fürsorge durch die Eltern, was sich zum Beispiel durch das Stillen an der Mutterbrust sinnbildlich beschreiben lässt. Das neue kleine Wesen ist plötzlich aus dem Paradies des Mutterbauches in unsere Welt hineingesetzt. Der Geburtsvorgang war dabei die erste große unbekannte Lebensleistung.

Die Erlebnisse bei der Ankunft sind die erste emotionale Resonanz für den neuen Erdenbürger. Wird das Kind freudig empfangen und aufgenommen, ist das ein erstes fundamentales Erleben der eigenen Person und der ersten großen eigenen Leistung.

Wenn nach der Anstrengung im Geburtskanal der neue Ort warm und sicher und von den Stimmen und Gerüchen nicht fremd ist, kann sich der neue Erdenbürger zum ersten Mal in der neuen Welt geborgen fühlen.

Alles fühlt sich anders an, wenn das Kind sofort von der Mutter entfernt, von fremden Menschen untersucht, gepiekst, gebadet mit dem Kopf nach unten und Schlag auf den Po zum ersten Schrei provoziert wird. Die Bindung an die Eltern wird durch solche Verhaltensweisen nicht aufgebaut, sondern bereits gestört.

---

40   Die Erfahrungen in der Arbeit mit den Familien zeigen, dass es sich meistens nur ein Kind in der Familie erlaubt, seine Not zu zeigen. Erst wenn dieses Kind von den Eltern gesehen wird und an die Eltern gut andockt, traut sich das nächste Kind sich zu zeigen, jedes mit einem ihm eigenen Verhalten.

Dr. Karl Heinz Brisch, der Bindungsforscher und Bindungspraktiker von der Universität München, bringt die Bedeutung positiver Bindungserlebnisse so auf den Punkt: „Die Entwicklung einer sicheren emotionalen Bindung des Kindes an seine Eltern ist ein bedeutender Schutzfaktor in der kindlichen Entwicklung. Kinder mit einer sicheren Bindung können sich besser in die Gefühle anderer Menschen hineinversetzen, haben eine bessere Sprachentwicklung, sind kreativer, haben mehr Freunde und finden rascher Lösungsmöglichkeiten in schwierigen Situationen. Auch die Gestaltung ihrer späteren Paarbeziehungen wird durch die frühen Bindungserfahrungen beeinflusst."[41] Und in der Überschrift dieses Abschnittes werden diese Gedanken auf den Punkt gebracht: „Sicher gebunden – in Liebe verbunden."[42]

Ohne Basis kein Interesse am Neuland

Bindung wird dann spürbar und zum Thema, wenn sie nicht da ist. Die Bindungsforschung liefert wichtige Ansatzpunkte, die Entwicklung und die Fehlentwicklung von heranwachsenden Kindern zu verstehen. Sie wurde in den fünfziger Jahren von

---

41   Karl Heinz Brisch (Hrsg.): Bindungen-Paare, Sexualität und Kinder.
      Klappentext

42   An dieser Stelle kommt häufig der Einwand, dass auch andere Personen
      außer den Eltern eine Bindung zum Kind aufbauen können. Das kann zutref-
      fen. Diese Bindung kommt aber erst an zweiter Stelle, weil die körperlichen
      Aspekte von Zeugung und Schwangerschaft fehlen. Das Fundament einer
      natürlichen Bindung zu fürsorglichen und zugewandten Eltern ist ein nicht
      ersetzbares Fundament von unschätzbarem Wert.

John Bowlby und Mary Ainsworth und anderen ins Blickfeld gerückt und danach von anderen weiterentwickelt und präzisiert.

In Deutschland hat sich das Ehepaar Grossmann von der Uni Regensburg mit Bindungsfragen auseinandergesetzt. Am Dr. Haunerschen Kinderspital an der Universität München engagiert sich der Leiter der Abteilung für Pädiatrische Psychosomatik, Dr. Karl Heinz Brisch, für die Vermeidung von Bindungsstörungen schon im Vorfeld. Er hat zum Beispiel den Vorbereitungskurs SAFE entwickelt. Dies ist die Abkürzung für „Sichere Ausbildung für Eltern". Schon in der Zeit der Schwangerschaft werden schwangere Frauen mit dem auf sie zukommenden Verhältnis zum Neugeborenen vertraut gemacht.

Dies ist ein ernst zu nehmender Versuch, Eltern auf ihre künftige Elternaufgabe gut vorzubereiten.

Es ist nicht zu verstehen, warum eine solche sinnvolle Prävention nicht in den Kinderpass als eine Pflichtaufgabe aufgenommen wird.

Die Bindungstheorie geht vom grundsätzlichen Bedürfnis des Menschen nach Bindung aus. Bindung sichert das Überleben. In der Bindung erfährt das Baby, dass es genährt und warm gehalten wird. Es bekommt Körperkontakt. In ihm drückt sich das Gefühl von Zugehörigkeit und Liebe aus.

Seine Grundbedürfnisse nach Luft, Wärme, Nahrung, Schlaf, Regelmäßigkeit, Schutz, Sicherheit, Grenzen, Körperkontakt bekommt der Säugling in der Mutter-Kind-Beziehung befriedigt. Die Bindung zwischen Mutter und Kind ist ein System, das sich gegenseitig bedingt.

Kinder äußern ihr Bedürfnis nach Nahrung, nach Trinken, nach Wärme durch Schreien. Die Mutter reagiert. „Weinen ist ein Signal des Bindungsverhaltens", sagt die Bindungsforscherin Karin Grossmann. Sie beschreibt das Weinen als „Ruf nach Bindung"[43]. Fühlt das Baby Schmerzen und weint, nimmt es die Mutter an den Körper und sucht nach Abhilfe. Über solche Angebote und den Blickkontakt entsteht eine intensive Kommunikation. Das Baby erfährt, dass es angenommen ist.

Wenn dann seine Bedürfnisse angemessen erkannt und befriedigt werden, erlebt das kleine Wesen, was Feinfühligkeit praktisch heißt. Angemessen heißt in diesem Fall nicht überversorgt. Angemessen heißt genau auf die Bedürfnisse einzugehen und nicht mehr.

So bleibt natürlich dem Kind auch Raum für die eigene Erfahrung. Schritt für Schritt entsteht in diesem Prozess für das Kind das Gefühl für den eigenen Selbstwert. Zu wenig Weinen kann einen Mangel an Verbundenheit ausdrücken. Zu viel Weinen deutet auf einen Ärger in der Beziehung hin. Deshalb ist es auch eine permanente Aufgabe für die Eltern, genau zu beobachten, wahrzunehmen und sich in das Baby einzufühlen.

Erfährt das Baby diese Einfühlung, entwickelt sich so bei ihm auch ein Bewusstsein für diese Art der Zuwendung. Die Eltern können sich so auch immer wieder bewusst werden, dass die vorher genannten Bedürfnisse auch etwas mit den eigenen Bedürfnissen zu tun haben können. „Sind die Eltern in ihrem eigenen Selbstwertsystem geschwächt oder konnten sie es während ihrer eigenen Kindheit nicht gut entwickeln, haben sie große Schwierigkeiten, die eigenen Kinder bei der Entwicklung ihres Selbstwertsystems zu unterstützen."[44]

---

[43] Karin Grossmann: Weinen als Ruf nach Bindung, Vortrag auf den Psychotherapiewochen in Lindau. CD Auditorium Netzwerk 2011

[44] Karl Heinz Brisch (Hg.): Bindungen - Paare, Sexualität und Kinder. S. 270

Das Weinen ist ein wesentlicher Faktor der Kommunikation. Der Säugling drückt so seine Bedürfnisse aus und ruft nach der Person, die sie ihm befriedigt.

In solchen Prozessen entwickelt sich Bindung. Das Baby erlebt die Mama oder später auch den Papa als eine sichere Basisstation, von der aus es immer mehr wagt, die Welt zu erkunden. Symbolisch drückt sich dieser Prozess aus in der Situation, wo das kleine Kind die Hand der Mutter oder des Vaters verlässt, eigene Schritte in die unbekannte Welt geht, aber sich bei Unsicherheiten immer wieder umdreht und nachschaut, wieder den Blick zu den Eltern und damit die Sicherheit sucht. Wird die Welt bedrohlich, läuft es sofort wieder zurück und fühlt sich auf dem Schoß der Eltern wieder sicher und geborgen.

Dieser andauernde Prozess, immer ein Stückchen weiter weg von der Basisstation, dieses Wechselspiel zwischen der Sicherheit und dem Abenteuer im Neuland, macht letztlich die Entwicklung des Menschen aus. Es ist diese Entfernung von der Abhängigkeit und Hinwendung zur Selbständigkeit. Dieser Schritt kann nicht theoretisch vermittelt, sondern muss praktisch erfahren werden.

Es ist dieses ständige Hin und Her zwischen Sicherheit und Ungewissheit, zwischen Vertrauen und Wagnis. Es ist diese tiefe Gewissheit, es ist jemand da, der mich versteht. Auf diese Weise kann der Säugling Vertrauen entwickeln, das sich dann auch immer mehr zum Selbstvertrauen herausbildet. So entsteht Zuversicht gegenüber der Umwelt und dem Leben.

Es gibt eine Fülle von Bindungsbeziehungen in unserem Leben. Die Eltern-Kind-Beziehung ist die zentrale. Sie ist der erste, fundamentale, aktiv gelebte und gestaltete Kontakt.

Die Verantwortung dafür liegt beim Erwachsenen. Es gilt die Haltung, die Großen geben und die Kleinen nehmen. Der Ausgleich findet in der nächsten Generation statt. Dann ist das Kind groß und gibt das Empfangene an den eigenen Nachwuchs weiter.

In der partnerschaftlichen Mann-Frau-Beziehung ist der Ausgleich im Geben und Nehmen auf eine andere Art und Weise wichtig. Wenn einer nur gibt und einer nur nimmt, entwickelt sich ein Ungleichgewicht. Das kann zum Ende der Partnerschaft führen.

Ein großer Ausgleich in der Mann-Frau-Beziehung kann über die Intimität der körperlichen Gemeinschaft erfolgen. In allen Freundes-Beziehungen steht der ausgeglichene Austausch von Geben und Nehmen im Mittelpunkt. In einer Arbeitsbeziehung gilt das auch. Dort ist allerdings der Austausch auch von der hierarchischen Konstellation abhängig.

Die emotionale Intensität ist dabei ein besonderer Aspekt.

Sie ist naturgemäß weniger intensiv als in allen persönlichen Konstellationen.

Bindungsstörungen

Wenn ein Kleinkind in seiner Entwicklung zu viele negative Reize oder inkonsequentes Verhalten der Eltern aushalten muss, kann es zu Bindungsstörungen kommen. Die Bindungsforschung unterscheidet in vier unterschiedliche Bindungsstile.[45]

---

[45]   Karl-Heinz Brisch: Bindungsstörungen, Klett Cotta Stuttgart

1. Das sicher gebundene Kind ist in der Lage, seine Gefühle gut regulieren zu können. Es ist ruhig und zufrieden, wenn alles stimmt. Wird das Kind von seiner Bindungsperson getrennt, reagiert es mit Trauer und Wut, lässt sich aber beruhigen, wenn die Bindungsperson wieder da ist. Es ist sogar in der Lage, nach anderen Bindungspersonen zu schauen, wie zum Beispiel Geschwister, Großeltern, Onkel oder Tanten.

Aus diesen vielen kleinen Interaktionen und Erfahrungen lernt das Kind, dass es sich durchaus auch an andere Menschen und nicht nur an die Mutter binden kann. Solche Herausforderungen und positiv ausgehenden Erlebnisse sind die Stufen der Entwicklung zum Selbstbewusstsein. Dennoch lässt sich eine Faustregel aufstellen.

Je größer der Trennungsschmerz, desto stärker ist für das Kind die Suche nach der primären Bindungsperson.

2. Das unsicher-vermeidend gebundene Kind wird von Außenstehenden als sicher, souverän und selbstbewusst wahrgenommen. Wenn in Versuchssituationen zum Beispiel die Mutter das Zimmer verlässt und das Kind zurücklässt, reagiert es nicht mit Schreien oder Weinen. Kommt die Mutter zurück, reagiert das sicher gebundene Kind mit Weinen, lässt sich aber von der Mutter wieder trösten und beruhigen. Das unsicher gebundene Kind nimmt die Rückkehr der Mutter kaum zur Kenntnis und spielt ruhig weiter. Dieses ruhige Verhalten täuscht allerdings. Cortisolmessungen haben gezeigt, dass die unsicher gebundenen Kinder zwar ruhig und gelassen erscheinen, innerlich aber in hohem Stress stehen.

Sie haben offensichtlich bereits gelernt, dass ihr Schreien und Weinen nicht hilft, sondern eher noch zu einer Zurückweisung führen kann. Deshalb vermeiden sie, der Mutter zu zeigen, dass sie eigentlich im tiefsten Inneren voller Angst stecken. Sie verstellen sich lieber, zeigen ihre Angst nicht, um eine weitere Zurückweisung zu vermeiden.

3. Die unsicher-ambivalent gebundenen Kinder haben Eltern, die sie nicht klar einschätzen können. Sie erleben Situationen, die höchst widersprüchlich sind. Mal ist die Bezugsperson fast im Übermaß zugewandt und dann aber wieder genau das Gegenteil. Mal werden die Kinder mit Liebe überschüttet, dann aber wieder total abgewiesen und in ihren Bedürfnissen ignoriert.

So kann das Kind nicht erfahren, was Verlässlichkeit ausmacht. Kinder mit dieser Anlage wirken nach außen übertrieben anhänglich, unsicher und wenig eigenständig. Sie schreien, toben und brüllen, wenn die Bindungsperson zum Beispiel den Raum verlassen will. Im Inneren haben sie große Angst. Sie sind voller Wut und Frustration über die Eltern. Kommt dann die Mutter wieder zurück, zeigen sie ein widersprüchliches Verhalten. Sie sind einerseits froh, dass die Mutter da ist, drücken aber auch ihre Wut und Aggression aus, wehren sogar Zuwendung ab. Unsicher gebundene Kinder entwickeln sich so zu übermäßig anhänglichen und wenig erkundungsfreudigen Kleinkindern.

4. Das unsicher-desorganisiert gebundene Kind hat meistens schlimme traumatisierte Erfahrungen mit den Eltern hinter sich. Mütter und Väter von solchen Kindern haben meistens selbst auch entsprechende schmerzvolle Erfahrungen machen müssen. Solche Erlebnisse sind die Folge von Gewalterfahrung, von Missbrauch oder von überaus bedrohlichen Verlust- und Trennungserlebnissen.

Kinder, die solche Lebenssituationen aushalten müssen, sind oft gezwungen, sich zu dissoziieren, sich also aus der schmerzvoll schlimmen Situation wegzubeamen. Sie zeigen dann oft stereotype Verhaltensweisen, mit denen sie den Stress abbauen und sich selbst irgendwie beruhigen.

Solches Verhalten ist zum Beispiel mit dem Oberkörper hin- und herschaukeln oder den Kopf gegen eine Wand schlagen. Man kennt solche Verhaltensweisen auch unter dem Thema Hospitalismus.

Stress – ein Lernangebot

Das unsicher-desorganisiert gebundene Kind hat für seinen Lebensweg die wohl schlechtesten Grundlagen. Sie sind das Resultat von Nichtbeachtung. Der Bindungsforscher Karl-Heinz Brisch nennt den zentralen Mechanismus für diese unsicher-desorganisierten Bindungsmuster:

„Wenn der Säugling schreit und dabei in Panik ist, so sind solche Zustände vermutlich jeweils mit Todesangst, dem Gefühl allein zu sein und vernichtet zu werden, und dem Empfinden von Ohnmacht verbunden; dies wirkt sich traumatisierend aus und führt dazu, dass der Säugling schon sehr früh lernt zu dissoziieren: entweder, indem er motorisch und affektiv ‚einfriert‘, erstarrt (sympathikotone Dissoziation) oder indem er in eine Art ‚Erschlaffungszustand‘ gerät (parasympathikotone Dissoziation). Letzterer ist dann mehr durch parasympathische Erregung gekennzeichnet, die oft auch mit Einnässen, Einkoten, Erbrechen und ähnlichen Symptomen im Magen-Darm-Bereich verbunden ist."[46]

Insofern plädiert Brisch bei Eltern mit traumatischen Erfahrungen dafür, diese eigenen Persönlichkeitsanteile zu bearbeiten, bevor sie sich für eigene Kinder entscheiden.

Diese Forderung bleibt allerdings ein frommer Wunsch. Eltern sind nicht darauf sensibilisiert, auf ihre eigenen Ressourcen zu achten und sie zu pflegen. Diese seien aber zwingend notwendig, um gut auf den Säugling achten und ihn emotional und verlässlich pflegen zu können. Traumatisierte Partner geraten oft in die Situation, dass die nicht verarbeiteten Geschehnisse durch manchmal kleine Auslöser wieder angetriggert werden können. Das Paar ist dann überschwemmt mit Gefühlen, die mit der realen Situation nichts zu tun haben. Das Kind erlebt dann wiederum selbst eine traumatisierende Situation, weil ein Kampf zwischen den Eltern ausbricht. Brisch beschreibt den sich selbst verstärkenden Mechanismus im Kern so:

„Wenn der traumatisierte Partner sein Gegenüber ‚bekämpft' beziehungsweise unter Kontrolle zu bringen versucht, geschieht dies etwa durch Zurückweisung von Nähewünschen, ein Meiden des Partners, Gewalt, einen abrupten Abbruch des Kontaktes mit dem Partner oder auch durch sexuelle Aktivitäten in Kombination mit Gewalt und der Demütigung des Partners. (...) Dabei werden Gefühle von Panik, Wut, Scham und Erregung auf den anderen Partner übertragen, d.h. er wird als Ursache für diese Gefühle erlebt und entsprechend attackiert. Dieser Partner weiß

---

[46]   Karl Heinz Brisch: Die Bedeutung von Gewalt in der Paarbeziehung für die Psychotherapie mit Kindern.
In Karl Heinz Brisch (Hg.): Bindungen – Paare, Sexualität und Kinder.
S. 270

dann in der Regel gar nicht, wie ihm geschieht, und fühlt sich seinerseits jetzt ohnmächtig, angstvoll, wird zunehmend wütender, sodass es wechselseitig zu einem intensiven Prozess von affektiver Erregung kommen kann."[47]

Es ist leicht vorstellbar, welche emotionalen Energien in solchen Prozessen freigelegt werden. Das Streiten und Schreien endet manchmal auch in Übergriffen, in seelischer und körperlicher Gewalt. Ist ein Kleinkind einem solchen Prozess ausgesetzt, aktiviert es seine Spiegelneuronen. Es kann zu einer Identifikation mit dem Täter oder mit dem Opfer kommen. Im einen Fall entwickelt es eine Täterloyalität und im anderen Fall das Gefühl von Hilflosigkeit, das später auch in eine Depression umschlagen kann.

Wenn es also zu Gewalt zwischen den Eltern kommt, ist das für das Kind eine existenziell gefährliche Situation. Eine Bindungsperson ist nämlich bedroht und in Gefahr. Das aktiviert das komplette Stresssystem des Kindes, weil sein Schutz- und Sicherheitsbedürfnis in höchster Gefahr ist. Das Kind kann in dieser Situation nicht auf die Hilfe der Bindungsperson zurückgreifen und reagiert möglicherweise mit Dissoziation.

Oder es sucht einen Ausweg durch die Bindung an den Täter oder die Bindung an das Opfer.

Die Bindung an den Täter führt in der Regel dazu, dass es später in entsprechenden Situationen selbst zum Täter wird. Bindet sich das Kind an das Opfer, versucht es alles, um dieses zu schützen und zu versorgen.

Daraus entwickelt sich eine massive Überforderung oder aber auch ein späteres übermäßiges Engagement in sozialen Berufen.

---

[47]   ebd.: S. 272

Das Tragische dabei ist, dass es dabei seine eigenen Bedürfnisse nicht mehr sehen und befriedigen kann. Dies führt dann oft zu Burn-out-Situationen. Viele aktuelle Schwierigkeiten mit Heranwachsenden haben ihre Ursache in solchen Prozessen.

Hier zeigt sich, dass Bindung nicht eine Anlage ist, sondern aus einem Lernprozess besteht. Dabei haben die Eltern als die wesentlichen primären Bindungspersonen eine zentrale Rolle. Deshalb ist es in therapeutischen Prozessen wichtig, dass die Erwachsenen die Verantwortung übernehmen und die eigenen Konfliktfelder bearbeiten. Nur dadurch sind sie für die Kinder eine verlässliche Größe und eine sichere Bindungsperson.

Die Zuwendung sichert die Lebenskraft

„Homo homini lupus est." Der Mensch ist dem Menschen ein Wolf. Dieser Spruch, diese Haltung hat sich tief ins kollektive Gedächtnis eingegraben. Unsere Gesellschaft rückt die Konkurrenz in den Vordergrund. Wer den anderen aussticht, lebt besser, ist die Botschaft. Dieses Menschenbild vom Gegeneinander statt Miteinander verankert sich in unserer Wettbewerbsgesellschaft als Grundbotschaft für das Überleben. Konkurrenz führt in der Konsequenz dazu, dass der Mensch dem Menschen nicht ein respektvolles Gegenüber ist, sondern ein Wolf.

Die eigentlichen Triebfedern unseres Handelns sind Egoismus, Eigennutz, der Wille zum Überleben – was sich auch in unserer gesellschaftlichen Struktur immer breiter macht.

Die moderne Hirnforschung widerspricht dieser These. Sie zeigt, dass der Mensch ein soziales Wesen ist, programmiert auf Kooperation. Die Wissenschaftler sehen im menschlichen Gehirn nicht mehr nur den üblichen „Reiz-Reaktionsapparat".[48]

Die neuen Erkenntnisse zeigen, dass der Mensch beileibe nicht das egoistisch kämpfende Einzelwesen und dem anderen Menschen ein Wolf ist. Im Gegenteil. Der Mensch ist auf Kooperation gepolt, auf andere Menschen und auf das Miteinander angewiesen.

Erst bei Angriffen oder Störungen kommt es zu Aggression oder Rückzug.

Diese wissenschaftlichen Erkenntnisse sind die moderne neurobiologische Erklärung dessen, was der Religionsphilosoph Mattin Buber so beschrieben hat:

„Der Mensch wird am Du zum Ich."

Joachim Bauer, Arzt für Psychosomatische Medizin, für Psychiatrie und Psychotherapie an der Universitätsklinik Freiburg, beschreibt dieses neue Menschenbild.[49]

Er sieht unser Gehirn in erster Linie als ein „social brain". Es entwickelt sich durch soziale Resonanz. Deshalb spielen die Kommunikation mit dem anderen und damit die Kooperation eine zentrale Rolle. Wertschätzung und Zuwendung sind die entscheidenden Energien, die die neuronalen Motivationssysteme antreiben.

---

[48]   siehe Kapitel drei

[49]   Prof. Joachim Bauer: Sozial und resonanzfähig-Warum der Mensch auf Kooperation geeicht ist. SWR 2 Aula, 21. Januar 2007
ders.: Prinzip Menschlichkeit. Warum wir von Natur aus kooperieren. Verlag Hoffmann & Campe.
ders.: Warum ich fühle, was du fühlst. Heyne-Verlag.
ders.: Das Gedächtnis des Körpers. Piper-Verlag.

Er differenziert die noch gar nicht so alte Vorstellung der Wissenschaftler, das Gehirn funktioniere wie eine Maschine. Von außen kommt ein Reiz und das Gehirn reagiert reflexhaft. Es wird auf das Knie geklopft und der Unterschenkel reagiert und zuckt nach vorne. Oder der Blutzuckerspiegel verändert sich, und das Gehirn gibt das Kommando: Hunger.

Das Gehirn wurde also als ein komplexer Mechanismus verstanden, der auf äußere physikalische und chemische Reize reagiert. Dieses Verständnis von der Funktionsweise unseres Gehirns ist nicht falsch, drückt aber nur einen Teil der Wahrheit aus. Da der Mensch ein lebendes System ist, das weiterleben will, muss er nicht nur Informationen von außen verarbeiten können, sondern auch die Informationen, die aus seinem Inneren kommen. Das Gehirn als Schaltzentrale muss wissen, was der Mensch in jedem Moment zum Leben braucht.

Auch diese Position beschreibt noch das Gehirn als Reiz-Reaktionsapparat. Chemische und physikalische Reize werden über viele Sensoren abgefragt und erfühlt und in Reaktionen umgesetzt. Müdigkeit, Unterzuckerung, Durst und Hunger, Ausscheidung und Wärmeregulation, das Gehirn ist unsere Schaltzentrale.

Was ist aber mit Phänomenen auf der Ebene der Gefühle? Was ist mit Angst, mit Wut, mit Stress, mit Hilflosigkeit, mit Trauer und Freude? Was ist mit Burnout oder mit Depression?

Die gegenwärtige Medizin gerät immer dann in Schwierigkeiten, wenn bestimmte Phänomene mit herkömmlichem Diagnosewissen nicht erklärt werden können. Wenn zum Beispiel die Schlaflosigkeit, die Kopfschmerzen, die Herzprobleme nicht in körperliche Bilder passen. Der Patient sei körperlich ohne Befund, heißt es dann, also gesund.

Und dennoch spürt der Mensch die Beeinträchtigungen, die Depression, den Stress, die Überforderung, die Migräne.

Bauer weist darauf hin, dass es vor allem zwei Phänomene sind, die bei den neurobiologischen Forschungen ins Blickfeld genommen wurden: „Das eine Phänomen betrifft die verschiedenen Formen gesteigerter Erregung, also Stress, Ärger, Angst oder Wut. Das andere Phänomen betrifft Zustände massiv verminderter Vitalität, wie wir sie z. B. bei chronischen Erschöpfungszuständen, beim Burnoutsyndrom oder bei der Depression beobachten können. Beide Phänomene sind zwar einerseits sehr wohl körperlicher Natur, sie werden aber – wie ja fast alles, was sich in unserem Körper ereignet – auch gefühlt."[50]

Es sind Phänomene, die mit dem klassischen Verständnis von Gehirn als Reiz-Reaktionssystem nicht mehr zu erklären sind.

„Eine üble Folge dieser Situation war lange Zeit, dass Ärzte, die jetzt mit ihrem Latein am Ende waren, die Beschwerden in den Bereich der Einbildung verwiesen. Bei dieser Einbildung handelte es sich aber im Grunde um eine Einbildung der Medizin, die sich einbildete, dass sich Patienten etwas einbilden. Tatsächlich haben alle diese Patienten sehr reale Beschwerden."[51]

Die moderne Hirnforschung hat sich intensiv mit diesem Zusammenspiel von Gehirnsystemen für die Regelung der Lebensfunktionen und dem System, das Stress- und Erregungszustände hervorrufen kann, auseinandergesetzt.

Die bahnbrechende Erkenntnis dabei:

„Der entscheidende Stimulus für die Vitalitätssysteme des Gehirns, sie werden auch Motivationssysteme genannt, der ent-

---

[50]   Joachim Bauer: Sozial und resonanzfähig – Warum der Mensch auf Kooperation geeicht ist. SWR 2 Aula, 21. Januar 2007

[51]   ebd.

scheidende Stimulus für diese Systeme ist die Zuwendung und Wertschätzung anderer Menschen. Nur wenn eine hinreichende und realistische Aussicht besteht, das Interesse anderer Menschen zu erhalten, treten die Motivationssysteme biologisch in Aktion."[52]

Auf diese Weise macht das Gehirn aus Psychologie dann die Biologie. „Das Interesse und die Zuwendung anderer Menschen sind also keine Wellness- oder Folklorefaktoren, auf die unser Körper notfalls auch verzichten kann, sondern es sind sozusagen essentielle Vitamine, ohne die wir über kurz oder lang krank werden. Dies bedeutet: Wir brauchen gute zwischenmenschliche Beziehungen, um leben zu können und gesund zu bleiben. Anhaltende Störungen oder unlösbare Konflikte im zwischenmenschlichen Bereich werden von unserem Gehirn genauso sensibel registriert wie der Geruch einer Giftwolke oder wie andere physikalische bzw. chemische Schadstoffe."[53]

Damit ist die grundlegende, existenzielle Bedeutung menschlicher Bindung erklärt. Wenn der Mensch in Beziehung zu anderen Menschen steht, sendet sein Körper entsprechende Botenstoffe aus, die das Gefühl von Wohlbefinden oder Unwohlsein entstehen lassen. Auf diese Weise beeinflusst das Zwischenmenschliche die Motivationssysteme. „Bleibt das Interesse oder die Zuwendung anderer Menschen jedoch über einen zu langen Zeitraum hinweg aus, kommt es zu einer biologischen Herabregulation der Motivationssysteme."[54]

---

[52] ebd.

[53] ebd.

[54] ebd.

Diese Herabregulierung erfolgt in mehreren Stufen. Zuerst sendet der Körper Warnsignale. Das können die sogenannten Stress-symptome sein, wie zum Beispiel steigender Blutdruck, Herz-probleme, Magen-Darm-Störungen oder Hautprobleme. Danach erfolgt dann der Zusammenbruch.

Manchmal zeigt er sich zum Beispiel in Form einer Depression.

Mittlerweile wissen wir, dass der Mensch feine Antennen besitzt, um die zwischenmenschlichen Energien und die guten oder schlechten Beziehungen sensibel wahrzunehmen. Diese Wahr-nehmung ist einfach da und kann nicht gesteuert werden. Unser Wohlbefinden wird von unserem menschlichen Beziehungsge-flecht bestimmt. Wenn wir in guten Beziehungen sind, geht es uns gut. Wenn wir in schlechten Beziehungen sind, geht es uns schlecht, ohne dass wir das steuern könnten. Was uns bleibt, ist eine aktive Gestaltung unserer Beziehungsstrukturen und auf die eintretenden Störungen aufmerksam und sensibel zu achten.

„Solche Störungen zu entwickeln, sind kein Zeichen von Schwä-che, sondern ein Zeichen dafür, dass ein Mensch sich zu viel auf-geladen hat, oder dass ihm von anderen zuviel zugemutet wur-de, während es gleichzeitig an dem mangelte, was nicht nur wir als seelisch erlebende Menschen uns wünschen, sondern was auch unser Körper einfordert: Zuwendung und gute zwischen-menschliche Beziehungen."[55] Die Zugehörigkeit zu einer guten zwischenmenschlichen Gemeinschaft ist also überlebenswichtig. In diesem Licht bekommen zum Beispiel auch Themen wie die Ausgrenzung durch Langzeitarbeitslosigkeit, die Isolation von alten Menschen oder eine anhaltend belastende Ehe ein ganz anderes Gewicht.

---

[55]   ebd.

Auch die „Auszeit-Bestrafung" der Kinder kann unter diesem Blickwinkel keine intelligente Methode sein.

„Nichtbeachtung ist ein Beziehungs- und Motivationskiller und Ausgangspunkt für aggressive Impulse."[56]

Bauer nennt fünf Kategorien, die eine gute Beziehung ausmachen und den Menschen Sicherheit und Selbstbewusstsein geben.

Die erste Kategorie ist das Sehen und Gesehenwerden.

Die zweite ist das gemeinsame Sehen, die gemeinsame Aufmerksamkeit, die Verbindungen herstellt.

Die dritte Bedingung ist die emotionale Resonanz, die Achtsamkeit für die Gefühle der Mitmenschen.

Viertens braucht es auch das gemeinsame Handeln für eine gute Beziehungsgestaltung und fünftens das Verstehen von Motiven und Absichten des anderen.

Wer auf dieser Ebene in Kontakt gehen kann mit einem anderen Menschen, kann Motivation und Teilnahme erzeugen. In solchen Begegnungen entsteht dann dieses Gefühl, das wir Glück nennen. Das Bindungshalten ist eine wirkungsvolle Methode, genau dieses gegenseitige Verstehen zu entwickeln und zu pflegen. Wer in der Lage ist, seine eigenen Gefühle anzuschauen und wahrzunehmen, der ist auch in der Lage sein Gegenüber in den Blick zu nehmen. Und so wird der Mensch nach dem Verständnis von Martin Buber am Du zum Ich.

---

[56]   ebd.

Kinder als Symptomträger

An diesem ersten Abend stellt Moni ihre Gegenwartsfamilie auf. Sie möchte gerne ihre Wut gegenüber dem Vater von Tochter Luisa loswerden. Mit ihrem Partner Paul steckt sie gerade in einer ernsten Partnerschaftskrise.

Beide haben sich getrennt, ohne dass dies zu einer Klärung geführt hätte. In dieser Aufstellung zeigt sich bei ihrem getrennten Partner Paul eine Verstrickung in seinem Herkunftssystem.

Diese Information hilft Moni, den Vater der gemeinsamen Tochter Luisa in einem anderen Licht zu sehen. Sie lernt, ihn in seinem Schicksal zu achten.

Sie spürt, dass sie ihn deswegen nicht bekämpfen muss. Weil Paul in dieser Verstrickung gefangen ist, zieht es ihn aus der Partnerschaft mit Moni weg, ohne dass dies ihm selbst oder gar Moni bewusst ist. Monis Stellvertreterin zeigt eine große Trauer über diese Dynamik. Diese Trauer wird auch Moni noch in der folgenden Nacht sehr beschäftigen.

Das Wissen um diese Dynamik lässt sie aber ruhiger werden. Sie wird am nächsten Tag im Rahmen eines Halteprozesses diese innere aufkeimende Veränderung gegenüber Paul noch vertiefen (siehe späteres Kapitel).

Damit kann sie ihren Ex-Partner plötzlich in einem ganz anderen Licht sehen und darauf verzichten, ihn wegen seines Verhaltens abwerten zu müssen.

Mit dieser neuen Haltung verändert sich auch die Beziehung zur Tochter Luisa. Diese kann nämlich ihre Angst aufgeben, sich bei der Mama unbeliebt zu machen, wenn sie ihren Papa auch lieb hat.

Kinder sind in ihrer Wahrnehmung äußerst sensibel. Sie spüren die Stimmungen der Erwachsenen, auch wenn diese sie vor den Kindern verstecken wollen. Die Kleinen haben feinfühlige Antennen. Sie nehmen jede kleinste Veränderung in der Stimmungslage der Erwachsenen wahr. Sie sind auf diese Fähigkeit angewiesen, denn sie brauchen das Gefühl von Sicherheit, um leben zu können.

Spüren sie in diesem Bereich eine gefährliche Entwicklung, dann reagieren Kinder oft mit schwierigem Verhalten. Wir nennen dann diese Kinder auch die Träger von Symptomen, die ihnen nicht gehören.

Leider wird beim Umgang mit diesen Situationen viel zu wenig Interesse auf die Ursachenforschung gelegt. Essstörungen, Schulversagen oder das Aufmerksamkeitsdefizitsyndrom ADHS sind dann Anzeichen, die „wegtherapiert" werden müssen.

Natürlich sind dabei verhaltenstherapeutische Interventionen nicht negativ. Sie greifen aber oft zu kurz. Angststörungen oder das Verhalten von Schreikindern haben oft eine Ursache in der Lebensgeschichte der Eltern. Kinder merken ganz unbewusst, wenn zwischen den Eltern etwas nicht mehr stimmt.

Ohne es benennen zu können, weisen sie mit ihrem Verhalten auf solche verborgenen Ursachen oder Konflikte hin. Deshalb ist es nie verkehrt, dass Erwachsene nach sich und ihrer Geschichte schauen, wenn Kinder plötzlich unerwünschte Symptome zeigen.

Folgender, ganz einfach formulierter Satz hat sicher einen wahren Kern: „Wenn Kinder spinnen, haben meistens die Eltern ein Problem."

Halten, um trauern zu können

Zur Erinnerung. Moni hat sich von ihrem Partner Paul getrennt und hat Probleme mit ihrer Tochter Luisa. Eine Familienaufstellung hat jedoch gezeigt, dass Paul für ihre Partnerschaft unbewusst emotional nicht bereit war. Er ist in eine Familiendynamik verstrickt, die er selbst noch nicht angeschaut hat. Moni ist über dieses Geschehen sehr traurig und stellt sich diesem Gefühl am folgenden Tag.

Das Halten ist dabei ein geeigneter Rahmen, die ganze Trauer ans Licht zu bringen.

Moni wird dabei von Andrea, einer Teilnehmerin, gehalten. In ihren Armen führt die Therapeutin Moni in die Zeit zurück, als sie von Paul verlassen wurde. Ihr Körper reagiert auf diese Erfahrungen. Anfangs nimmt sie eine allgemeine Leere im Körper wahr, die unangenehm ist und sie lähmt.

Die Therapeutin leitet sie an, eine Position zu finden, in der sie die Wärme und Geborgenheit gut wahrnehmen kann, die sie über das Halten und die Nähe von Andrea bekommt. Moni bekommt den Impuls, mit ihrem Atem mitzugehen und ihre Körperwahrnehmung ganz bewusst zu spüren. Nach einer Weile macht sich ihr Herz bemerkbar: „Es ist ganz hart, es tut richtig weh ... Mein Herz lässt nichts an sich ran."

Die Therapeutin bestärkt Moni, über die Atmung mit ihrer Wahrnehmung am Herzen zu bleiben. Ihr Herz wird weicher, öffnet sich, und die ersten Tränen fließen. Und mit den Tränen kommt die Trauer hoch, die Moni damals in ihrem Herzen eingesperrt hatte. Sie hat nicht verstanden, warum Paul sie und Luisa verlassen hat. Damals hatte sie nur Wut auf ihn gehabt. Nun fließen die Tränen und mit ihnen wird Moni bewusst, was sie ihm damals gerne gesagt hätte:

„Du bist einfach gegangen. Ich bin so wütend auf dich ...“

Als sie ihrer Wut Raum geben will, kommt nichts als Schmerz und Trauer hoch: „Es tut so weh.“

Intuitiv hält die Teilnehmerin Moni etwas fester und das Weinen verstärkt sich.

Der ganze Körper zittert. Die Erstarrung löst sich in ihr, bis die Tränen weniger und von kurzem Aufatmen unterbrochen werden. Monis Körper kommt zur Ruhe. Sie entspannt sich. Die Teilnehmerin streichelt ihren Kopf. Moni lächelt erschöpft: „Das war grad richtig befreiend!“

Nach einer kurzen Pause leitet die Therapeutin Moni an, mit geschlossenen Augen Paul unter Visualisierung im Jetzt zu begegnen: Sie sieht ihn vor sich stehen, mit seinem Schicksal im Rücken. Die Erinnerung der Aufstellung wird in ihr aktiv und sie kann zum ersten Mal seit der Trennung innerlich auf ihn zugehen: „Jetzt weiß ich, dass du nicht anders konntest. Schade.“ Sie weint diesmal fließender und leichter, bis der Körper wieder ganz ruhig wird.

Sie öffnet die Augen und schaut in ein freundliches, ihr ganz zugewandtes und verständnisvolles Gesicht.

Andrea: „Ich hab alles über deinen Körper miterlebt.“

Moni: „Danke, dass du mich dabei gehalten hast.“

Moni und Andrea bleiben noch eine Zeit lang liegen und genießen die Wärme in der Umarmung.

Ein spontanes Kinderhalten

Der Tag im Familienworkshop endet für die Kinder immer gleich. Es gibt eine gemeinsame abendliche Runde. Es ist ein Ritual. Gemeinsam werden Lieder gesungen oder noch angenehme Körperübungen gemacht. Die Kinder spüren, der Tag ist zu Ende. Das Ritual ist der formale Abschluss.

Marc und Pia bringen ihre beiden Kinder ins Bett. Als der Papa das Vorlesen beendet, wehrt sich Lennart und schreit: „Wenn du nicht weiterliest, schrei ich weiter!" Marc will den Kleinen im Bett halten, bis er sich beruhigt hat, doch die Auseinandersetzung eskaliert immer weiter.

Schließlich weiß er sich nicht mehr zu helfen und holt die Therapeutin dazu.

Marc berichtet von seiner Hilflosigkeit: „Lennart wollte von mir nicht gehalten werden. Als ich gegangen bin, ist er mir wütend hinterher und hat mein Bein festgehalten."

Die Therapeutin macht ihn darauf aufmerksam, Lennarts eigentliches Bedürfnis nach Nähe wahrzunehmen, ihn eindeutig zu halten und sich nicht in die Flucht treiben zu lassen.

Durch die Unterstützung lässt sich Marc diesmal weder verärgern noch verunsichern. Er bleibt zuverlässig an Lennarts Seite:

„Len, ich weiß, dass es dir grad nicht gut geht und ich halte dich. Du bist mir ganz wichtig."

Am Bett nebendran liegt Marie in Pias Armen. Beide schauen dem Halten entspannt zu. Pia hält sich raus. Sie ist froh, dass ihr Mann sich um Lennart kümmert: „Ich komm da langsam kräftemäßig an meine Grenze."

Durch die sanfte therapeutische Unterstützung merkt Marc, was sein Sohn Lennart braucht.

Diesem tut es gut, wenn der Vater wahrnimmt, wie es ihm geht und es auch ausspricht.

Das Kind wird im sicheren Arm des Vaters weich und saugt die Worte regelrecht in sich auf. Als Lennart sich noch einmal auflehnt, entgleitet Marc eine Drohung:

„Du kannst dich wehren, wie du willst. Ich halte dich so lange, bis du ruhig wirst."

Die Therapeutin lässt Marc sofort nachspüren und wahrnehmen, was seine Drohung bewirkt: „Er verschließt sich wieder und wendet den Blick von mir ab." Lennart fordert seinen Vater noch eine Zeit lang heraus und provoziert ihn.

Doch mit der Zeit wird Marc in seinem Halten immer klarer: „Ich bin da, und du darfst mir alles zeigen, was in dir ist. Ich halte dich."

Marie hat die ganze Zeit ruhig und aufmerksam zugeschaut. Es entwickelt sich ein spielerisches Rangeln zwischen Vater und Sohn. Marie grinst über beide Ohren. Auch die Schwester erreicht diese konsequente, aber liebevolle Haltung des Vaters, obwohl sie gar nicht am Halteprozess beteiligt ist.

Lennart versucht seinen Vater zu bezwingen.

Irgendwann spürt er, dass sein Papa der Große und er selbst der Kleine ist. Er kapituliert, lässt sich aber glücklich ins Kissen fallen.

Am nächsten Morgen hört man Lennart stolz berichten: „Ich hab am Abend mit meinem Vater gekämpft und er ist tatsächlich stärker als ich!" Er holt sich eine Schüssel Müsli und singt vor sich hin.

Emotionale Blockaden wollen aufgelöst werden. Ein Gefühl ist eine Energie, die nach außen will. Sie will sich zeigen und gesehen werden. Gefühle nicht zeigen zu dürfen, macht auf Dauer krank. Menschen stumpfen ab, halten sich emotional auf einem Null-Punkt. Sie werden depressiv. Gefühle dienen der Salutogenese, dem Prozess der Gesundwerdung.

Um sich lebendig zu fühlen und am Leben teilzuhaben, muss jeder Mensch seine Gefühle leben dürfen. Und dazu braucht der Mensch andere Menschen, die an seinem Leben teilhaben. Das Halten wie im eben beschriebenen Beispiel wurde in den 80er und 90er Jahren den Eltern als Methode für zu Hause empfohlen.

Die Erfahrungen mit diesem kontinuierlichen, engen Halten haben aber gezeigt, dass eine therapeutische Begleitung bei diesen Halteprozessen notwendig ist.

Halteprozesse können sehr schnell kippen, ohne dass dies den Haltenden bewusst ist. Eltern können dabei in Kontakt mit eigenen emotionalen Verletzungen kommen. Sie sind dann mit ihrer Aufmerksamkeit nicht mehr beim Kind, sondern werden von eigenen Gefühlen überrollt.

Diese Gefühle übertragen sich automatisch auf das Kind im Arm. Es kann sich dann nicht mehr auf das Gehaltenwerden einlassen. Es kommt dann manchmal sogar in die fatale Lage, für das Wohlbefinden der Eltern sorgen zu müssen. Es hat keine Chance, aus dieser Situation auszusteigen, weil es ja von den Eltern festgehalten wird.

Der Therapeut ist im Kontakt mit beiden. Er sorgt dafür, dass solche Situationen nicht auftauchen oder in diesem Augenblick gleich richtig eingeordnet werden.

Auch ein Halteprozess zwischen Erwachsenen braucht therapeutische Begleitung. Ein Therapeut behält den Überblick über den Prozess, schätzt die Kräfte und Grenzen der Beteiligten gut ein. Er kann die sich anbahnenden Retraumatisierungen frühzeitig erkennen und umleiten. Er setzt die Impulse so, dass der Prozess in eine neue stärkende Erfahrung mündet.

Deshalb gilt heute beim Bindungshalten:

Halteprozesse dürfen nur in Begleitung von einem speziell ausgebildeten Therapeuten und nicht in Eigenregie zu Hause ausgeübt werden!

Halt macht frei

Menschen tragen Masken. Dieses Thema des Lebens heißt übersetzt: Wer sich zeigt, wird verletzt. Menschen entwickeln deshalb eine perfekte Überlebensstrategie. Sie sind perfekt im Maskentragen. Dahinter steht die Angst vor Schmerzen.

Lieber verzichten sie auf das Bedürfnis nach körperlicher und emotionaler Nähe, als noch einmal eine körperliche oder seelische Verletzung hinnehmen zu müssen.

Im Laufe des Lebens werden solche negativen Erfahrungen vom Bewusstsein ins „Archiv" gesteckt. Dort sind sie vor fremden und meistens auch vor den eigenen Augen gut geschützt.

Manche Informationen gären aber unter der Oberfläche so lange, bis sie in irgendeiner Form an das Licht kommen.

Das kann durch körperliche Symptome oder durch seelische Reaktionen geschehen. Entweder werden Menschen körperlich krank oder sie entwickeln Symptome wie Essstörungen, narzisstische Verhaltensweisen, Suchtverhalten oder Depression.

Im schlimmsten Falle scheiden sie gar durch die eigene Hand aus dem Leben. Der Körper ist dabei wie ein Langzeitgedächtnis. Ob gute Berührungen oder Schläge, ob Zärtlichkeiten oder Missbrauch und Vergewaltigung, der Körper hat ein Elefantengedächtnis.

Manchmal versteckt er diese Erfahrung unter der Haut. Manchmal schickt er körperliche Zeichen, die auf das Erlebte hinweisen. Übelkeit, Magersucht, Schlafstörungen, hoher Blutdruck, Magengeschwüre oder Hautekzeme können Zeichen sein, ein Erlebnis nicht mehr zu verstecken, sondern ans Licht zu bringen.

Ein solcher Prozess ist ohne Begleitung ziemlich schwer, wenn nicht sogar unmöglich. Es braucht meistens die gute, einfühlsame therapeutische Begleitung, um schmerzhafte Lebenssituationen anzuschauen und zu betrauern. Verschüttete und verschlossene Gefühle wieder an die Oberfläche zu holen ist kein leichter, aber lohnender Entschluss. Mit professioneller Begleitung können solche Schritte gut gelingen.

Sie sind dann eine Befreiung aus dem alten Überlebenskorsett. Dieses hat zwar eine Möglichkeit geboten mit den zugefügten Schmerzen fertig zu werden, befreit hat es nicht.

Deshalb sind Halteprozesse Erlebnisse der Befreiung. Im Halten hat man den Rahmen der Sicherheit. Die professionelle Begleitung wacht über den Prozess. Der Teilnehmer kann sich sicher fühlen. Er kann endlich rauslassen, was seit langem in ihm permanent köchelt und brodelt.

Meistens hat ein Betroffener keinen Blick für die wirklichen Hintergründe. Mit professioneller Hilfe jedoch gelingt es, den Vorhang zu öffnen. Was unter dem Teppich vor sich hinstinkt, kann endlich an die frische Luft.

Plötzlich steht das Fühlen im Vordergrund, nicht das Denken. Wut, Trauer, Freude und auch der Schmerz dürfen plötzlich sein. Es ist manchmal wie die Befreiung durch den Ausbruch des Vulkans. Der Druck hat sich entladen, die Entspannung kann einkehren.

Plötzlich ist Freude kein Fremdwort mehr. Das neue Lebensgefühl wird spürbar.

Wir bekommen wieder Zugang zu unserer zentralen Lebensenergie, der Liebe.

Im Fühlen spüren wir wieder die Mitmenschen. Wir spüren ihre Nähe. Wir fühlen uns angenommen und vollständig. Wir sind bereit, die Verantwortung für unser eigenes Leben in die Hand zu nehmen. Das Halten sorgt für eine neue Freiheit.

Die Präzisionsantennen der Kleinen

Der nächste Fall beschreibt das Verhalten eines Zweijährigen. Er hat in seiner kurzen Lebenszeit bereits perfekt gelernt, mit seinen ganzen Charme die Mama zu manipulieren. Das kann dem Kind nur gelingen, weil die Mutter über die Nähe zu ihrem Sohn mit der eigenen Vergangenheit konfrontiert wird. Sie wird dabei unbewusst selbst zum bedürftigen Kind. In diesem Gefühl kann sie ihrem Sohn gegenüber gar nicht mehr als souveräne, erwachsene Frau gegenübertreten. Diese Geschichte zeigt, wie sich die natürliche Ordnung, dass Mama die Große ist und das Kind der Kleine, einfach umkehrt. Die Mutter kann diesen Prozess rational nicht erkennen.

Marianne und Franz sind mit ihrem Sohn Simon zum Familienworkshop gekommen. Simon ist zwei Jahre alt und ein kontaktfreudiges Kind. Er schmust gerne bei seinen Eltern und lässt sich gerne tragen. Wenn er seine Flasche trinkt, liebt er es, an der Brust von seiner Mama genüsslich zu kneten.
Marianne hat es inzwischen geschafft, seine ausgiebigen Liebkosungen auf den Abschnitt des Flaschetrinkens zu beschränken.

Wenn das Kind häufiger den Körperkontakt einfordert, ist ihr das oft viel zu viel. Es löst in ihr regelmäßig Wut und Ohnmachtsgefühle aus.

Marianne weiß im Kopf, wie wichtig für ein Kind in den ersten Lebensjahren der nahe Körperkontakt zu den Eltern ist. Sie möchte natürlich Simon diese Nähe geben.

Aber da meldet sich noch eine andere Seite in ihr.

Erst seit ein paar Monaten ist ihr dies in therapeutischen Gesprächen in aller Deutlichkeit bewusst geworden. Marianne ist als Kind innerhalb der eigenen Familie immer wieder sexuell missbraucht worden.

Sie hat in ihrem Körpergedächtnis dieses Gefühl der nicht gewollten Nähe gespeichert. Sie war damals total hilflos, als in ihren jungen Jahren einfach über sie und ihren Körper verfügt wurde. Damals haben sich diese Übergriffe teilweise lebensbedrohlich angefühlt.

Sie hatte aber gar keine andere Wahl. Sie musste stillhalten und alles über sich ergehen lassen.

Simons Verhalten aktiviert heute wieder diese alte Wut und Ohnmacht. Sie hat nichts mit dem Kind und der aktuellen Situation zu tun.

Es sind Gefühle, die sie früher immer unterdrücken musste. Bis heute schlummern sie tief in ihr.

Simons Verhalten ist für die Mama unterbewusst eine Bedrohung. Er sucht bei der Mama Körperkontakt und emotionale Nähe, wie das jedes gesunde Kleinkind tut. Marianne kann diese Nähe mit Simon aber nicht genießen. Enge Nähe, die etwas will, ist in ihrem Körper als ein unangenehmes, ja sogar lebensbedrohliches Gefühl gespeichert. Wenn Marianne diese Gefühle in sich spürt, erträgt sie Simons Nähe nur mit großer Anstrengung und nur ihm zuliebe. Das sensible Kind spürt natürlich diese innere Abwehr, diese Wut oder die Verzweiflung der Mutter. Und Simon reagiert auf die Not der Mutter. Das Kind wird unruhig. Schon seit seiner Geburt schläft er fast nie durch. In den ersten Monaten wacht er stündlich auf und fordert seine Eltern damit ganz schön heraus. Die reagieren natürlich auch reflexartig.

Die Eltern tun alles, um das Kind ruhigzustellen. Marianne und Franz haben schon viele Ersatzangebote gefunden, die das Bedürfnis von Simon nach Nähe und Zuwendung kanalisieren und ihn zur Ruhe bringen können.

Solche automatisierten Verhaltensweisen sind sehr schön in großen Gruppen zu beobachten. Die Eltern sind dabei unterschwellig unter dem Druck, mit ihrem Kind ja nicht unangenehm aufzufallen.

Im Workshop fällt auf, dass Simon bei der kleinsten Unruhe sofort die Flasche angeboten bekommt. Seinen Stoffhund Wuffi hat er stets unter seinem linken Oberarm eingeklemmt. Wenn er ihn zwischendurch vergisst, transportieren ihn die Eltern überall mit hin. Wuffi ist immer einsatzbereit und steht jederzeit zur Verfügung.

Oft läuft Simon mit seinem Hund an der linken Seite und der Flasche an der rechten durch den Raum.

Bei einer der Gesprächsrunden mit den Erwachsenen und den Kindern kommt Simon mit einem Kindertraktor angefahren und parkt zwischen den Stühlen der Teilnehmer.

Die Eltern möchten damit die Wahrscheinlichkeit erhöhen, dass sich Simon in der Gruppe still verhält.

Als Marianne und Franz eine Sitzung mit ihrer zuständigen Therapeutin ohne das Kind durchführen wollen, um endlich einmal Zeit für sich als Paar zu haben, will Simon partout nicht alleine in der Kindergruppe bleiben.

So sitzt die ganze Familie auf dem Sofa der Ferienwohnung, als die Therapeutin zum Paargespräch kommt.

Simon trinkt gerade im Arm der Mutter aus der Flasche. Eine zweite Flasche steht einsatzbereit auf der Küchenzeile. Franz hat sie gerade gefüllt.

Da spuckt Simon die Mutter mit Milch an. Marianne stellt die Flasche auf die Seite und sagt: „Wenn du auf mich spuckst, gibt es keine Flasche mehr."

Das ist für Simon wie eine Aufforderung, alle Register seines Verhaltensrepertoirs zu aktivieren. Er zieht an Mariannes Kette, bettelt im zärtlich weinerlichen, leisen Ton um die Flasche. „Bitte Mama, bitte, Flasche."

Marianne bleibt klar.

Die Therapeutin beginnt ganz vorsichtig einen Halteprozess einzuleiten.

Marianne sitzt vor ihrem Mann und lehnt sich ganz sanft an ihn an.

Für sie ist es nicht einfach, bei sich selbst zu bleiben und sich nicht von dem Kind ablenken zu lassen.

Immer wenn die Mama eine leichte Unsicherheit zeigt, ob Simon nicht doch die Flasche braucht, fährt der Kleine seine nächste Strategie.

Die Therapeutin unterstützt Marianne darin, mit den wirklichen Bedürfnissen von Simon in Kontakt zu kommen.

Marianne kommt im Halten an den schon bekannten Punkt, wo sie ihre Ohnmacht gegenüber dem Sohn spürt, wo ihre eigene Not und Wut hochkommt.

In diesen Momenten wird Klein-Simon besonders aktiv. Mit seinen kleinen Händchen hält er Mamas Gesicht zu sich hin *gerichtet. Er stupst mit seiner Nase ihre Nase an, lacht dabei schelmisch und sagt im heiteren, spielerischem Ton: „Mama, Flasche." Dabei wackelt er Mariannes Gesicht hin und her.*

Bei diesem spontanen Spiel lächelt die Mutter zurück und ist vom Charme ihres Sohnes ganz gefangen, so dass ihre eigenen Gefühle wieder in den Hintergrund geraten.

Die Therapeutin lädt Marianne ein, weiter bei ihrem Mann angelehnt zu bleiben.

Sie macht ihr bewusst, dass Simon damit überfordert ist, sich um die Gefühlszustände der Mama zu kümmern. Franz legt den Arm um seine Frau und diese lehnt sich an ihn an und kommt über die Atmung langsam zur Ruhe.

Nun unterstützt die Therapeutin Marianne immer wieder darin, sich in Simon einzufühlen.

Sie erklärt der Mama, dass es sich beim Verhalten ihres Sohnes um Ersatzbefriedigungen und Ersatzhandlungen dreht. Das Kind zeigt damit sein eigentliches Bedürfnis nach Nähe und Geborgenheit. Und genau diese Gefühle gilt es wahrzunehmen und zu stillen.

Zwischendrin gibt es immer wieder Augenblicke, in denen Simon kurz auf dem Schoß der Mama liegt. Sie streichelt ihn, und er kann einfach ihre Zuwendung genießen.

Doch schon nach kurzer Zeit steigt wieder eine zusätzliche Unruhe in ihm auf. Er beginnt mit seinen Beinchen unruhig zu zappeln.

Mariannes Wahrnehmung dazu: „Er langweilt sich."

Ganz automatisch will sie ihm wieder etwas als Ablenkung anbieten.

Die Therapeutin interveniert. Sie leitet Marianne an, mit ihrer Aufmerksamkeit bei Simon zu bleiben, ihm zu spiegeln, was sie sieht, und es auszusprechen. „Ich sehe, du bist unruhig."

Sie wird angeleitet, Simon in einer solchen Situation enger an ihren Körper zu nehmen und ihm zu erlauben, in ihren Armen die Unruhe zu zeigen. Das Kind kann diese nun richtig rauslassen, weil er sich bei der großen Mama geborgen fühlt.

Marianne hat es mit der Anleitung der Therapeutin gelernt, in dieser Situation die Bedürfnisse des Kindes und ihre eigenen Gefühle nicht zu vermischen. Sie schafft es wieder einmal mehr, ihre eigenen Gefühle der Wut wahrzunehmen, einzuordnen, nachzuspüren, wo sie hingehören, und sie erst einmal zurückzustellen. Sie tut dies aus einer bewussten Haltung heraus. Dies ist nicht mehr der Reflex, die eigenen Gefühle nicht wahrnehmen zu dürfen.

Sie tut dies im Bewusstsein, dass sie bei einer späteren Sitzung Raum für ihre eigenen Anliegen bekommt. In ihrer Verantwortung als Mutter ist sie nun ganz präsent für die Not ihres Sohnes. Dieser bekommt nun die Chance, seiner Mutter etwas von seiner alten Not zu zeigen. In früheren Situationen war dies so nicht möglich, weil Marianne aufgrund ihrer eigenen schweren Geschichte für ihn emotional nicht vorbehaltlos da sein konnte.

Im Arm der Mutter darf Simon sich nun zeigen und dabei erleben, wie es sich anfühlt, aufgefangen zu werden. Ab und zu wendet er sich auch dem Papa zu. Auch der übt sich Schritt für Schritt darin, den Schmerz seines Sohnes mitzutragen.

Auch für Franz ist das eine ganz neue Erfahrung. Er bekommt plötzlich ein Gespür dafür, wie schwer es auch ihm fällt, die Gefühle seines Sohnes auszuhalten und für ihn als Papa präsent zu bleiben.

Am nächsten Tag bekommt Marianne Zeit, im Rahmen eines Halteprozesses einem Teil ihrer unterdrückten Wut Raum zu geben und sich aus der körperlichen Ohnmacht aktiv zu befreien. Diese Erlebnisse sind für sie ein weiterer Schritt, ihren Körper lebendiger, kraftvoller und vollständiger zu spüren.

Auch Franz nützt die Gelegenheit und stellt sich in einer Haltearbeit einem eigenen Thema. Er hat als Kind gelernt, gegenüber seiner Mutter seine eigenen Bedürfnisse zu vergessen. Die Mutter hat damals das Kind als Stütze benutzt. Dieses Verhalten holt ihn immer noch als Erwachsener ein. Wenn seine Mutter von ihm etwas einfordert, ist er automatisch wie gelähmt und vergisst seine eigenen Bedürfnisse. Dieser Mechanismus prägt auch seine Ehe. Gegenüber Marianne fällt er manchmal in diesen kindlichen Zustand zurück. Er lässt sie einfach entscheiden und machen. Er selbst hat ganz automatisch seine eigene Position und Haltung wieder vergessen.

Auf diese Weise steigt in ihm immer wieder das Grundgefühl hoch, ständig zu kurz zu kommen. Dass er mit seinem Verhalten dieses Gefühl selbst erzeugt, ist ihm nicht bewusst.

Diese Erfahrung wiederholt sich fortlaufend. Er selbst ist nicht in der Lage, seine Position gegenüber seiner Mutter und seiner Frau zu spüren und zu benennen. Deshalb ist er für sein Gegenüber auch nicht einschätzbar. Dennoch hat er unterschwellig ständig das Gefühl, dass andere seine Grenzen nicht achten.

Dieses Gefühl stimmt in der Tat. Aber wie soll eine Partnerin merken, was ihn beschäftigt und umtreibt? Deshalb entsteht auch in Marianne das große Bedürfnis, einen Mann zu haben, der sagt, was er will. Sie wünscht sich von Franz, dass er sich gegenüber der Schwiegermutter durchsetzen kann. Und insgeheim will sie aber auch, dass er ihr als Ehefrau ein starker durchsetzungsfähiger Partner ist, bei dem sie weiß, woran sie wirklich ist.

Ich bin, was ich erlebt habe

Franz macht einen Halteprozess. Dabei geht er körperlich und emotional in einen Widerstand. Dies hätte sich der kleine Franz von damals nie getraut. Sein Körper verändert sich. Anfangs macht sich Schwäche in seinem Körper breit. Unter Visualisierung erinnert er sich an ein paar Situationen, in denen seine Mutter ihn damals nicht gesehen hat.

Dagegen bäumt er sich mit Unterstützung auf. Als Kind hatte er sich nicht getraut, gegen die Mama aufzubegehren.

In diesem Prozess kehrt über ein erstes körperliches und emotionales Aufbäumen ein lebendiges Gefühl zurück. Es breitet sich über seinen ganzen Körper aus. Ganz bewusst nimmt er diese neue Erfahrung wahr.

Er darf seine Meinung kundtun und sich endlich trauen. In seinem Herzen wechseln sich die Gefühle von Trauer und Freude ab. „Es ist, wie wenn es innerlich lachen würde." All diese neuen Erlebnisse sind nun in seinem Körper als neue Erfahrung gespeichert.

Sie sind noch ungewohnt. Franz bekommt Zeit, über seinen Atem dieses neue Erleben in sich aufzunehmen und zu speichern.

Die elterliche Eigenarbeit ist der wichtigste Schritt, wenn es um die Bearbeitung der Konflikte mit dem Kind geht. Ein Kind fühlt sich dann sicher, wenn es starke und wohlwollende Eltern hat.

Sind die Eltern klar und bestimmt, muss das Kind nicht ständig ausprobieren, wo ein gangbarer Weg sein könnte. Die kindliche Unzufriedenheit kommt in der Regel aus Unsicherheit. Wenn Eltern ihre eigenen Probleme nicht erkennen und vor sich hertragen, sind sie kein starkes Gegenüber für die Kleinen.

Es geht also bei Schwierigkeiten mit dem Nachwuchs in erster Linie um Selbsterkenntnis. Welche eigenen schmerzlichen, nicht überwundenen Themen aus der eigenen Kindheit sind noch nicht angeschaut, aufgearbeitet? Welche Themen wirken noch im Untergrund der Seele?

Die Erlebnisse von damals sitzen meist unbewusst tief im Körper verankert. Sie werden im Alltag des Erwachsenen über ähnliche Situationen ausgelöst und wachgerufen.

Der Körper reagiert darauf mit Schmerz, Verspannungen, Abkehr oder überschäumenden, nicht steuerbaren Reaktionen im Verhalten. Es kommen Gefühle zum Vorschein, die damals nicht sein durften oder nicht gesehen wurden.

All diese nicht verarbeiteten Erlebnisse sind in unserem Gehirn als emotionale Erfahrungen gespeichert. Sie können jederzeit, ohne dass wir es wollen, über eine ähnliche Situation im Jetzt aktiviert werden.

In der Fachsprache heißt dieser Vorgang „antriggern".

Dieser Mechanismus ist mittlerweile sehr genau bekannt aus der Traumaarbeit. Ein Geruch, eine Körperhaltung, ein Gesichtsausdruck oder ein bestimmter Zungenschlag können die verborgenen unangenehmen Gefühle der Verletzung wieder ans Licht holen.

Wir können solche gespeicherte, alte, meist unbewusst hervortretende Reaktionen daran erkennen, dass sie in ihrer Intensität nicht von der aktuellen Situation hervorgerufen sein können. Bei genauem Hinsehen sind sie in aller Regel viel zu stark für den aktuellen Anlass.

Die Handlungsunfähigkeit von Marianne bei ihrem Sohn Simon ist ein solches Beispiel. Immer wenn wir uns nicht erklären können, warum uns plötzlich ein Gefühl, wie zum Beispiel eine panische Angst, einholt, lohnt es sich dem nachzuspüren. Meistens führt die Spur zu einem früheren Ereignis aus Kindheit oder Jugend. Meistens haben wir diese Erfahrungen verdrängt und versteckt. Auch die schöne Regelmäßigkeit, mit der Franz seine Bedürfnisse ignoriert und sich nicht traut sie zu zeigen, ist ein Beispiel. Die Wurzeln für dieses Verhalten sind schon ganz früh in seiner kindlichen Biografie gewachsen. Franz sieht es deshalb heute ganz automatisch als richtig und selbstverständlich an, seine eigene Position zu verstecken.

Die Hirnforschung hat auf diesem Sektor einige neue Erkenntnisse gebracht. Wir können in unserem Körper gespeicherte Erinnerungen nicht auflösen. Was einmal erlebt wurde, bleibt ein ganzes Leben im Körper gespeichert.

Halteprozesse sind eine wirksame Möglichkeit, uns diese Ereignisse wieder bewusst machen. Wir können sie emotional noch einmal durchleben, Gefühle neu einordnen und annehmen. Wir können auf diese Weise auch neue, positive Erlebnisse sammeln. Halteprozesse können nicht nur neue, bisher unbekannte Wege zeigen. Sie können auch das alte Erleben abschwächen.

Wir haben also die Möglichkeit, uns ein neues Repertoire an innerem Erleben und damit auch ein neues Handlungsrepertoire zu erschließen. Auf diese Weise wächst unsere innere Souveränität und lässt uns in unserem Handeln freier werden. Wir reagieren dann nicht mehr automatisch auf bestimmte „Trigger", sondern können die emotionalen Prozesse einordnen. Dadurch verlieren sie an Bedrohung. Wir können unsere Erfahrungen aus der frühen Kindheit dadurch annehmen und ihnen in unserer Biografie einen angemessenen Platz geben.

Meistens sind die Auslöser für solche unerklärlichen Gefühlsbomben die primären Bindungspersonen. Wenn sie als unzuverlässig, emotional abwesend oder gar verletzend erlebt wurden, können sie tiefe Narben in der Seele des Kindes hinterlassen.

Je kleiner ein Kind ist, umso lebensbedrohlicher werden bestimmte Erlebnisse in Form von Gefahr, emotionaler Kälte, Einsamkeit gespeichert. Das Kind ist in dieser Zeit nicht alleine überlebensfähig. Es braucht Menschen, die es emotional und physisch versorgen, damit es gut überleben kann. Schwierige Situationen, die ein Erwachsener gut handhaben kann, sind im Erleben eines Kleinkindes möglicherweise überwältigend.

Diese Gefühle überfordern die Kinderseele. Das Erlebnis wird dann isoliert und eingefroren. So hilft sich der Körper mit seinem Notfallprogramm selber.

Mit Hilfe dieses Vorgangs sind die eigentlich dazugehörenden schmerzlichen Gefühle nicht mehr spürbar und entziehen sich unserem aktiven Bewusstsein. Das Kind will nur eines: überleben. Im weiteren Leben muss es aber immer wieder eine eigene Kraft aufbringen, dieses bedrohliche Erleben unter dem Deckel und in Schach zu halten. Diese Kraft fehlt dann dem Menschen für sein Leben im Hier und Jetzt.

Halteprozesse sind eine gute Methode, sich solche Lebensstationen anzuschauen. Der Betroffene wird gehalten, ist in Sicherheit und bekommt die Unterstützung, nicht ins Bodenlose abzugleiten. Er kann körperlich spüren, dass er die schwierigen Lebenssituationen überstanden hat. Er erfährt auch, dass er eine große Leistung erbracht hat, diese Kränkungen und Verletzungen durchzustehen.

Wenn erst einmal die Angsthürde des ersten Schrittes genommen ist, kommt langsam die Befreiung durch die Anerkennung der Wahrheit. Zum ersten Mal erfährt eine Person auf diese Weise die Berechtigung der eigenen Gefühle. Solche Prozesse sind eine wertvolle Schule der Bewusstseinsbildung.

Drei Kinder, drei Väter – eine Gefühlsverirrung

Lebenssituationen sind so, wie sie sind. Veronika hat drei erwachsene Kinder. Laura (30), Jasper (29) und Sven (25). Wie in den meisten Fällen führt die Sorge um die Kinder sie zu dem Workshop. Die Kinder sind allerdings schon erwachsen. Jedes Kind stammt aus der Verbindung mit einem anderen Mann.

Lauras Vater verunglückte tödlich, als Veronika mit Laura im siebten Monat schwanger war. Jaspers Vater tröstete sie über den Verlust des ersten Mannes hinweg und sie wurde unmittelbar daraufhin mit Jasper schwanger. Diese Verbindung hielt drei Jahre.

Darauf lernte sie Svens Vater kennen, mit dem sie heute noch verheiratet ist. Doch auch diese Ehe neigt sich dem Ende zu. Sie leben mittlerweile getrennt.

Veronika macht sich Sorgen um die Kinder, da jedes Kind auf seine Weise keinen festen Stand im Leben findet. Sie macht sich Vorwürfe:

„dass ich von meinen Männern immer verlassen worden bin und diese dann ihr Interesse für ihr Kind ebenso eingestellt haben. Ich mache mir große Vorwürfe, beziehungsweise habe große Schuld- und Schamgefühle meinen Kindern gegenüber,

dass ich nicht besser bei der Partnerwahl aufgepasst habe, in-
wieweit die Männer ein Einfühlungsvermögen besitzen.
Ich habe mir immer wieder Hilfe geholt, um mit meinen drei
Männern besser auszukommen.
Von dem Seminar wünsch ich mir, dass es meinen Kindern
besser geht und ich mich nicht mehr schuldig fühle und Scham
empfinde, dass ich die Kinder von drei verschiedenen Vätern
habe."

Die Kinder selber wünschen sich in unterschiedlichen Nuancen mehr Selbstbewusstsein im Leben. Sie klagen über regelmäßige Alltagsängste, die sie im Leben immer wieder blockieren. Sie beklagen, dass die Mutter ihre Eheprobleme immer wieder über ihre Schultern ausgetragen hat.

Sie wünschen sich, dass die Mutter es schafft, sie loszulassen.

Laura war ein paar Jahre magersüchtig und hat schon zwei Abtreibungen hinter sich: „Ich konnte mir nicht vorstellen, Kinder ohne Vater in die Welt zu setzen."

Inzwischen lebt sie mit der Diagnose ADHS und identifiziert sich damit. Regelmäßige hartnäckige Rückenschmerzen zwingen Laura über die letzten Jahre immer wieder zur Ruhe. Sie hat die Schmerzen schon mit vielen Therapien behandelt, aber ohne Erfolg. (Lauras Prozess wird einige Seiten später erzählt.)

Jasper leidet an Versagensängsten. Er bewirbt sich schon zum vierten Mal an einer Fachhochschule. Beim Bewerben kommt er immer in einen enormen inneren Druck und verliert sein Selbstvertrauen. Er hat schon drei Absagen bekommen. Jetzt hat er sich in eine psychotherapeutische Behandlung begeben.

Er leidet immer wieder unter depressiven Verstimmungen.

Sven erlebt sein bisheriges Leben als wahnsinnig anstrengend. Er hat es sich zur Aufgabe gemacht, den großen Vermittler zu spielen und jegliche Konflikte unter den Familienmitgliedern auszugleichen. Ständig vermittelt er zwischen den Streithähnen.

In Fällen von solch unterschiedlicher Dynamik sind Familienaufstellungen eine hilfreiche Methode, Zusammenhänge im Beziehungsgeschehen ans Licht zu bringen.

Gleich am ersten Abend stellt Veronika ihre Gegenwartsfamilie auf. Dazu gehören auch ihre drei Männer.

Obwohl der Tod von Veronikas erstem Mann Paul schon 30 Jahre zurückliegt, zeigt sich im Rahmen der Aufstellung, dass ihre Seele mit diesem Geschehen immer noch nicht abgeschlossen hat. Sie ist wie eingefroren und noch voll gefangen vom damaligen Schock. Sie befindet sich immer noch genau in dem Gefühlszustand, als sie die Nachricht bekam. Am Telefon wurde ihr mitgeteilt, dass ihr frisch verheirateter Ehemann Paul mit dem Fahrrad von einem LKW überrollt worden war und sofort an der Unfallstelle starb.

Ihr Körper ist immer noch permanent damit beschäftigt, den damals nicht zugelassenen Schmerz in Schach zu halten. Das kostet viel Kraft. Dieser unbewusste Energieaufwand über all die Jahre fehlt ihr für ihr Leben. Das ist natürlich in seiner ganzen Fülle weitergegangen. Ihre drei Kinder hätten die Mutter in ihrer emotionalen Präsenz gebraucht. Aufgrund ihrer eingefrorenen Gefühle konnte sie dem Nachwuchs nur bedingt zur Verfügung stehen.

In einem ersten Schritt geht es in der Aufstellung darum, dass Veronika dieses Schicksal überhaupt erst einmal wahrnimmt.

Auf diese Weise wird ihr zum ersten Mal das ganze Ausmaß des verdrängten Schmerzes von damals bewusst. Sie spürt jetzt erst, in welchem emotional eingefrorenen Zustand sie seitdem gelebt und überlebt hat.

In einem zweiten Schritt wird ihr bewusst, welchen hohen Preis sie für das Verdrängen bezahlt hat.

Weil sie ihren tiefen Schmerz nicht ausgedrückt und in ihr Leben integriert hat, konnte sie ihrem verunglückten Mann Paul keinen Platz in ihrem Herzen geben.

Auch ihre Kinder und die nachfolgenden Männer fanden deshalb keinen wirklichen emotionalen Kontakt zu ihr.

Über den Spiegel der Stellvertreter wird Veronikas bisherige Sicht ihrer Probleme auf dem Kopf gestellt. Hier geht es nicht mehr um die Männer, auf die sie sich jahrelang eingelassen hat und ihr daraus entstandenes Schamgefühl.

Es geht um ihre eigene Begrenzung. Sie hat diese in ihrem Leben gebraucht, sonst hätte sie ja den tiefen Schmerz spüren müssen. Ihn wegzudrängen schien ihr die einzige Möglichkeit, um nach dieser Katastrophe weiterleben zu können.

In einer solchen systemischen Betrachtung und Analyse geht es nicht um gut oder böse, um richtig oder falsch. Es geht darum, zu sehen, was in einer Menschenseele passiert ist. Es geht darum, das anzuerkennen, was geschehen ist.

Erst wenn wir unser Schicksal so nehmen, wie es uns passiert ist, mit allem Schmerz, mit aller Trauer, können die einzelnen Familienmitglieder in Würde ihren Platz einnehmen. Sie können ganz für sich das Schicksal annehmen, wütend sein oder trauern.

Aber mit diesem Prozess kann das durcheinandergeratene Familiensystem endlich zur Ruhe kommen. Die Wahrheit ist heilsam, auch wenn sie unendlich schmerzt.

Die drei Kinder von Veronika verfolgen die Aufstellung mit großem Interesse und einer großen Präsenz.

Unter der Begleitung des Therapeuten nimmt sich Veronika bewusst Zeit, erst vor den Stellvertretern der Männer, danach jedem einzelnen ihrer Kinder die entscheidende Erkenntnis in Worte zu fassen.

Sie kann endlich sagen, dass sie die ganzen Jahre über gebunden war und damit für all die wichtigen Menschen in ihrem Leben nicht wirklich präsent und erreichbar sein konnte.

„Es tut mir so leid."

Veronika wirkt plötzlich ganz gesammelt und ruhig. Die Kinder haben alle feuchte Augen. Im Raum ist die energetische Konzentration deutlich zu spüren.

Es herrscht ein gesammeltes Schweigen, in dem endlich ausgesprochen und gesehen wird, was diese Familie über Jahre geschultert hat.

Alte Gefühle neu entdeckt

Mit der Methode des Bindungshaltens haben Veronika und ihre Kinder in den darauf folgenden Tagen nun die Chance, in ihnen gemäßen Schritten wichtige emotionale Verletzungen innerhalb ihrer Biografie aufzuarbeiten und zu mehr Klarheit und emotionaler Kraft zu finden.

Sie alle haben bisher ihr Leben über Ersatzgefühle gelebt.

Bei Veronika waren es die Scham und Schuld. Bei Jasper war es die Angst vor dem Versagen. Bei Laura waren es die Ersatzhandlungen der Unruhe. Sven hat für sich das ausgeprägte Harmoniebestreben entwickelt. Auf diese Weise versuchten alle, gut zu überleben und ihr Leben im Griff zu halten.

In den nachfolgenden Prozessen des Bindungshaltens konnten sich alle auf den Weg machen, wieder ein Mehr an Lebendigkeit und Lebensqualität zurückzuerlangen. Wer jahrelang sein Leben bewusst oder unbewusst begrenzt, wer nur in einem schonenden Rahmen Gefühle ausdrückt und sein Verhalten darauf abstimmt, gerät irgendwann in eine Sackgasse.

Um seelisch gesund zu bleiben, müssen wir unsere Gefühle spüren und zeigen. Gefühle sind der Spiegel dessen, was wir in der Realität erleben oder erlebt haben.

Es gibt primäre Gefühle. Dazu zählen Schmerz, Trauer, Wut und Freude.

Es gibt auch sekundäre Gefühle. Dazu zählen zum Beispiel die Empörung oder das Mitleid.

Manchmal müssen wir wieder regelrecht lernen, die primären Gefühle in kleinen, gemäßen Dosen auszudrücken und zu erleben. Über dieses Empfinden und über das Zeigen der wahren Gefühle bekommen wir dann nach und nach wieder eine Vorstellung davon, was Leben sein kann, und wie es sich wirklich anfühlt.

Veronika, Laura und Jasper hatten schon Erfahrung mit therapeutischer Hilfe. Sie hatten keine Schwierigkeiten, sich auf tiefere, emotionale Prozesse einlassen. Für Sven reichte es aus, im Rahmen dieses Workshops einfach dabei zu sein und mitzuerleben, wie sich in seinem Umfeld vieles veränderte.

Bei Veronika sind es die primären Emotionen in Form von nicht gelebter Trauer und Schmerz um ihren verunglückten Mann.

Der Halteprozess beginnt mit einer Visualisierung der Ereignis-
se von damals. Ihr kommen die Bilder von der Schwanger-
schaft.

Sie trug damals als 19-Jährige ihre Tochter Laura unter ihrem
Herzen. Sie war im siebten Monat. Mittags kam der Anruf.
Ihr Mann starb bei einem Autounfall.

Nach dieser Nachricht setzten sofort die Wehen ein. Veronika
bekam Beruhigungsmittel und musste das Bett hüten, um ihr
Kind nicht zu verlieren. Sie durfte sich nicht an den Vorberei-
tungen für die Beerdigung beteiligen. Sie durfte nicht in die
Leichenhalle. Sie durfte auch nicht zur Beerdigung. Sie lag al-
leine in ihrem Zimmer und hatte versucht, so gut es ging, in-
nerlich abzuschalten und alles durchzustehen.

Heute wird sie von einer Teilnehmerin fest in den Arm ge-
nommen. Veronika fühlt sich gehalten und geborgen. Ihr
Körper gibt nach und nach den lange angehaltenen Schmerz
endlich frei.

Die Aufstellung war ein erster Schlüssel dazu. In Schüben
kommt nun immer wieder ein tiefes Weinen und Schluchzen
aus ihr heraus. Der ganze Körper zittert und schüttelt sich da-
bei.

Auf ihren Wunsch hin nimmt die Teilnehmerin sie noch fester
in den Arm, so dass sie überall eine konstante, wohltuende
Begrenzung spürt.

Nach einer langen Phase des Ausweinens wird ihr bewusst,
wie sehr sie es damals gebraucht hätte, von jemandem gehal-
ten zu werden. Sie hatte damals keinen Raum für ihren
Schmerz. Das Gegenteil war der Fall. Ihre Eltern redeten im-
mer wieder auf sie ein, dass sie sich nicht hängen lassen sollte,
dass sie für das Kind da zu sein und zu funktionieren habe.

In der Nachbesprechung bekam Veronika auch noch eine kurze Einordnung zum damaligen Verhalten der Eltern. Sie hatten es nicht anders gelernt. Sie hatten genauso reagiert auf einen großen Schmerz in ihrem Leben. Erst heute kann Veronika das damalige Verhalten der Eltern einordnen und verstehen.

„Sie wussten es nicht besser: Meine Mutter hat doch ihren Vater mit acht Jahren früh verloren. Als einzige Tochter musste sie danach ihrer Mutter helfen vier Geschwister aufzuziehen. Sie musste damals auch funktionieren. Und keiner hat danach gefragt, ob ihr der Papa fehlt."[57]

Besonders Kriegskinder berichten oft von solchen Schicksalen.

Hier zeigt sich erneut, wie ein Thema (in diesem Falle einen Verlustschmerz zu unterdrücken und weiter zu funktionieren) über Generationen weitergegeben wird, wenn die Bedrohung als zu mächtig erlebt wird, und dieser berechtigte Schmerz nicht zugelassen werden kann.

Als die Tränen langsam versickern, bietet die Therapeutin Veronika eine weitere emotionale Arbeitseinheit an. Sie soll unter Visualisierung all das erleben, was damals aufgrund der besonderen Umstände nicht möglich war. Veronika ist sehr dankbar für diesen Impuls.

Sie nimmt sich ausgiebig Zeit, sich die Leichenhalle, in der Paul aufgebahrt war, vorzustellen. „Es riecht nach Blumen und Kerzen und es ist eine kalte, feuchte Luft. Durch ein Fenster

---

[57] Zähne zusammenbeißen und durchhalten, egal was kommt. Diese Haltung prägte die damalige Kriegsgeneration. Sie drückt sich aus in einem Buchtitel einer Biografie des Sohnes eines Generalmajors der Waffen SS. Der martialische Kriegsname des Vaters war „Panzermeyer". Sein Sohn, Kurt Meyer, gab seinem Buch den Titel: „Geweint wird, wenn der Kopf ab ist." Herder Verlag

kommt etwas Licht rein. Ich gehe langsam auf den Sarg zu. Er ist offen. Da liegt Paul."

In ihrem inneren Bild setzt sie sich neben ihren Mann auf die Steintreppe.

„Die Farbe ist aus seinem Gesicht gewichen, … doch wenn ich ihn so anschaue, er schaut friedlich aus. Er hat ein leichtes Lächeln auf den Lippen."

Veronika ist ganz erstaunt, ihn so friedlich wahrzunehmen. Sie nimmt eine Hand von ihm. Sie ist kalt. Sie streichelt die Hand und streicht über sein Gesicht. Und sie beginnt ihm zu erzählen, wie schlimm es für sie damals gewesen ist, als er ganz plötzlich aus ihrem Leben verschwunden ist, dass sie erst jetzt gemerkt hat, wie viel Schmerz in ihr noch zurückgeblieben ist, wie wichtig es für sie jetzt war, endlich alles fließen lassen zu können.

Sie traut sich auch ihm zu sagen, dass sie manchmal auch wütend auf ihn gewesen ist, weil er sie damals mit Laura im Stich gelassen hat. Zwischendrin streicht sie ihm eine Strähne aus dem Gesicht. Sie lacht. Diese Strähne hat sie ihm oft auf die Seite gelegt, wenn sie zusammen im Bett waren und sie ein Auge von ihm nicht richtig gesehen hat. „Er hatte so warme Augen."

Sie erzählt ihm alles, was ihr noch so kommt.

Die Therapeutin sitzt daneben und gibt ab und zu kleine Impulse, die Veronika dankbar aufgreift. So viel ist damals einfach unter den Tisch gekehrt worden.

Sie erzählt Paul auch von ihrer gemeinsamen Tochter Laura und wie viel Laura von ihrem Vater hat.

„Das Temperament hat sie von dir, die kann manchmal ganz schön aufbrausen." Sie lacht.

Veronika lässt es sich diesmal auch nicht nehmen, in ihrer Vorstellung an der Beerdigung teilzunehmen. Sie wirft ganz bewusst eine Hand voll Erde auf den Sarg. Sie hört, wie die Erde auf das Holz fällt. Danach liegt sie noch eine Weile neben der Begleitung ganz entspannt auf der Matte. Diese streichelt ihr behutsam über die Haare. Nach einer Weile lächelt Veronika erschöpft und zufrieden:
„Ich habe das Gefühl, jetzt ist es endlich rund. Ich hatte ganz vergessen, wie sehr ich diesen Mann geliebt habe."

Auch die Kinder nützen unterschiedlich die Möglichkeiten, um an ihren Themen zu arbeiten:

Laura wird von einer Teilnehmerin gehalten. Ihr Körper reaktiviert die Starre von damals, in die sie als Embryo ebenso hineingegangen ist, als ihr Vater starb. Sie hat im Mutterleib über die Nabelschnur und die Plazenta den Kummer ihrer Mutter hautnah miterlebt. Zusätzlich fühlte sich ihr Körper wie ruhiggestellt an. Von ihrer Mutter erfährt sie, dass sie die letzten Monate ihrer Schwangerschaft mit Laura regelmäßig mit Beruhigungsmitteln ruhiggestellt worden war, um das Kind behalten zu können. Dieses Grundgefühl des Ruhiggestelltseins kennt sie noch heute. Sie hat dann das Bedürfnis, sich permanent bewegen zu wollen und keine Medikamente zu bekommen, welche sie zur Ruhe zwingen. Es ist, wie wenn sich der damalige Zustand im Mutterleib wiederholen würde.

Die starke Identifizierung mit der Diagnose ADHS bekommt plötzlich in dem Zusammenhang eine neue Bedeutung.
Es ist leider so, dass bei der Diagnose ADHS selten gefragt wird, warum und wofür zappelt das Kind? Vielmehr heißt die Therapie

Ritalin. Sein Verbrauch ist in den letzten Jahren exponentiell in die Höhe gegangen. Im Rahmen dieses Prozesses kann Laura dank der erhaltenen Nähe diese körperlichen Symptome von damals aufsteigen lassen.

Ihr wird bewusst, was sie damals im Mutterleib abbekommen hat. Laura bekommt jetzt auch den Raum, um den Verlust ihres Vaters zu beweinen.

Jasper lässt sich von seinem Bruder Sven halten. In ihm zeigt sich ein hohes Misstrauen gegenüber menschlicher Nähe. Durch die Distanz hat sich sein Herz vor dem emotionalen Chaos in der Familie geschützt.

Er hat es nicht zugelassen, Emotionen zu spüren. Körperlich nimmt er um sein Herz zwei Ringe wahr. Sie dienen ihm als Schutz. Emotional zeigt sich ein kindlicher Schmerz.

Er fühlte sich nicht gesehen, weder von der Mutter noch vom Vater. In einer späteren Runde mit anderen Teilnehmern stellt er sich diesem Schmerz. Er findet seinen Satz:

„Ich prüfe, ob du mich wirklich siehst. Und ich freue mich, wenn du mich wirklich siehst.“

Mit dieser Verbalisierung übt er sich in der Wahrnehmung und Umwandlung dieses Themas.

Sven bleibt der Beobachter. Er möchte einfach das im Workshop Erlebte auf sich wirken lassen und hat kein weiteres Bedürfnis einer eigenen Einheit. Jeder darf so viel arbeiten, wie er aufnehmen und verarbeiten kann.

Die letzte Arbeitseinheit endet mit einem Ritual:

Veronika steht ihren drei Kindern gegenüber. Sie kann ihnen gegenüber aussprechen, dass sie das Beste für die Kinder getan hat, was in ihren Händen war.
Alle drei Kinder stimmen ihr mit Kopfnicken zu.
Weil sie sich ihrem Schmerz in seinem ganzen Ausmaß gestellt hat, spürt sie auch keine Schuld mehr gegenüber den Kindern.
Sie segnet jedes einzelne Kind mit den Worten: „Das Schwere nehme ich zu mir. Du bist frei, deinen Weg in deiner Weise zu gehen."

Laura meldet einige Wochen nach dem Workshop, dass mit diesem Segen ihre jahrelangen Rückenschmerzen plötzlich verschwunden sind. Sie fühle sich wie befreit.

Von Veronika kamen im Zeitraum von zwei Jahren zwei Briefe, in denen sie sich für die Arbeit bedankt hat:

„Seit ich die Liebe zu Paul wieder spüren kann, nehme ich viel lebendiger am Leben teil. Und gleichzeitig ist da ein innerer Frieden in mir. Es fällt mir nun viel leichter meine Kinder loszulassen und zu sehen, dass jedes seinen individuellen Weg geht. Ich spüre in mir viel mehr das Vertrauen, dass sie es alleine schaffen, und ich ihnen all das gegeben habe, was mir möglich war."

Die Ehe zweier Kinder

Die folgende Geschichte handelt von einem Paar, das auf dem besten Weg war, sich zu verlieren. Keiner von den beiden handelte bewusst und mit Absicht. Sie konnten nicht erfassen, was mit ihnen geschah. Aber es geschah.

Mit im Spiel war ihr krankes Kind. Niemand konnte sich seine Symptome erklären. Zu allem kamen noch die Panikattacken der Frau. In diesen Zuständen war sie immer häufiger arbeitsunfähig. Diese Geschichte erzählt von unerkannten Schutzmauern.

Beide Partner haben sie Zug um Zug aufgebaut. Ohne es zu wissen und ohne es zu wollen, haben sie so ihre Partnerschaft eingemauert. Und dabei wuchs ihre Sehnsucht, endlich wieder zueinander und den Weg zum gemeinsamen Glück zu finden. Hinter den hohen Schutzwällen aus Angst vor alten Gefühlen ist ihre Partnerschaft aber nach und nach immer mehr verschwunden.

Dieses Familienschicksal vermittelt eine Ahnung, wie schwierig und mühsam es sein kann, solche Schutzmauern wieder einzureißen. Es zeigt den Mechanismus, wie ein Stein auf den anderen kommt. Es zeigt die körperlichen und seelischen Reaktionen, die sich in einem solchen Prozess ungewollt einstellen.

Dieses Schicksal handelt von abgrundtiefem Schmerz und der Abwehr, ihn spüren zu müssen. Es zeigt, wie sich aus verständlichen Abwehrreaktionen unbrauchbare Überlebenskonzepte entwickeln. Solche oder ähnliche Lebensgeschichten gibt es in unzähligen Variationen.

Gemeinsam ist dabei allen, dass sich Körper und Seele mit immer massiveren Reaktionen zu Wort melden. Meistens suchen die Betroffenen an der falschen Stelle nach der Lösung des Problems. Manchmal erinnert dieses Verhalten an den Witz vom Betrunkenen, der seinen verlorenen Schlüssel unter der Laterne sucht. Auf die Frage, wo er den Schlüssel verloren habe, antwortet er: „Dort hinten." Und warum er dann ausgerechnet unter der Laterne suche? „Weil es hier heller ist!"

Viele Betroffene, so wie das hier beschriebene Paar, versuchen ihr Verhalten zu ändern. Sie fallen aber immer wieder in dieselben Fallen. Mit jeder Enttäuschung wachsen die Abwehrmauern. Sie wachsen manchmal so hoch, dass sich das Paar dahinter nicht mehr sehen kann und die Partnerschaft beendet.

Das ist in aller Regel tragisch, weil am Anfang der gute Wille und die Bereitschaft standen, alles richtig machen zu wollen. Schleichend holte sie aber ihr persönliches Schicksal ein. Sie waren nicht in der Lage, es in den Blick zu nehmen. Ihr ganzes Verhalten war auf Schmerzvermeidung programmiert. Damit war der Bau von Schutzmauern vorgegeben.

Der Blick hinter die Schutzmauer

Schutzmauern aufzugeben heißt, sich dem eigenen Schmerz zu stellen. Dieses Vorhaben verlangt Mut, Kraft und meistens die therapeutische Hilfe von außen. Wer aber bereit ist, einen solchen Weg zu gehen, hat die Chance auf einen großen persönlichen Entwicklungsschritt. Die Prozesse des Bindungshaltens sind wie der kleine oder große Presslufthammer, der nach und nach die Schutzmauer abbauen hilft. Das Bindungshalten kann damit den Blick freimachen für ganz neue und spannende Lebensperspektiven.

Mit einem hohen Stresspegel kommen Babsi und Oskar mit ihrer zweijährigen Tochter Melina zum Familien-Workshop.

Babsis Chefin hat sie hingeschickt. Die Arbeitsstelle übernimmt die Kosten. Babsi soll möglichst bald wieder arbeitsfähig sein. Seit sechs Monaten ist sie krankgeschrieben. Babsi hat Panikattacken.

„Vor einem halben Jahr hat sich alles verschärft. Ich habe mittlerweile wachsende Angst vor diesen Panikattacken. Sie suchen mich immer öfter auch in der Arbeit heim."

Das vermehrte Auftreten dieser Panikattacken kam mit dem Zeitpunkt, als Babsi Melina in die Kinderkrippe brachte. Sie wollte wieder regelmäßig arbeiten.

Dieser Entschluss brachte ihr aber keine persönliche Sicherheit. Im Gegenteil. Seitdem plagen sie extreme Verlustängste um ihre Tochter. Sie kann sie nur schwer abgeben.

Immer wenn sie die Kleine in der Krippe abliefert, hat sie das Gefühl eine Rabenmutter zu sein. Und die Tochter gibt ihr dazu auch nicht übersehbaren Anlass.

„Melina ist seit einem halben Jahr permanent krank, vor allem nachmittags steigt die Temperatur. Sie hat dann immer wieder bis zu 40 Grad Fieber ohne erkennbaren Grund. Sie weint, wenn ich sie in die Kinderkrippe bringe."

Wie die meisten Männer ist ihr Mann Oskar zum Workshop mitgekommen. Er will seine Frau unterstützen. Auch er leidet unter der Situation und will alles tun, dass sich die Familiensituation entspannt.

„Ich hab ein dickes Fell und stecke alles immer locker weg, doch inzwischen klappt das nicht mehr."

Im ersten Gespräch mit der Therapeutin fällt sofort ins Auge, wie erschöpft Babsi und Oskar sind. Über die Fragen kommt Babsi in Kontakt mit ihrem momentanen Zustand. Babsi erzählt von ihrem großen und wachsenden Bedürfnis, sich bei

Oskar anzulehnen. Zu Hause spürt sie es in letzter Zeit immer öfter.

Als Oskar dieses ausgesprochene Bedürfnis hört, grenzt er sich sofort ab. „Das halte ich nur begrenzt aus. Es macht mir Druck, wenn sie über einen längeren Zeitraum was von mir will. Und dann geht gar nichts mehr."

Die Abstände, in denen sich das Paar gegenseitig in den Arm nimmt, werden immer länger.

Seit einem dreiviertel Jahr haben sie keinen sexuellen Kontakt mehr miteinander. Beide leiden darunter. Sie vermissen ihre verlorengegangene Nähe als Paar.

Bei der Spurensuche nach den emotionalen Ursachen werden auch Methoden aus dem Familienstellen herangezogen. Sie ermöglichen eine Einfühlung in seelische Nöte.

Im Laufe des Gespräches zeigt sich auf diese Weise, dass Babsis verstärktes Bedürfnis nach Nähe und Schutz mit der Not eines fünf- bis sechsjährigen Mädchens zusammenhängen muss. Babsi kann darüber aber nichts berichten. Sie erzählt, dass ihre ersten Kindheitserinnerungen erst mit dem elften Lebensjahr beginnen.

„Davor weiß ich gar nichts, nur dass es mir an nichts gefehlt hat, meine Eltern haben für mich gut gesorgt."

Diese Sätze: „Mir hat es an nichts gefehlt." und „Meine Eltern haben für mich gut gesorgt." stehen im krassen Gegensatz zu der Tatsache, dass Babsis erste Kindheitserinnerungen erst mit elf Jahren beginnen.

Babsi ist mit diesem Widerspruch kein Einzelfall.

Wenn Menschen mit körperlichen und psychischen Symptomen in Beratung oder Workshops kommen, sind sie oft davon überzeugt, eine glückliche Kindheit gehabt zu haben.

Was ist allerdings in diesem Zusammenhang mit glücklicher Kindheit wirklich gemeint?

Glückliche Kindheit wird häufig gleichgesetzt mit guter materieller Versorgung und Sicherheit.

Das ist eine Verwechslung. Kinder wachsen heutzutage in der Regel in einem zu Hause auf, in dem sie mit Spielzeug, Computer, Fernsehen, Handys überschüttet werden. Dieser Besitz ist in vielen Fällen ein Ersatz für andere existenzielle Bedürfnisse. Die materielle Fülle muss dabei oft das emotionale Defizit nach Nähe, Wärme, Gesehenwerden, kurz nach Liebe, ersetzen.

Kinder spüren solche Bedürfnisse, können sie aber nicht ausdrücken. So behalten sie in ihrer Erinnerung die Sätze der Eltern: „Wir haben genug, du hast alles, was du brauchst. Wir sorgen für dich. Du hast eine glückliche Kindheit."

Das Bemühen und die Sorge der Eltern konzentrieren sich dabei hauptsächlich auf die finanzielle und materielle Sicherheit. Unbewusst ersetzt diese auch die emotionale Versorgung. Emotionale Nähe, Geborgenheit und Liebe treten in den Hintergrund.

Eine Kindheit, in der die materielle Versorgung vorhanden, die emotionale Versorgung jedoch zum großen Teil gefehlt hat, vermittelt aber kein wirkliches Glücksgefühl.

Dieses Defizit spiegeln Menschen auf ihrer Suche wieder. Die meisten wissen oft gar nicht mehr, wie sich Glück über längere Zeiträume anfühlt, wie man zu Glück kommt.

Dan Casriel, ein amerikanischer Psychotherapeut, hat das so ausgedrückt:

„Ich sehe die Menschen nicht als krank, sondern als unglücklich an. Ich weiß nun, dass wir uns selbst beibringen können glücklich zu sein."

Diese „do-it-yourself"-Methode ist möglich. Es ist aber ein langer Weg, der viel Geduld, Mut, Beharrlichkeit und Zeit braucht.

Es geht darum, Nähe und Zuwendung zu erfahren. In der Kinderzeit konnte das Gehirn diese Erlebnisse nicht abspeichern. Als erwachsener Mensch kann man deshalb nicht wissen, welche Gefühle damit verbunden sein können. Oft kommt auf die Frage nach der glücklichen Kindheit die stereotype Antwort: „Ich saß oft auf dem Schoß meiner Mutter."

Ein solches Bild steht auf den ersten Blick für das Thema Glück und Geborgenheit.

Der Schein kann aber auch bei näherem Hinsehen trügen. Das bloße Sitzen auf dem Schoß kann auch in absoluter Distanz ablaufen, kein Streicheln, kein Drücken, keine weitere Zuwendung. Jeder Mensch braucht aber von klein auf körperliche Berührungen. Bekommt man sie nicht, sprechen manche Fachleute vom „ungeleckten Bären".

Eine Berührung, die nährt und gibt, ist ein Dialog mit dem anderen Menschen. Sie vermittelt emotionale Wärme und Präsenz, sie löst ein Gefühl von Geborgenheit aus. Auch ein innerlich abwesender Mensch kann einen anderen Menschen anfassen. Dies ist allerdings keine echte Berührung.

Der Körperkontakt mit einem abwesenden Menschen, der zu sehr mit seinen eigenen Sorgen beschäftigt ist, kann sich wie eine leere Schale anfühlen. Kinder haben feinste Antennen und spüren genau, wenn das Gegenüber nicht wirklich für sie da ist. Wenn ein Kind also innerlich abwesende Eltern hat, fehlt ihm die wirklich unmittelbare, nährende Liebe: Von körperlichen Berührungen ohne innere Verbindung wird es nicht wirklich satt. Das Kind bleibt emotional hungrig, auch wenn die äußere Versorgung gewährleistet war.

Auf Babsi und ihre Selbstbeschreibung bezogen, zeigt sich deshalb ein Widerspruch. Nach außen vermittelt Babsi das von den Eltern vermittelte Grundgefühl: „Es hat mir an nichts gefehlt." Dieses Grundgefühl steht allerdings im Widerspruch zu Babsis „vergessener" Kindheit. Auch die plötzlich auftretenden Panikattacken im Erwachsenenalter passen nicht in dieses Bild.

Wer so unterschiedlichen inneren Wahrnehmungen ausgesetzt ist, versteht nach und nach seine innere Welt nicht mehr und verliert mit der Zeit das Vertrauen in die eigene Wahrnehmung. In so einer Situation ist es leichter zu vergessen oder zu verdrängen. Das passiert meist unbewusst. Ein tiefes Gefühl wird man aber nie vollständig los, das unterschwellige Gefühl, dass etwas nicht in Ordnung ist.

Über eine Körperübung bekommen Babsi und Oskar eine Ahnung davon, wie unterschiedlich sich körperliche Nähe mit oder ohne emotionale Nähe anfühlen kann. Babsi beginnt zu ahnen, dass ihre Kindheit nicht nur „heil" war.
Beide setzen sich im Anschluss daran als Paar gegenüber. Die Therapeutin leitet sie an, miteinander in Kontakt zu kommen. Dabei werden in ihnen die Themen als Paar, aber auch ihre eigenen kindlichen nicht bewältigten Themen aktualisiert.
Babsi möchte sich immer noch an Oskar anlehnen und rückt mit ihrem Stuhl näher an ihn heran. Oskar nimmt ihre Hände. Sie ist enttäuscht, dass sie nicht mehr bekommt.
Da steigt in ihr ein Gefühl von Bedrohung auf. Sie wehrt seine Nähe ab, indem sie ihren Körper anspannt. In ihr sind widersprüchliche Gefühle. Sie wünscht sich, dass er weiterhin da bleibt. Dennoch spürt sie gleichzeitig ein Gemisch aus Angst und Starre in sich aufsteigen.

Ihr ist es nicht mehr möglich, die Nähe von Oskar wirklich zu nehmen. In diesem Zustand fühlt sie sich wie ein ängstliches Kind und nicht wie eine erwachsene Frau.

Diese kindlichen Reaktionen zeigen deutlich, dass diese gefühlte Bedrohung nichts mit Oskar zu tun haben kann. Diese Gefühle müssen aus ihrer eigenen Kindheit stammen.

Oskars Thema ist anders. Beide Themen greifen aber ineinander wie Zahn und Zahnrad. Babsis beständiger Wunsch nach Nähe kommt bei Oskar als Erwartung an. Mehr und mehr fühlt er sich unter Druck gesetzt.

„Das sind diese Augenblicke, in denen zu Hause gar nichts mehr geht."

Dieser Zustand wiederholt sich jetzt. Oskar ist plötzlich von seinen Gefühlen abgeschnitten. Es kommt eine Gleichgültigkeit in ihm hoch.

„Es ist, wie wenn ich innerlich abgeschaltet wäre. Ich lass nichts mehr an mich ran."

Auch bei ihm zeigt sich eine kindliche Reaktion, die nicht zur Paarbeziehung gehört.

„Genau das passiert oft zu Hause und trennt uns zunehmend voneinander."

Beiden wird durch diese Übung bewusst, wie sehr sie sich im Alltag gegenseitig immer wieder in diese Situationen hineinmanövrieren, in denen eine wirkliche Nähe und Begegnung als Paar nur noch begrenzt oder gar nicht mehr möglich ist.

Diese Erfahrungen werden in einer zweiten Einheit intensiviert.

Babsi wird im Rahmen einer Übung bewusst, dass ihr Bedürfnis nach Nähe eine Berechtigung hat. Sie bekommt eine erste Ahnung, dass ihre Mutter sie als Kind emotional nicht aufge-

fangen hat, ja sogar ihr gegenüber gefühlsmäßig unberechenbar war.

Die Nähe zu Mama hat sich damit für die kleine Babsi bedrohlich angefühlt.

„Ich war nie gut genug. Sie hat mich das jedes Mal spüren lassen. Ich hab mich so bemüht, es ihr immer wieder recht zu machen."

Die Stimme wird brüchig, ein Kloß sitzt ihr im Hals.

Oskar sieht Babsis Not und will ihr helfen und sie in den Arm nehmen. Doch sein Körper reagiert anders: „Bisher hat das immer geklappt. Doch in letzter Zeit merke ich, meine Kraft ist alle. Ich kann nicht mehr."

Die Therapeutin fragt Oskar, ob er weiß, woher das kommt, dass er Babsi immer helfen will.

Er wird still und schaut auf den Boden:

„Ich wurde viel geschlagen."

Dann bricht seine Stimme ab. Sein Körper beginnt zu zittern, ein paar Tränen fließen. Babsi richtet sich auf und möchte seine Hände halten, doch er wehrt ab.

Als die Therapeutin ihm die Möglichkeit anbietet, das Kleinkind Oskar in den Blick zu nehmen, sieht Oskar sie mit ängstlichen Augen an:

„Ich möchte jetzt nicht dahin schauen. Ich bin hier für Babsi da."

Nach ein paar ordnenden Sätzen wird klar, dass Babsi Oskar die Zeit gibt, die er braucht, um sich seinem eigenen Thema zuzuwenden. Beide schauen sich tief in die Augen und sind berührt, in solch einer Klarheit ihr eigenes Thema und das des Partners zu erkennen. Sie bekommen ein Gefühl dafür, wie diese frühen Erlebnisse sie als Paar im Alltag immer wieder trennen.

Babsi ist über diese Begegnung mit Oskar und der eigenen inneren Arbeit weich und verletzlich geworden. Diese Weichheit fühlt sich für sie fremd und bedrohlich an. Sie merkt, wie ihre Schutzmauer zu bröckeln beginnt.

Da steigt in ihr eine Angst hoch, verletzt werden zu können. Sie fühlt sich wegen ihrer Offenheit plötzlich so angreifbar. In ihr steigt plötzlich der Wunsch zurückzurudern:

„Ich möchte mit einem Betonmischer meine alte Schutzmauer wieder aufbauen."

Doch da wehrt sich Oskar dagegen: „Diese Schutzmauer war eine Lüge!"

Während der Arbeit hat er den ehrlichen und aufrichtigen Kontakt zu seiner Frau gespürt. Er wünscht sich mehr davon.

Die ersten Erfahrungen mit dieser Emotionalarbeit sind manchmal äußerst heftig. Es ist total ungewohnt, diese bisher vermiedenen, elementaren Gefühle zu erleben. Schmerz, Angst, Wut und Freude zu spüren, ist der erste Schritt.

Sich damit auch anderen zu zeigen, braucht aber erst einmal viel Mut. Die bisher verlässlich funktionierende alte Schutzmauer beginnt nämlich zu bröckeln. Das altgewohnte Handlungsrepertoire greift nicht mehr.

Das eingeübte Muster von Babsi war es, sich überall zu bemühen und zu funktionieren. Ihre eigentlichen Gefühle hat sie dadurch erst gar nicht hochkommen lassen.

Jetzt heißt es aber, wieder die wahren Empfindungen zu spüren. Sie muss jetzt lernen, diese Gefühle Schritt für Schritt wieder in das eigene Leben zu integrieren und sie auch anderen zu zeigen.

Dieser neue Lebenszustand kann Angst machen. Das neu entdeckte und gezeigte Gefühl, diese neue Sicht auf das eigene Leben, fühlen sich zwar irgendwie befreiend, aber auch ungewohnt und unsicher an.

Der gewohnte Reflex auf diesen Schritt heißt, schnell zurückrudern und die altbewährte Schutzmauer wieder aufbauen.

Dahinter fühlt es sich nämlich bekannt und sicher an.

Deshalb geht es bei dieser Arbeit auch um die Einordnung, warum die Mauer aufgebaut wurde, welche Funktion sie hatte und welchen Schutz sie übernommen hat.

Es geht darum zu verstehen, dass die Mauer auch weiterhin ihre Berechtigung hat und nur schrittweise eingerissen werden kann.

Es geht um Bewusstseinsarbeit. Wer eine Mauer um sich herum aufbaut, der sitzt auch eingeschlossen hinter der Mauer. Dieser Platz engt ein.

Wer weiß, warum die Mauer nötig war, kann den Blick über die Brüstung riskieren. Immer wieder muss man spüren, wo sich neue Möglichkeiten auftun. Nach und nach kann so die Mauer ihre Funktion verlieren und neue Erfahrungen, befreiende Lebensalternativen und bisher nicht gekannte Perspektiven eröffnen.

Solche neuen Erfahrungen brauchen allerdings Zeit zur Integration in Körper und Seele. Im Volksmund heißt dann dieser Prozess „Entwicklung".

Teilnehmer wie Babsi und Oskar müssen nach einer solchen ungewohnten, intensiven und emotionalen Arbeit erst einmal eine Verschnaufpause einlegen. Sie bekommen eine sogenannte Integrationszeit. Sie können spazieren gehen und ausspannen. Das Gehirn braucht Zeit, um die neuen Erlebnisse neuronal zu verankern.

Die körperliche Bewegung fördert das Verbinden der neu angelegten Nervenstränge. Oft stellt sich auch Müdigkeit ein nach einer solchen intensiven Arbeit. Die innere Aufregung und die erlebte Gefühlsintensität haben im Kreislauf eine größere Menge an Hormonen aktiviert.

Zeit und Ruhe helfen, das neu Erlebte körperlich und seelisch aufzunehmen und gut zu verankern.

In diesem Sinne tut es nun beiden gut, erst nach dem Spaziergang und einer ausführlichen Mittagspause die nächste Arbeitseinheit zu starten. Jetzt geht es um den Alltag mit ihrer Tochter Melina. Babsi möchte lernen, das Mädchen leichter loslassen zu können.

Die Eltern bekommen Informationen über Ordnungen zwischen ihnen als Eltern und ihrem Kind.

Störungen in der Ordnung können den Alltag zu Hause beträchtlich erschweren. Als ein ganz zentrales Thema kristallisiert sich Babsis Schwierigkeit heraus, Oskar die gemeinsame Tochter Melina alleine anzuvertrauen. Dadurch nimmt sie ihm die Stellung, die er ganz natürlich gegenüber dem Kind hat. Sie schwächt seine Position.

Aufgrund dessen nimmt sie sich für zu Hause vor, Melina tagsüber mal ganz bewusst Oskar zu überlassen. Ein willkommener Nebeneffekt wäre dabei auch, wertvolle Auszeit für sich selbst zu gewinnen, um sich bewusst zu erholen.

Über eine emotionale Haltearbeit möchte Babsi sich dieser Herausforderung stellen und dabei lernen, ihre Tochter Melina besser loszulassen.

Es geht darum zu spüren, warum die Sorge um die Tochter so dominierend ist.[58]

---

58   In der anschließenden Besprechung wird ein häufig zu beobachtendes Phänomen berichtet. Während dieser Therapieeinheit mit der Mutter beobachtet die Kinderbetreuerin zeitgleich, dass Melina weinerlicher ist als sonst. Sie

Oskar hält seine Frau im Arm. Babsi berichtet, dass es schon während der Schwangerschaft mehrere Situationen gab, in denen die Mama Angst um Melina hatte.

Babsi wurde geröntgt, als sie noch gar nicht wusste, dass sie schwanger war. Damit lebte sie von Beginn der Schwangerschaft mit der Angst, Melina könnte davon einen Schaden haben. Es plagten sie heftige Schuldgefühle, weil sie dem Arzt damals die Einwilligung zum Röntgen gegeben hatte.

Außerdem musste sie während der Schwangerschaft Antibiotika nehmen. In ihrer Arbeit war sie so sehr eingespannt, dass diese Anstrengung und der Stress vorzeitig Wehen auslösten.

Insgesamt setzte sich bei ihr schon vor der Geburt das Gefühl fest, eine Rabenmutter zu sein.

Die Sorge, dass Melina aufgrund des Röntgens und der Antibiotikagaben Folgeschäden haben könnte, verfolgt sie heute noch.

Im Halteprozess bekommt Babsi die Möglichkeit, ihre damaligen Ängste auszusprechen.

Hinter ihrem Schuldgefühl steckt der Schmerz, für Melina damals nicht präsent gewesen zu sein. Diesen großen Schmerz hat sie nie gezeigt. Sie hat ihn jedoch in Form von Schuldgefühlen immer wieder indirekt geäußert.

Jetzt kann ihr Mann Oskar spüren, welche unterdrückten Gefühle hinter ihrem Verhalten standen und stehen.

In seinen Armen spürt sie Halt und wird sicherer im Wahrnehmen ihrer Gefühle und Bedürfnisse. Sie wird weicher. Ihr

---

möchte immer wieder zu ihrer Mama. Die Betreuerin versichert ihr, dass es der Mama gut geht und sie gerade was Gutes für sich tut, damit es ihr besser geht. Daraufhin beruhigt sich Melina wieder und geht zu den anderen Kindern spielen. Solche Phänomene, die auf eine innere Verbindung zwischen Kindern und Eltern hindeuten, werden oft beobachtet. Besonders bei Problemlösungen in Aufstellungen reagieren abwesende Kinder häufig mit Entspannung.

Blick kann wieder frei werden und sich für ihre Tochter öff-
nen: „Jetzt erst sehe ich, wie wenig ich Melina gesehen habe.
Wie sehr ich mit meinen eigenen Schuldgefühlen beschäftigt
war."
Oskar hält sie mitfühlend und sicher in ihrem Schmerz.

Berührung und Nähe – eine Bedrohung

Zwei Monate später nehmen Babsi und Oskar erneut an einem
Workshop teil. Bei der Anliegenrunde berichten beide, dass Me-
lina die Trennungsängste ihrer Mutter nicht mehr zum Ausdruck
bringt. Ihre Fieberschübe sind nur noch selten.
Babsi hat ihre Arbeit wieder aufgenommen. Sie wird nicht mehr
so stark von ihren Panikattacken heimgesucht.
Das Verhältnis des Paares hat sich in dieser Zeit jedoch sehr verändert. Sie streiten viel.
Solche Entwicklungen sind nicht ungewöhnlich. Wenn Partner
ihre eigene Situation anschauen, entwickeln sie auch ein neues
Selbstbewusstsein. Auf diese neuen Seiten, auf das veränderte
Verhalten, auf das Verschwinden der alten, gewohnten Mecha-
nismen muss sich das Paar erst einmal einstellen.
Bei diesem Workshop vertritt Oskar auch sehr selbstbewusst seine eigenen Interessen und Anliegen. Er ist dieses Mal nicht mehr
nur unterstützend für Babsi da, sondern möchte seine eigenen
Themen bearbeiten.
Durch die Veränderungen bei seiner Frau nimmt er nun auch viel
bewusster wahr, wie seine eigenen Kindheitsthemen in ihm wach

werden. Er ist auf dem Weg, sich selbst zu entdecken. Sein Selbstbewusstsein wächst. Er ist nicht mehr bereit, Babsi um des Familienfriedens willen einfach alles durchgehen zu lassen.

Oskar ist fest entschlossen, seinen eigenen Weg zu suchen. Er beschreibt seinen augenblicklichen Zustand so: „Zur Zeit bin ich immer wieder durcheinander. Oft zweifle ich an mir selbst. Es fehlt mir Halt."

Babsi möchte ihn in diesem Unsicherheitsgefühl stützen. Oskar wehrt aber das Angebot ab.

Dabei wird ihm bewusst, dass er keine Berührung kennt, die ihm wirklich gut tut.

Zwischendurch gibt es gelegentlich das übliche männliche Schulterklopfen seiner Kollegen.

Und selbst das fühlt sich für ihn fremd an.

Er nimmt dies zum ersten Mal bewusst wahr:

„Es fällt mir schwer, Nähe anzunehmen. Ich kann mich gut für andere einsetzen und mich um sie kümmern. Ich trau mich aber nicht, Schwäche zu zeigen. Berührungen im Alltag sind mir unangenehm."

Von seinem Vater angefasst zu werden, war für ihn immer wieder schmerzlich, da dieser sehr aggressiv war. Oskar weiß, dass tief in ihm drin ein starker Wunsch da ist, von Männern anerkannt zu werden.

Babsi sitzt neben ihm und legt den Arm um seine Schulter. Das ist Oskar unangenehm. Er rückt von ihr weg. Sie fühlt sich abgewiesen.

In ihr steigt ein Frust hoch. Sie kann ihm schwer etwas geben, wenn er immer wieder ihre Nähe abwehrt.

Die Therapeutin ordnet ihr ein, dass sein Ausweichen keine Antwort auf sie als Frau ist. Es ist die natürliche Reaktion auf sein eigenes Mangelthema.

Es ist die nicht erhaltene Liebe vom Vater und die Angst vor möglichen Schlägen.

Oskar schaut seine Frau an: „Babsi, du fehlst mir als Frau. Ich will mit dir wieder mehr Zeit zu zweit verbringen, ohne Melina, nur wir als Paar."

Im Gespräch wird deutlich, dass Babsi ihn manchmal entlastet, indem sie sich um Melina kümmert:

„Ich steck' die Maus zu Hause ins Bett. So kann Oskar zum Beispiel länger bei einem Treffen mit Freunden bleiben."

Oskar: „Ich bin dann aber mit anderen, oder bleibe alleine im Garten, während du Melina hinlegst. Ich will aber mit dir etwas teilen."

In einer folgenden Einheit sitzen beide als Paar gegenüber und sagen sich gegenseitig, was ihnen aneinander gut tut.

Oskar: „Mir tut es gut, dass du da bist."

Babsi: „Mir tut es auch gut, dass du da bist."

Oskar: „Du fehlst mir als Frau. Ich wünsch mir mit dir ein harmonisches Zusammensein."

Die Therapeutin fragt nach, was das konkret heißen könnte?

Oskar: „Mit dir, du und ich, mal wieder was zu zweit unternehmen. Seit Melina da ist, finden wir keine Zeit dafür."

Babsi reagiert auf diese Aussage körperlich mit ihrer alten Angst, ihre Tochter alleine lassen zu müssen. Es zieht sich alles in ihr zusammen. Ihre alte Verlustangst taucht wieder auf. „Es ist, wie wenn ich mich körperlich festhalten müsste." Sie weicht Oskar aus, sucht Abstand und rollt sich ein.

Die Therapeutin bittet Oskar, seine Frau in dieser Situation zu halten. Über die Atmung gibt sie langsam ihre Anspannung ab.

Diesmal empfindet Babsi Oskars Berührung als angenehm. In seinen Armen wird sie weich und genießt den Kontakt.

Irgendwann öffnet sie die Augen und schaut Oskar an. Er ist ganz berührt und drückt fest ihre Hand.

Die Therapeutin erkundigt sich bei Babsi: „Wie ist der Kontakt mit Oskar nun?"

Babsi: „Schön."

Sie lächelt. Beide genießen eine Zeit lang die Nähe.

Etwas später steigt in Babsi wieder eine alte Angst hoch. Sie fühlt sich in Oskars Armen unsicher und hat das Gefühl, dass Oskar ihr diese Zuwendung nur aus reinem Pflichtgefühl heraus gibt.

Oskar schaut sie liebevoll an: „Ich geb es dir gerne."

Als Babsi das hört und sich über seine Augen vergewissert, dass er es wirklich so meint, kann sie sich wieder entspannen. Zwischendurch kommt immer wieder ein Stück Zweifel hoch, doch über seinen Blick geht sie erneut in die Realitätsprüfung und spürt Oskars ehrliche Hingabe.

Irgendwann, als beide entspannt beieinander liegen, kommt bei Babsi ein neuer Schmerz hinzu: „Es ist schön, von Oskar zu bekommen, doch es schmerzt mich, dass er so wenig Berührung von mir nehmen und genießen kann. Oskar: „Mir tut es gerade gut, deine Hand zu drücken."

Die Therapeutin ordnet Babsi ein, dass über die Berührung der Hände etwas zu ihm zurückkommt, was er nehmen kann. Babsi beginnt vorsichtig seine Hand zu streicheln. Auch das kann Oskar genießen.

In Oskar kommt ein Schmerz hoch und er weint: „Es ist schön dich zu spüren. Es ist so selten."

Beide umarmen sich lange.

Berührung und Nähe als Drohung zu empfinden und nicht aushalten zu können, ist ein häufiger vorkommendes Paarproblem. Jeder Hintergrund dieser Dynamik ist individuell anders, aber die Grundstrukturen lassen sich an Oskars Geschichte gut verständlich machen.

Es geht um das Thema, welche Lebensereignisse dazu beigetragen haben, dass Oskar Schwierigkeiten hat, Bindungen und Beziehungen einzugehen.

Was hat ihn daran gehindert, Nähe zulassen zu können? Oskars Lebensgeschichte macht deutlich, welche Themen ihn berühren und emotional nicht verarbeitet sind und folglich seine heutigen Beziehungs- und Bindungsgestaltung mitprägen.

So oder so ähnlich sind alle Lebensgeschichten von Menschen mit diesem auffälligen Verhalten.

Als Oskar geboren wird, muss die Mutter sich um ihre eigenen drei jüngeren Halbschwestern kümmern. Sie hat kaum Zeit für ihn. So übernimmt seine Großmutter, eine Alkoholikerin, die Pflege des kleinen Oskars. Oskar muss als Baby und Kleinkind auf die Mutter verzichten.

Er muss diesen Verlust und das emotionale Defizit selbst in seinem Gefühlshaushalt regeln.

Er wird von einer Großmutter versorgt, die selber schwer zu tragen hat. Auch sie ist emotional für ihn wenig offen.

Im Alter von vier Jahren muss Oskar operiert werden. Als er aus der Narkose aufwacht, ist er gelähmt.

Es stellt sich heraus, dass seinem Körper das notwendige Serum fehlt, um die Wirkung der Narkose selber zu neutralisieren. Es dauert ein paar Tage, bis die Ärzte den Grund herausgefunden haben und ihm dieses Serum verabreichen. Erst dann kann Oskar seinen Körper wieder spüren und steuern.

In diesen Stunden und Tagen der Betäubung ist er mit seinen Gefühlen mutterseelenallein. Seine Mutter reagiert mit Panik und kann ihn in seiner Angst nicht auffangen.

Es ist für uns Erwachsene kaum nachvollziehbar, wie einsam und verlassen sich ein Kind in einer solchen Situation fühlen muss. Es muss für das kleine Wesen ein Dauer-Horrorerlebnis von Todesangst gewesen sein. Oskar selber weiß heute noch genau, wie ohnmächtig und hilflos er sich damals gefühlt hat. Diese Gefühle sind in seinem Körpergedächtnis und in seinem Unbewussten gespeichert.

Der Vater ist ihm in dieser Lage keine Hilfe. Den Vater kennt Oskar vor allem als aufbrausend und aggressiv.

Die Lernaufgabe ihm gegenüber heißt: Wie kann ich mich vor diesen Gewaltausbrüchen schützen? Er entwickelt ein typisches Verhalten von Kindern, um sich vor diesem großen, ihn bedrohenden Menschen zu schützen. Oskar entwickelt die Methode, keinerlei Schwäche vor seinem Vater zu zeigen.

Im Alter von zehn Jahren stirbt sein Vater. Oskar übernimmt die Sorge um die Mutter. Er zeigt Stärke und lernt für die Mama da zu sein.

Ein Nachbar wird ihm zum Ersatzvater. Von ihm bekommt Oskar so etwas wie väterliche Wärme. Als er sechzehn ist, stirbt auch dieser Nachbar ganz plötzlich.

Wenn Kinder ein solches Schicksal ertragen müssen, entwickeln sie ihr eigenes Überlebenskonzept. Dabei geht es für das Kind vor allem darum, mit den ausgelösten Gefühlen zurechtzukommen. Die beste Möglichkeit dafür ist, sich vor Nähe zu schützen. So kann jede Enttäuschung von vornherein vermieden werden. Emotionale Begegnungen sind potenzielle Quellen des Schmerzes und der Enttäuschung. Deshalb gilt es, ihnen auszuweichen und sich vor möglichen Schmerzen zu schützen. Emotionale Begegnungen sind bedrohlich. Oskar hat nur bedingt gespürt, was elterliche Wärme ist. Er hat diese Erfahrung nicht zur Verfügung.

Der Verstand des Erwachsenen und die doch noch erfahrende Zuwendung durch den Nachbarn sagen ihm zwar, dass sich dahinter schöne und erstrebenswerte Erfahrungen verbergen können. Er hat aber nicht den Mut, sich auf diese Begegnungen einzulassen.

Die Angst vor Schmerz und Enttäuschung ist größer.

Oskar braucht Zeit, um diese neue emotionale Erfahrung einzuordnen.

Endlich kann er die wesentlichen Zusammenhänge sehen und seine Angst vor Berührungen verstehen.

Es ist auffallend, dass sich in Partnerschaften Menschen mit ähnlichen Erfahrungen begegnen. Manchmal passen sie zueinander wie Zahn und Zahnrad. Sie ergänzen sich. In der Regel werden die nicht befriedigten Bedürfnisse auf den Partner übertragen. Er soll alle erlittenen Kindheitswunden heilen.

Diese Erwartung sprengt in aller Regel die Partnerschaft. Wenn es allerdings gelingt, die Ursachen in den Blick zu nehmen, gibt es eine große Chance für eine Weiterentwicklung. Schmerzen in der Seele sind Aufforderungen, Schmerzen aus der eigenen Biografie anzuschauen. Wer sich dabei auch mit den Verursachern aussöhnen kann, gewinnt eine neue Stärke.

Auch Babsi trägt Altlasten aus ihrer Kindheit mit sich herum. Als Kind konnte sie ihrer Mutter emotional überhaupt nicht vertrauen. Sie musste als Kind ihre Mutter emotional versorgen. Es ist eine Form von Missbrauch, wenn Erwachsene die Rollen umkehren. Eigentlich gilt der Grundsatz, dass die Großen geben und die

Kleinen nehmen. Wird dies umgekehrt, müssen also die Kleinen den Großen geben, dann ist das eine Form von Parentifizierung.

Babsi hat mit ihrer Mutter die emotionale Unterversorgung erlebt und wünscht sich heute, ihren Hunger nach Nähe besser stillen zu können. Gleichzeitig begleitet sie immer das Gefühl von innerer Bedrohung.

Wenn sie Nähe zulässt, hat sie sofort das Gefühl, diese Nähe umgehend zu verlieren.

Allein schon durch das bloße Ansprechen dieser alten Thematik mit ihrer Mutter reagiert ihr Körper. Er zeigt ihre damaligen Reaktionen.

Sie weicht sofort Oskars Nähe aus und möchte nicht berührt werden.

Oskar nähert sich seiner Frau langsam und vorsichtig. Bei jedem Anzeichen von Babsi mit dem Bedürfnis nach Rückzug hält er inne.

Sie nimmt nach und nach Kontakt mit ihm auf. Sein zugewandtes, liebevolles Lächeln überzeugt sie davon, dass er ihr wohlgesonnen ist.

Ihr Körper entspannt sich.

Diese behutsame stufenweise Annäherung geht so lange, bis Oskar neben ihr sitzt und sie sich bei ihm anlehnen kann.

Babsi schließt die Augen. Über eine angeleitete Visualisierung steigt ein Bild in ihr hoch, als sie acht Jahre alt war.

Ihre Mutter ist wütend auf sie, weil sie den Müll trotz Vereinbarung nicht runtergetragen hat. Sie kommt in Babsis Zimmer und wirft alle möglichen Gegenstände auf den Boden.

Babsi: „Sie hat rumgeschrien und mein Zimmer regelrecht verwüstet. Gegenstände sind nur so geflogen. Dann hat sie weiter geschimpft und mir ins Gesicht gespuckt. Meine Mutter wollte immer, dass wir nach außen hin wie eine heile Familie wirken. Hintenherum war ich immer wieder ihren Launen ausgesetzt."

Die Therapeutin führt die Erwachsene in das Gefühl der Kleinen von damals:

„Ich hatte immer das Gefühl, egal wie ich mich anstrenge, ich kann es ihr nicht recht machen. Mein Grundgefühl im Laufe der Jahre war: Ich bin nicht gut genug, nicht schön genug, nicht schlank genug. Immer wieder habe ich versucht, mich mit ihr zu versöhnen, wenn wir Streit hatten.

Ständig habe ich um ihre Liebe gekämpft. Auch nachdem sie mich angespuckt hatte, habe ich ihr einen Brief geschrieben und mich bei ihr entschuldigt. Diesen Brief hat sie vor meinen Augen zerrissen."

Babsi löst sich aus der Umarmung. Sie rollt sich erneut ein, winkelt ihre Beine auf dem Sofa an und hält sie fest. Sie steckt den Kopf zwischen die Beine und verkriecht sich. Oskar hält sie von allen Seiten fest. Durch den Schutz, den sie durch Oskar bekommt, lässt Babsi langsam wieder los und kuschelt sich irgendwann an ihn. Er streichelt ihren Kopf und sie genießt. Tränen steigen auf: „Ich habe mich immer wieder so bemüht, und du hast mich nicht gesehen!"

Sie bekommt Raum, ihren Schmerz immer wieder zu zeigen und zu äußern.

Therapeutin: „Damals musstest du dich selber halten und dich vor deiner Mutter schützen. Jetzt ist Oskar da und hält dich. So kannst du dich endlich zeigen und fallen lassen."[59]

---

[59] Oskar und Babsi sind so dankbar über den zweiten Workshop, dass sie zwei Wochen nach dem Workshop einen Brief an die Therapeutin schicken:
„Wir sind dankbar, dass wir an diesem Wochenende teilnehmen durften. Einerseits hat es uns als Familie einige Möglichkeiten mitgegeben,

Keine Lebensgeschichte gleicht der anderen. Jede ist einzigartig. Die Geschichte von Babsi und Oskar zeigt jedoch spezielle Verhaltensweisen zwischen Eltern und Kindern. Sie zeigt die Entwicklung von Ursache und Wirkung belastender Beziehungsmuster. Viele Partnerprobleme haben ihre eigentliche Wurzel in solchen Biografien. Die aktuellen Auseinandersetzungen und Probleme sind Auswirkungen solcher Erfahrungen und der damit verbundenen negativen Überlebenskonzepte.

Die Lösung solcher Konflikte kann nicht der Partner übernehmen. Diese Arbeit muss jeder für sich selbst machen. Nur wer seine Wunden kennt, kann die Verantwortung dafür übernehmen. Nur wer sich selbst gut kennt, kann ein Partner auf Augenhöhe sein.

Konflikte sind in diesem Sinne Herausforderungen für die eigene Weiterentwicklung.

Sich als Paar zu verlieren hat oft die Ursache, die eigenen Lebensstationen und die damit verbundenen Verletzungen und Prägungen nicht anschauen zu wollen.

---

mit Konfliktsituationen umzugehen und diese auch zu bestehen. Andererseits hat uns das Seminar aber auch das Bild auf uns selbst geöffnet. Ich habe an diesem Wochenende Dinge über mich erfahren, die über die Beziehung zu meinen Eltern und meinem Bruder sehr aussagekräftig sind und viele offenen Fragen der Vergangenheit beantwortet haben.
Es hat mir das Gefühl gegeben, als hätte sich in mir etwas gelöst, was mich schon seit vielen Jahren blockiert hat. Die Wirkung ist enorm.
Der Erfolg bei meiner Frau ist völlig anderer Natur. Sie hat Methoden erlernt, mit in der Vergangenheit erlernten Schutzmustern und damit mit für sich und uns belastenden Konflikten umzugehen.
Dass sich die positiven Erlebnisse auf unser Kind auswirken, bedarf sicherlich keiner Erläuterung.
Vielen Dank, dass Sie mit Ihrer Unterstützung das Seminar möglich gemacht haben! Liebe Grüße

Lieber wählt man den Weg der Trennung.

Die Gefahr, in der nächsten Partnerschaft den gleichen Weg gehen zu müssen, wird dabei nicht kleiner, sondern größer.

Beleidigt oder zugewandt?

Halteprozesse bringen alte Schmerzen ans Licht. Wenn sie angeschaut und betrauert werden, können sie geheilt werden.

Schmerzen gehören zu unserem menschlichen Leben. Sie können verdrängt oder gewürdigt werden.

Wir haben es selbst in der Hand. Wenn wir die Verantwortung für unser Leben übernehmen, werden wir an ihnen wachsen.

In manchen Situationen ist es dienlich, verlässliche biografische Informationen zu haben.

Man kann sie sammeln, zum Beispiel durch eine sorgfältige Genogrammarbeit.

In diesem Schema werden die verwandtschaftlichen Verhältnisse zwischen den lebenden und verstorbenen Mitgliedern der Sippe dargestellt. Auch Totgeburten oder Abtreibungen, schwere Krankheiten und alle prägenden Ereignisse werden stichwortartig aufgeführt. Auf diese Weise lassen sich relevante Lebensstationen und Zusammenhänge von gelungenen oder misslungenen Beziehungen darstellen.

Eine weitere wichtige Methode zur Erhellung der familiären Geschichte, der Zusammenhänge oder Verstrickungen, ist das Stellen von Systemen, wie wir am Beispiel von Veronika gesehen haben. Im allgemeinen Sprachgebrauch heißt es „Familienstellen".

Es gibt wichtige und manchmal sehr unerwartete Einblicke in die Struktur der zwischenmenschlichen Beziehungen. Solche Informationen sind als Hintergrund für die Halteprozesse von großer Bedeutung.

Auf diese Weise können schwierige Erlebnisse aus dem emotionalen Gedächtnis wieder ans Licht geholt und gelöst werden.

Solche Prozesse sind ein Zusammenspiel von Verstand und Gefühl. Dadurch entsteht ein Bewusstsein für Lebenssituationen und ihre Langzeitfolgen. Solche Langzeitfolgen mischen sich in unsere aktuellen Konfliktsituationen ein und prägen unser Verhalten.

Das Problem dabei ist, dass wir unser Verhalten immer auf den aktuellen Konflikt beziehen. Der emotionale Hintergrund aus früheren Erfahrungen ist dabei nicht in unserem Blickfeld. Erst wenn solche Aspekte mitbedacht werden, können wir unser Handeln bewusster steuern.

Wir lernen zu unterscheiden, in welche Lebenszeit das entsprechende Gefühl gehört. Auf diese Weise machen uns Emotionen keine Angst mehr. Wir können sie da lassen, wo sie hingehören.

Das folgende Beispiel gibt einen Eindruck von diesen Hintergründen.

Marc und Pia aus dem vorigen Kapitel waren ursprünglich wegen der Unruhe ihres Sohnes Lennart zum Familienworkshop gekommen.

Im Laufe des ersten Tages stellte sich aber heraus, dass sie auch Probleme in ihrer Partnerschaft haben. Sie haben sich voneinander entfremdet. Ihre Gespräche sind kein wohlwollender Austausch mehr, sondern Endlosdiskussionen. Jeder fühlt sich missverstanden.

Dadurch verlieren sie sehr viel wertvolle Zeit, ihr Leben gut miteinander zu gestalten.

Dieser Zustand lässt ihnen keine Ruhe. Sie sind davon überzeugt, ihre Probleme wieder in den Griff zu bekommen.

Am Anfang steht eine Familienaufstellung. Dabei wird auch ihr Sohn Lennart aufgestellt.
Die Unruhe des Stellvertreters von Lennart löst sich erst auf, als ein abgetriebenes Kind des Vaters mit ins System genommen wird.
Es zeigt sich, dass Lennart mit dem ersten abgetriebenen Kind des Vaters verstrickt ist.

Verstrickt sein heißt, dass zwischen diesen Personen eine enge Verbindung besteht. Kein Außenstehender hätte diese Verbindung der beiden Kinder sehen oder ahnen können.
Eine Verstrickung ist auf diese Weise ein unbewusster Versuch, das System zu befrieden. Wird eine Verstrickung erkannt, steckt darin ein großes Potential für eine Beruhigung.
Lennarts Stellvertreter kommt zur Ruhe, sobald das abgetriebene Kind sowie seine Mutter, die erste Frau von Marc, ihren Platz im Familiensystem bekommen.
Einen Platz bekommen heißt in diesem Falle, dieses Geschehen nicht mehr zu verdrängen und unter den Teppich zu kehren, sondern zu würdigen und als Teil des Lebens zu akzeptieren.
Am folgenden Tag entschließen sich Marc und Pia, einen Halteprozess durchzuführen. Heute geht es um ihre Beziehung als Paar.
Beiden ist bewusst, dass die Spannungen in der Paarebene auch ein Unruheherd sind. Dieser wirkt sich auf die ganze Familie nachteilig aus und verstärkt speziell auch Lennarts Unruhe.

Lennart versucht im Alltag, die Spannung zwischen den Eltern zu mildern, indem er zwischen beiden vermittelt. Dabei übernimmt er ein ungelöstes Thema der Eltern, welches ihn in seiner Kraft im Alltag schwächt.

Über das bewusste Hinschauen der Eltern auf ihre eigene Situation können sie ihren Sohn aus dieser Vermittlungsposition entlassen.

Das sind wichtige Schritte, die Eltern gehen können, um ihre Kinder zu entlasten.

Marc beschäftigt das schwierige Partnerschaftsverhältnis. „Ich nehme vor lauter Diskussionen oft gar nicht mehr wahr, wenn Pia mir was Gutes tun will und wehre es dann in dem Moment sogar ab. Das Wesentliche geht oft im Alltag unter. Das macht mich traurig. "

Marc und Pia wollen sich in dieser Einheit Zeit nehmen, um einen Weg aus diesen nicht enden wollenden Diskussionen heraus zu finden. Die Therapeutin fordert sie auf, sich eine Position auszusuchen, in der sie sich nahe sind und doch auch jeder gut bei sich bleiben kann.

Marc will Pia in den Arm nehmen. Pia wendet sich von Marc ab. Sie ist noch wütend, weil er sie vorher während des Essens vor den Kindern und der ganzen Gruppe belehrt hat. Es entfacht sich eine der üblichen Diskussionen. Jeder versucht, den anderen von seiner Position zu überzeugen.

Die Therapeutin interveniert und unterbricht die Auseinandersetzung.

Pia dreht sich weg und hält die Hände schützend vor ihr Gesicht. Marc sitzt ratlos daneben. Die Therapeutin lässt Marc wahrnehmen, wie es ihm mit dieser abwehrenden Geste geht. Er soll seine Gefühle wahrnehmen und sie Pia direkt mitteilen.

Diese Form der Kommunikation ist er nicht gewohnt. Er ist zögerlich: „Ich bin unschlüssig, was ich tun soll. Ich merke, dass es dir gerade nicht so gut geht. Die letzten Wochen war ich viel weg, und du warst allein mit den Kindern. Ich weiß, dass dich das sehr stresst. Am liebsten würde ich dich in den Arm nehmen. Doch ich merke deine abweisende Haltung und traue mich nicht."

Pia: „Einerseits wünsche ich mir deine Nähe. Gleichzeitig merke ich, wie ich schon längst zugemacht habe und dich nicht an mich ranlassen will."

Beim Nachfragen wird klar, dass Pia, wie viele von uns, gelernt hat, Konflikten aus dem Weg zu gehen. Sie versucht, ihre Angelegenheiten alleine auszutragen. Die Therapeutin ordnet ihr dieses Verhalten ein: „Unser Reptiliengehirn will flüchten, wenn es uns nicht gut geht. Du hast folgendes gelernt: Ich mache das alleine mit mir aus. Ich ziehe mich zurück. Auf diese Weise kannst du nicht verletzt oder enttäuscht werden.

Doch tief in dir ist eine Sehnsucht nach menschlicher Nähe, gerade dann, wenn du dich selber in deiner Haut nicht wohl fühlst. Mein Vorschlag: Marc, du nimmst sie in den Arm und Pia, du nimmst dir Zeit wahrzunehmen, wie sich das anfühlt."

Marc setzt sich hinter Pia und legt den Arm um sie. Pia atmet und nimmt wahr. Die Begrenzung über Marcs eindeutiger Umarmung tut ihr gut.

Marc streichelt ihren Kopf: „Diese ewigen Diskussionen zermürben uns. Ich will das nicht mehr."

Pia spürt Marcs Trauer und kuschelt sich in seine Arme. „Es ist schön, wenn ich dich spüren kann. Ich will wissen, wie es dir geht." Sie nimmt wahr, wie sie weicher und wieder zugänglicher wird.

Mit diesem Loslassen und Entspannen passiert Fundamentales.

Nun, da sich Pia in den Armen von Marc entspannen kann und sich geborgen fühlt, gibt ihr Körper die bislang unbewussten Themen frei. Es sind Themen, die zwischen den beiden unbewusst ständig gewirkt haben.

Das war ihnen überhaupt nicht bewusst. Pia merkt, wie eine tiefe Trauer in ihr aufsteigt. Eine solche Trauer holt sie manchmal auch im Alltag ein. Dabei kann sie diese Regung und ihre Intensität überhaupt nicht einordnen: „Ich weiß nicht, warum es mich so schlaucht und ich immer wieder so allergisch auf dich reagiere, wenn du arbeitsmäßig länger unterwegs bist."

Die Therapeutin gibt ihr den Raum, dieses Körpergefühl zuzulassen und bei sich zu beobachten. Es ist eine bis dahin unerklärliche Trauer.

In der therapeutischen Begleitung wird Pia unterstützt, bei diesen Empfindungen zu bleiben und zu beobachten, welche alten Erinnerungen in ihr aufsteigen. Das dauert nicht lange.

Pia musste die ersten 10 Tage nach der Geburt von Lennart im Krankenhaus liegen. Beide Eileiter wurden ihr damals kurz nach der Geburt ohne ihr Wissen entfernt. Marc konnte ihr damals nicht beistehen. Er musste sich um den kleinen Lennart kümmern. Als Pia wieder zu Hause war, ging er sofort wieder arbeiten. Pia hatte damals keine Möglichkeit, ihre Gefühle zuzulassen. Sie steckte sie einfach weg.

In unserem Sprachgebrauch benutzen wir dafür auch den Begriff „sich zusammenreißen".

Allein dieses wörtliche Bild drückt aus, welche Gewalt wir uns und unseren Empfindungen mit einem solchen Verhalten antun. Das Abtöten der Gefühle ist immer ein Akt der Gewalt. Wer Gewalt aushalten muss, gerät leicht in eine innerliche Erstarrung.

Die alte Starre von damals wird für Pia in diesem Halteprozess wieder spürbar. Ihr Körper aktiviert die alte Erinnerung. Sie hat auf diesem Wege die Möglichkeit, diese Starre, in der sie wieder ist, anzuschauen und dadurch auch aufzulösen: „Ich war die ganze Zeit unter Schock, hab nur funktioniert. Ich hätte so gerne noch weitere Kinder gehabt."

Jetzt endlich kann Pia ihre Trauer ausdrücken. Sie kann diese Ungeheuerlichkeit, die ihr widerfahren ist, benennen und beweinen. Der ganze verborgene und zurückgehaltene Schmerz kann raus. Alles darf sein.

Der Rahmen ist sicher. Sie liegt in den Armen ihres Mannes, so lange, bis auch die letzte Träne abgeflossen ist und sie zur Ruhe kommt. Beide liegen sich noch eine Zeit in den Armen und machen sich am Nachmittag auf zu einem Spaziergang. Das Erlebte muss jetzt in das eigene Lebenskonzept eingeordnet werden. Es ist ein wichtiger Entwicklungsschritt.

Wenn alte Wunden das Leben bestimmen

Der folgende Einzelfall beschreibt eine Dynamik, die Partnerschaften belastet, obwohl ein Außenstehender dies nicht aus dem aktuellen Geschehen ableiten kann. Meistens können die Beteiligten ihre Verhaltensweisen und überschäumenden Reaktionen gar nicht zuordnen.

Für die Partner beginnt oft ein sich verstärkender Kleinkrieg bis hin zur Trennung. Oder die Beteiligten verfallen in Resignation und Gleichgültigkeit. Sie leben nebeneinander her. Die Tragik dieses Prozesses ist groß. Die Beteiligten können nämlich einen wesentlichen Antrieb dieser Auseinandersetzung nicht sehen. Es sind Gefühle von früher, die im aktuellen Konflikt nur angestoßen und unbewusst erinnert werden.

Es wird also die aktuelle Situation ganz unbewusst und automatisch mit früheren Gefühlen verbunden. Das reale Erleben ist damit weitaus heftiger und intensiver, als es die entsprechende Konfliktsituation vorgibt. Durch diese Überlagerung mit alten Gefühlen der Missachtung, der Respektlosigkeit, der Demütigung, der Zurückweisung und so weiter wird die aktuelle Verletzung viel schlimmer empfunden, als sie in der realen Situation wirklich ist.

Die Reaktion und die Replik sind dementsprechend auch heftiger. Der Schlagabtausch, ob im Wortsinn oder mit raffiniert versteckten Mitteln, wird heftiger. Die Beziehung zum Partner oder in der Familie wird dadurch laufend belastet.

Sie steuert auf den Zusammenbruch zu.

Barbara ist verheiratet und hat drei Kinder. Sie ist seit längerem schon in Beratung. Es ist vor allem ihre große Unsicherheit im Umgang mit den Kindern, die sie damals in die Beratung geführt hat. Ständig hat sie Angst, es könnte ihnen etwas passieren.

Im Workshop möchte sie sich nun die Schwierigkeiten in ihrer Ehe anschauen.

Die Beziehung zu ihrem Mann ist sehr angespannt. Barbara fühlt sich überhaupt nicht mehr in ihrer eigenen Kraft als Frau. Als Ehefrau kommt sie oft ganz automatisch in eine Kindrolle. Ohne es zu wollen, reagiert sie häufig über. Manchmal weiß sie gar nicht mehr genau, warum ihre Emotionen sie so überschwemmen.

Der Umgang mit ihrem Ehemann ist total distanziert und fast
abgekühlt. Sie kann in ihrem Ehemann gar nicht mehr den
Mann sehen. Ihre Grundhaltung ist:
„Auf Männer kann man sich nicht verlassen."
Diese Haltung betrachtet ihr Mann als einen unangemessenen
Vorwurf. Er wendet sich von seiner Frau ab und geht auf Dis-
tanz.
Barbara spürt, dass er sich immer mehr abkapselt. Ihr Mann
weiß nicht mehr, wie er seiner Frau begegnen soll.
Auch die Kinder leiden. Sie fühlen sich durch die ständigen
Kontrollen unterdrückt und nicht mehr frei.
Barbara lebt in der ständigen Angst, dass den Kindern etwas
zustoßen könnte.
Sie kompensiert diese Angst häufig mit penibler Kontrolle.
Diese Vorsicht nimmt schon zwanghafte Züge an.

Sehr schnell stellt sich beim Betrachten ihrer Biografie heraus,
dass einige schwere Ereignisse das Leben der Frau bestimmt haben. Barbara hat im Alter von drei Jahren ihre Mutter verloren.
Sie hat dieses elementare Schicksalsereignis als Kind gespürt,
konnte es aber bewusst gar nicht einordnen.
Den Schmerz, den sie damals spürte, hat sie aber in ihrer Seele
tief und fest gespeichert und aus ihrem aktiven Bewusstsein verdrängt. Das diente damals dem Überleben.
Heute kann sie als erwachsene Frau dieses Erlebnis in seiner ganzen Tragweite gar nicht wirklich einordnen. Das zeigt sich in der
distanzierten Art und Weise, wie sie davon berichtet.
In einem Halteprozess soll sie einen ersten Eindruck davon bekommen, wie es ihr damals als Kind ergangen ist.
Für Barbara ist es wichtig, ein Mitgefühl mit sich und ihrem damaligen Schicksal entwickeln zu können. Das könnte ein wichti-

ger Schritt sein, um die angespannte Habachtstellung zu ihren Kindern aufgeben zu können.

Außerdem wird sie im Rahmen dieser Arbeit erfahren, warum sie ein derartig großes Misstrauen gegenüber ihrem Mann entwickelt. Was ist der wirkliche Hintergrund für ihren Standardsatz: „Auf Männer kann man sich nicht verlassen!"?

Dieser Satz war natürlich für ihren Mann eine permanente Kränkung. Diese Nadelstiche führten ihn immer stärker in die Isolation. Er hat sich bereits soweit abgekapselt, dass er nur bedingt am Workshop teilnimmt und nicht dazu bereit ist, sie bei der Therapie zu halten.

In einem folgenden Halteprozess wird Barbara erfahren, welche eigenen Lebensstationen dazu geführt haben, sich im Umgang mit ihrem Mann immer mehr zu verschließen.

Dieses Verhalten hat seine Ursache in den Erlebnissen mit ihrem Vater. Barbara wird ein Bild davon bekommen, wie ihre aktuellen Verhaltensweisen geprägt sind von den frühen Verletzungen und Schmerzen. Sie wird ein Bild davon bekommen, inwieweit die schwierigen Erfahrungen aus der Kindheit die Handlungen des heutigen Erwachsenen ganz unbewusst prägen.

Diese Vermischung zwischen Schmerzen und Verletzungen aus der Kindheit und aktuellen Konflikten in der Ehe kann Barbara dadurch leichter unterscheiden lernen.

Sie erkennt nach und nach die folgenschwere Verwechslung. Sie wird beginnen, aufsteigende Gefühle dort einzuordnen, wo sie ihre Wurzel haben.

Der Therapeut wird im Prozess dafür sorgen, dass Barbara immer in der Rolle der erwachsenen Frau bleibt. Sie betrachtet aus dieser Position ihren Schmerz als Kind, bleibt dabei aber in der Sicherheit des Erwachsenen.

Die Wurzel des Schmerzes

Über die Nähe beim Halten und die gezielte Atmung in den Körper kommt Barbara in Kontakt mit einem „großen schwarzen Ball" im Bauchbereich. Der Therapeut unterstützt behutsam den Prozess und lässt Barbara immer wieder gezielt in den Bauch atmen. Über diese gezielte Körperarbeit steigt in Barbara ein Gefühl auf: „Da ist ganz viel Wut im Bauch!"

Diese Wut kommt in letzter Zeit immer wieder aus ihr unkontrolliert heraus. Sie ist dann im Alltag an den unpassendsten Stellen plötzlich da. Wenn jemand gerade in ihrer Nähe ist, bekommt er diese Wut dann in der vollen Bandbreite ab.

Meistens zeigt sich dieser Mechanismus bei geringfügigen Konflikten mit ihrem Mann. Sie stehen von ihrem Inhalt in keinem Verhältnis zu der Heftigkeit ihrer Reaktionen. Aus ihr bricht eine Heftigkeit heraus, die mit dem konkreten Anlass nicht zu erklären ist.

Diese Wut fühlt sich so zerstörerisch an, dass Barbara immer wieder erfolglos versucht, sie zu unterdrücken. Der Therapeut erkundigt sich, ob sie diese Wut von früher kennt.

Es zeigt sich, dass Barbara ein angepasstes, liebes Kind war. Es hat sich immer wieder bemüht, dass es dem Papa gut geht.

Sie bringt also diese Eruptionen keineswegs mit früher in Verbindung.

Der Therapeut ordnet Barbara die Vehemenz der zerstörerischen Wut ein: „Diese Wut gehört in eine frühe Zeit, in der du noch ganz klein warst."

Über die gefühlte Sicherheit im Halten und die zuverlässige Führung des Therapeuten lässt sich Barbara Schritt für Schritt darauf ein, sich diesem Gefühl in ihrem Körper zu stellen und der Wut Raum zu geben.

Bei Barbara geht es heute nun darum, eine Spur zu finden. Wo könnte diese gespeicherte Wut ihren Ausgang genommen haben? Wo konnte oder durfte sie als Kind ein Gefühl nicht ausleben und zeigen? Wo hat sie als erwachsene Frau immer noch das innere Verbot des Kindes? Es geht auch darum, sich in diesem geschützten, sicheren Rahmen des Haltens dieser Wut zu stellen und sie gemäß ausdrücken zu können.

Ein im Alltag wiederholt aufkeimendes Gefühl der Wut hat oft seine Wurzel in frühen Ereignissen, die wir aus dem Leben verbannt haben. Es sind meistens Geschehnisse, die Kinder in ganz frühen Jahren erlebt und alleine durchgestanden haben. Sie konnten die damit verbunden Gefühle niemandem offen zeigen. Der tiefe Verlustschmerz von der kleinen Barbara konnte von der vorhandenen Bezugsperson (in diesem Falle ihr Vater) nicht aufgefangen werden. Er war selber in seinem Schmerz um die verstorbene Frau gefangen. Die darauf folgende Wut der kleinen Barbara über die aussichtslose Lage wurde einfach weggepackt. Ein solcher nie benannter und gewürdigter Anteil an Wut lässt sich aber nicht aus der Seele streichen.

Wie wir schon im dritten Kapitel gezeigt haben, entwickelt ein Kind, das in seinem Schmerz nicht gesehen wird, zuerst Wut. Das ist die Reaktion, wenn seine Schmerzgrenze überschritten wird. Die Wut dient in diesem Falle dem Überleben. Da niemand kommt, muss sich das Kind erst einmal um sich selbst kümmern. Die Wut dient hier als Kraft, als Lebensenergie, die um die eigene Existenz kämpft.

Im Halteprozess taucht ein Bild auf. Barbara beschreibt sich im Alter von vier Jahren, kurz nach dem Tod ihrer Mutter. Ihr Vater sitzt zusammengekauert auf der Küchenbank. Er ist

mit sich und dem eigenen Schmerz beschäftigt. Er ist verzwei-
felt und depressiv, weil er seine Frau verloren hat. In dieser
neuen Lebenssituation kann er emotional nicht für das kleine
Kind da sein. Er hat keinen Blick für den fundamentalen
Schmerz der Vierjährigen.
Barbara versteht die Welt nicht mehr. Sie hat ja auch keine
Mama mehr. Sie will, dass der Papa sie sieht und in den Arm
nimmt. Ganz erstarrt steht sie da und kann sich nicht von der
Stelle bewegen. Der Körper fühlt sich ganz kalt an.
Barbara erlebt in ihrem erwachsenen Körper die damalige
Not der kleinen Barbara. Es fällt ihr sehr schwer sich bemerk-
bar zu machen, sich zu zeigen. Die Kehle ist ganz zugeschnürt.
Über die Atmung und die einfühlsame Begleitung des Thera-
peuten kommt die erste Träne.
Schritt für Schritt darf sie ihre damalige Not endlich zeigen. Es
ist eine Mischung aus einer großen Wut über die damalige
ausweglose Situation, die das Kind erlebt hat, und einem tie-
fen Verlustschmerz.
Mit der Zeit kann Barbara auch ihre Not verbalisieren. Barba-
ra ruft nach ihrem Papa: „Papa, komm!"
Erst noch mit einem Gemisch aus Wut, mit der Zeit dringt nur
noch der Schmerz aus ihr heraus:
„Die Mama ist nicht mehr da. Sie ist tot. Sie kommt nie wie-
der!"
Der Therapeut unterstützt Barbara, in Kontakt mit ihrem Her-
zen zu bleiben. Endlich kommt darüber die erlösende Her-
zensverbindung der erwachsenen Frau zu dem kleinen Mäd-
chen von damals.
Barbara spürt die Wut und den tiefen Schmerz des damals
hilflosen Kindes.

Endlich darf der Schmerz frei werden, den das Kind damals nicht zeigen konnte.

„Papa, ich hätte dich so gebraucht. Du hast mir so gefehlt! Du warst nicht da. Es war so schwer!"

Was die kleine Barbara in dieser Situation ganz automatisch gezeigt hat, ist ein bekanntes kindliches Verhalten. Wenn es den Eltern schlecht geht, wollen die Kinder alles dafür tun, dass dieser Zustand so schnell wie möglich wieder zu Ende ist. Kinder wollen, dass ihre Eltern glücklich sind.

Die Eltern sind nämlich ihre Lebensversicherung. Ohne Eltern ist für die Kleinen das Leben nicht vorstellbar. Ohne Eltern gibt es in ihrem Empfinden keine Sicherheit.

Deshalb stellen Kinder in solchen extremen Lebenssituationen ihre eigenen Bedürfnisse zurück, wenn sie merken, dass es den Großen schlecht geht. Sie tun alles, um Mama oder Papa wieder fröhlich und lebensfähig zu machen. Bei Kindern von depressiven Eltern ist dieses Verhalten auch zu beobachten. Manchmal geht das sogar bis zu der inneren Haltung: „Lieber sterbe ich als Du!"

Nachdem Barbara so ihre damalige Wut, ihren damaligen Schmerz und ihr nicht gestilltes Bedürfnis nach Nähe und Trost nachempfunden hat und zeigen durfte, tritt eine äußerliche Beruhigung bei ihr ein.

Barbara hat ein beruhigtes Lächeln im Gesicht. Sie hat sich zum ersten Mal getraut und die großen Emotionen von damals gespürt.

Die kleine Barbara hatte ja keine Wahl. Endlich hat sie zum ersten Mal laut ihre Gedanken und Gefühle ausgesprochen, die sie all die Jahre in ihrem Herzen verborgen und eingeschlossen hatte.

Nach diesem Mitteilen ihrer Wut und ihres Schmerzes an den Papa liegt Barbara ganz entspannt auf der Matte.

Nun folgt ein einordnendes Gespräch, in dem Barbara bewusst wahrnimmt, wie überfordert ihr Vater mit der damaligen Situation war. Er konnte ihr nicht helfen. Er war mit seinem eigenen Schmerz zu sehr beschäftigt. Er konnte ihre Tochter mit dem Schmerz um die verstorbene Mutter gar nicht auffangen.

Dank der eigenen erlebten Gefühle kann Barbara nun anders auf ihren Vater schauen. Sie hat ein emotionales Verständnis für die damalige Situation. Das hilft ihr dabei, die damalige eigene Not von der Not des Vaters zu trennen.

Barbara darf zu ihrem eigenen Schmerz und zu ihrem eigenen unbefriedigten Bedürfnis als Kind stehen. Sie hat diesen Schmerz aus der damaligen Situation als Kind ausgedrückt. Bei allem hat sie jetzt auch ein Bild von den Ursachen und den damit verbundenen Verantwortlichkeiten. Plötzlich kann sie jetzt trennen und auseinanderhalten, welche Not zu ihr und welche Not zu ihrem Vater gehört. Sie kann mit diesem emotionalen Wissen jetzt als erwachsene Frau ihr eigenes inneres Kind wahrnehmen und trösten.

Wie befreiend es sein kann, wenn man Schritte zur inneren Aussöhnung mit den eigenen Eltern vollzieht, zeigt sich sehr deutlich in den Familienaufstellungen nach Bert Hellinger. Jirina Prekop griff diese Erfahrungen in den 90er Jahren auf und entwickelte daraus im Rahmen der Festhaltetherapie das Aussöhnungshalten in drei Schritten. Ihre Kollegen und Schüler haben es weiterentwickelt.

Es geht darum, den Schritt zu verstärken, den der Körper gerade freigibt. Damit können sich Menschen ihrem Schicksal stellen. Sie kommen in die Lage, sich intensiv und emotional mit den eigenen Eltern auseinanderzusetzen.

Sie können dadurch sehen, wo sie im aktuellen Alltag immer noch auf irgendeine Art und Weise so gebunden sind, dass sie nicht frei ihr eigenes Leben leben können. Auf diese Weise bekommen Betroffene eine Vorstellung von den systemischen Zusammenhängen des Lebens. Dieses Bewusstsein nimmt den Vorwurf und die ständige Konfrontation aus dem Geschehen und dient so der Aussöhnung.

Die Empathie für die Eltern

Diese Prozesse können ein Ausweg sein aus der Abhängigkeit von den Eltern. Das Befreien aus der Gefangenschaft der schlechten, unklaren Gefühle bezeichnen wir als Aussöhnung. Dazu braucht es die Empathie für die damalige Situation des Kindes und den „Verursacher" der unterdrückten Gefühle.

Barbara spürt zum Beispiel in sich eine große Einsamkeit, im Schmerz um die verstorbene Mutter alleine zu sein. In diesem Fall richtet sich ihr unausgesprochener Vorwurf an den Vater. Es braucht eine Auflösung dieser bohrenden Frage nach dem „Warum".

Eltern sind von Haus aus keine „Monster", sondern haben auch ihr eigenes Schicksal, das sie unbewusst zu „Tätern" gemacht hat. Dies anschauen, verstehen und nachvollziehen zu können, ist die Grundlage für eine innere Aussöhnung.

Letztendlich geht es darum, das Schicksal der Eltern bei den Eltern zu lassen. So kann man das eigene Schicksal annehmen und tragen.

Nur auf diese Weise können sich Opfer vom Täter emanzipieren und ihren eigenen Weg ins Leben gehen.

Die Haltung, alle Gedanken an Mama oder Papa als „Täter" aus seinem Leben streichen zu wollen, um ja nicht so zu werden wie die Eltern, führt nur zu einer größeren Bindung und Abhängigkeit.

Mit einer Aussöhnung wird keineswegs die Schwere der Tat vergessen, bagatellisiert oder entschuldigt. Es wird lediglich die Verantwortung dem Menschen zurückgegeben, der sie zu tragen hat.

Der innere Aussöhnungsprozess ist in diesem Sinne nicht die Herstellung von Harmonie, von Friede, Freude, Eierkuchen.

Der innere Aussöhnungsprozess ist die Entwicklung von Bewusstsein, Verständnis und der Blick auf klare Verantwortlichkeiten.

Diese Schritte können also einem Menschen helfen, sich von alten Ressentiments, Schuldzuweisungen oder auch vor einem einengendem Pflichtgefühl der Eltern gegenüber frei zu machen.

Die Erfahrung hat jedoch gezeigt, dass es dabei, je nach Schwere der emotionalen Vernachlässigung durch die Eltern, meist mehrere Schritte über einen längeren Zeitraum braucht.

Diese Schritte sind Bewegungsschritte, die nach und nach innerlich vollzogen werden. Sie brauchen Zeit, um sich gut zu verankern.

Erst danach stellt sich dann das ein, was wir „innere Freiheit" nennen. Sie festigen eine Herzensverbindung zu den eigenen Eltern.

Sie helfen, den Schmerz der Eltern von dem eigenen Schmerz zu trennen und nur das eigene Päckchen, den eigenen Anteil an Schmerz, zu tragen.

Der Aussöhnungsprozess hilft uns Menschen, dem eigenen Leben zuzustimmen.

Dieses schlichte „Ja" ist die Haltung, das eigene Leben verantwortungsvoll in die Hand zu nehmen.

Der Prozess der Aussöhnung

Barbara bekommt nun die Möglichkeit, unter Visualisierung ihrem Vater zu begegnen und mit ihren Worten all das gegenüber ihrem Vater auszusprechen, was ihr nach der Halteerfahrung wichtig geworden ist.

Sie entscheidet sich, in ihrer Visualisierung auf den Friedhof zu gehen, wo ihr Vater begraben ist. In ihrer Vorstellung nimmt sie Kontakt mit ihrem toten Vater auf. Der Therapeut führt sie in diese Gefühlswelt hinein. Vor dem inneren Vaterbild kann Barbara jetzt Dinge ansprechen, die ihr bislang noch nie über die Lippen kamen. Sie teilt ihrem Vater noch einmal mit, dass sie eine ganz tiefe Verbindung zu ihm hat. Sie haben ja beide das Gleiche erlebt. Der Vater hat seine Frau verloren und sie, das Kind, ihre Mutter.

Sie spürt, dass sie ihren Vater sehr liebt.

Der Therapeut unterstützt sie dabei, dieses Gefühl der tiefen Verbundenheit mit dem Vater ganz tief in sich aufzunehmen. Er bestärkt Barbara das auszusprechen, was sie ihrem Papa immer schon mitteilen wollte.

„Ich hätte dich sehr gebraucht. Ich verstehe, dass Du nicht da sein konntest für mich. Für Dich war es das zweite Mal, dass Du einen Menschen verloren hast. Ich habe das als Kind nicht gewusst.
Jetzt verstehe ich, dass es nichts mit mir zu tun hatte.
Für mich war es damals auch sehr schwer. Ich hab mich in meinen Schmerz damals eingeigelt. Ich hätte dich damals sehr gebraucht. Ich habe meine Wut und meinen Schmerz geschluckt."
Der Therapeut bietet Barbara nun einige Sätze an, die sie für sich prüfen und mit ihren eigenen Worten ausdrücken darf:
„Diese Wut hat mein Mann abgekriegt. Jetzt ist mir klar, dass ich da etwas verwechselt habe. Papa, ich habe Dich im Herzen."

Dieses Aussöhnungs-Halten hat in einem ganz leisen Prozess auf behutsame Weise in Barbara ein emotionales Bild verankert. Sie kann jetzt viel besser spüren, welche Gefühle mit der Geschichte von ihr und ihrem Vater zu tun haben und welche Gefühle in der aktuellen Auseinandersetzung mit ihrem Mann entstehen.

Das ist ein erster Schritt, um in Zukunft in schwierigen Situationen immer leichter Gefühle auseinanderhalten zu können.

Was gehört zur aktuellen Situation mit ihrem Mann? Welches der auftretenden Gefühle hat seine Wurzel in der Kindheit?

Einen solchen Prozess nennen wir Bewusstseinsarbeit.

Mit dieser Arbeit wird nicht wie von Zauberhand ein Schalter umgelegt und alle Gefühlsvermischungen sind ein für alle Mal vorbei.

Ein solcher Prozess ist ein Einstieg in ein bewusstes Umgehen mit den täglichen Lebenssituationen.

Auch hier gilt das lebensnahe Sprichwort: Erst die Übung macht den Meister.

Barbara wird sicher auch Rückfälle in alte Muster hinnehmen und aushalten müssen. Dennoch wird sie im Umgang mit ihrem Mann immer mehr zu der Haltung einer erwachsenen Frau fähig sein. Erwachsen sein heißt, in der Situation angemessene Entscheidungen zu treffen und dafür die Verantwortung zu übernehmen.

Formen des Bindungshaltens

In diesem Kapitel wird die Rede sein von überfürsorglichen Großmüttern, von verloren gegangenen Müttern, die ihre Mutterrolle wieder finden wollen, von bestimmenden Kindern, die auf diese untaugliche Weise wieder Geborgenheit wollen, weil sie Angst vor dem Verlassenwerden haben.

Es gibt unzählige Variationen, wie Eltern-Kind Beziehungen nach schwierigen Lebenssituationen aus dem Ruder laufen.

Manchmal beginnen die Schwierigkeiten im Mutterleib oder tauchen während der Geburt auf. Solche Irritationen sind für Kinder schwierige Situationen.

Immer geht es aus der Sicht des Kindes darum, wieder in den Zustand der Sicherheit und Geborgenheit zu kommen.

Diesen Zustand können ihnen nur die „Großen", die Erwachsenen, ermöglichen.

Sie müssen lernen, als Eltern wieder Verantwortung zu übernehmen. Das heißt auch, dass sie sich ein Bild machen müssen von den eigenen Wunden und Verletzungen.

Sie müssen lernen, ihre schmerzhaften Lebenssituationen anzuschauen und nicht wegzuschieben.

Wenn Eltern sich der eigenen Geschichte bewusst werden, können sie souverän, empathisch und liebevoll mit dem Kind umgehen. Sie brauchen keine Angst mehr davon zu haben, „alles falsch" zu machen. Wenn sie sich selber kennen lernen, kommen sie in die Kraft.

Und diese Kraft wollen die Kinder spüren, denn dann fühlen sie sich sicher. In diesem Sinne sind quengelnde, nervige, aggressive und unausstehliche Kinder nur der Seismograph dafür, dass die Eltern noch einige unerledigte Aufgaben vor sich herschieben.

Mit dem Kind wieder in Beziehung kommen

Conny, eine junge Mutter, kommt zusammen mit ihrem Freund Julian in die Praxis. Ihr fehlt die Bindung zu ihrer vierjährigen Tochter Emma.

Im Erstgespräch stellt sich heraus, dass Mutter und Kind schon seit der Geburt keine spürbare Bindung zueinander aufbauen konnten. Nach der Geburt gab es Komplikationen. Emma wurde sofort für zwei Wochen von der Mutter getrennt und kam in die Kinderklinik.

Auch danach war das gemeinsame Leben von Krisen geprägt.

Conny war während des ersten Jahres nicht als Mutter präsent. Sie hatte mit großem Stress zu kämpfen. Die Beziehung zu Emmas Vater ging auseinander.

Im Studium standen Prüfungen an. In dieser Zeit zog sie mit Emma aus der gemeinsamen Wohnung aus. Sie war plötzlich eine alleinerziehende Mutter.

Ihre eigene Mutter half so gut es ging. Sie kümmerte sich um Emma, wenn Conny überfordert war oder gesundheitlich ausfiel.

Und als Conny für drei Monate in einer Klinik war, nahm Großmutter Maria die kleine Emma für diese Zeit zu sich.

*Emma wurde drei Jahre alt und das Familienleben stabilisierte
sich langsam.*
*Conny lernte ihren jetzigen Freund Julian kennen. Sie zog mit
ihm zusammen.*
Diese Beziehung erlebte Conny als große Stütze.
*Emma kam in den Kindergarten und Conny begann halbtags
zu arbeiten.*
*Doch die Beziehung zwischen Mutter und Kind wurde immer
schwieriger. Zu Hause gab es wegen jeder Kleinigkeit Machtkämpfe, die Conny viel Energie kosteten. Was war passiert?*

Mit der Sicherheit wächst der Mut

Auf den ersten Blick erscheint es paradox. Connys familiäre Situ-
ation hat sich stabilisiert, aber dennoch wird das Kind immer
schwieriger. Wie lässt sich dieser Vorgang erklären?
Die Erfahrung in der Begleitung von Eltern zeigt Überraschendes.
Wird die familiäre Lage stabiler, wie im Bespiel von Emma, dann
ändert auch das Kind manchmal unbewusst sein Verhalten.
Der neue verlässliche Rahmen vermittelt Emma ein Gefühl von
Geborgenheit. Dadurch wächst bei dem Kind ganz natürlich das
Gefühl von Sicherheit.
Emma spürt nun den Raum und die Möglichkeit, sich in ihrer
Not zu zeigen.
Die ersten drei Jahre waren für Emma von zahlreichen Krisen
und Trennungen zu ihren primären Bindungspersonen geprägt.

Sie hat in ihrem kurzen Leben bereits viele für sie existenziell bedrohliche Situationen erlebt.

Emma hat zu Beginn ihres Lebens eine Trennungssituation im Krankenhaus ohne den Schutz ihrer Mutter überstehen müssen.

Wir machen uns meistens nicht bewusst, dass dies die Bewältigung einer traumatisierenden Situation ist. Möglicherweise ist es die Bewältigung von Todesangst.

Das kleine Mädchen hat außerdem während ihrer ersten Lebenszeit gespürt, dass es ihrer Mutter nicht gut ging. Es hat gelernt, so gut es ging, seine eigenen Bedürfnisse zurückzustellen und zu funktionieren.

So wurde ihre Mutter nicht zusätzlich gestresst und konnte sich ihren Problemen besser zuwenden.

Dieses Verhalten ist typisch. Kinder nehmen sich in akuten Krisenzeiten der Eltern meist erst einmal selbst zurück. Sie unterdrücken ihre eigenen Bedürfnisse. Sie tun dies aus Angst, weil sie den Schutz der Großen für ihre eigene Sicherheit brauchen. Sie können es sich nicht erlauben, diesen Schutz zu verlieren.

Ein solcher Zustand wäre lebensbedrohlich. Also hilft sich der Körper erst einmal damit, dass er diese Erfahrungen aus dem aktiven Bewusstsein ins Unterbewusstsein verschiebt und funktioniert.

Nun, da zu Hause mehr Entspannung eingekehrt ist und sich die Lage etwas stabilisiert hat, findet Emma endlich Raum, ihre eigenen Bedürfnisse wahrzunehmen und auszudrücken.

Unbewusst merkt sie, dass ihre Mama Conny nun auch mehr Ressourcen hat, sich mit ihr auseinanderzusetzen.

Sie beginnt sich mitzuteilen. Sie zeigt ihre Not auf ihre individuell gefärbte Art und Weise.

Emma bekommt nun regelmäßig Wutanfälle, wenn etwas nicht nach ihren Vorstellungen läuft. Sie fordert damit unbewusst Connys Zuwendung ein. Wenn ein Kind sich in Not zeigt, dann weint es, oder wird trotzig und bockig, manchmal auch beides zusammen. Für die Eltern erscheint das Kind dadurch meistens anstrengender.

Wie andere Eltern auch, kann Conny sich das außergewöhnliche und unruhige Verhalten von Emma nicht erklären. Bisher hatte Emma ja immer so wunderbar funktioniert und war ein liebes Mädchen.

Diese unangenehmen Gefühle möchten die Eltern am liebsten unterdrücken.

Sie spüren dabei nicht ihrem eigenen Schmerz nach, sondern versuchen, das Verhalten des Kindes zu verändern. Meistens wenden sie dabei ungeeignete Mittel an. Sie versuchen das Kind abzulenken oder schicken es gar in eine Auszeit.

Solche Maßnahmen führen in aller Regel zur Verschlechterung der Situation.

Wichtiger wäre in diesem Zusammenhang die Frage nach der wirklichen Befindlichkeit der kleinen Tochter.

In einem Gespräch mit der Therapeutin geht es zuerst darum, ein Verständnis für die Hintergründe von Emmas Verhalten zu bekommen.

Emma hat bei all den Erlebnissen und Schwierigkeiten für sich persönlich selten einen beständigen, sicheren Rahmen erfahren. Sie ist innerlich noch ungeordnet. Das zeigt sich auch in der wechselnden Namensgebung ihrer Bezugspersonen.

Eine der Hauptbezugspersonen für die kleine Emma ist weiterhin ihre Großmutter. Manchmal nennt Emma die Großmutter auch „Mama". Sie merkt das gar nicht.

Und zu ihrer Mutter Conny sagt sie „Oma". Daran erkennt Conny die Verwirrung in ihrem Kind. Conny ist ihrer Mutter sehr dankbar für die Zeit, als sie sich um Emma gekümmert hatte. Dennoch schmerzt es sie sehr, dass ihre Tochter die Nähe zu ihr nur schwer annehmen kann und lieber zur Großmutter rennt.

Wenn Conny ihre Tochter Emma in ihren Armen hält, windet sich diese nach kurzer Zeit aus ihrer Umarmung heraus.

Das Erleben von längeren Schmuseperioden mit der Tochter ist ihr fremd. Sie kennt nur diese kurzen körperlichen Kontakte.

Ein entspanntes „im Arm liegen" hat sie mit ihrer Tochter noch nicht erlebt.

Es wird Zeit brauchen. Conny muss sich bewusst werden über die Umstände, die zu diesem Ergebnis geführt haben. Sie muss sich selbst Gelegenheit geben, sich in den alten Schmerz der Tochter einzufühlen. Erst dann kann diese emotionale Normalität einkehren. Ein erster Schritt dazu kann das Bindungshalten mit der Tochter sein.

Halten, um die Bindung zu erneuern

Emma ist erst einmal zum Bindungshalten mitgekommen. Kaum hat aber die Mutter das Kind im Arm und bietet ihm Beziehung an, geht Emma in Widerstand. Das Kind will selber bestimmen, wie die Mutter sie zu halten hat.

Sie hat schon von klein auf gelernt, für sich zu sorgen und früh selbstständig zu werden.

Diese große Autonomie zeigt sie ganz deutlich mit ihrem Verhalten während des Workshops. In den Runden bei einer Gruppengröße von ca. 30 Leuten bestimmt sie selber, wo sie sitzen will. Sie redet frei vor der Gruppe. Sie zeigt eine erstaunliche Selbständigkeit und ein für ihr Alter großes Selbstbewusstsein.

In diesem Halteprozess ist ihr die Nähe zu ihrer Mutter unerträglich. Emma windet sich aus dem Arm ihrer Mutter heraus und flüchtet in die Ecke eines Zimmers.

„Genauso läuft es zu Hause ab, wenn die zwei sich in die Haare kriegen", stellt ihr Freund Julian fest, „am Ende stehen zwei kleine, weinende Kinder vor mir."

In einem Gespräch mit der Therapeutin erfährt Conny, auf welche Weise sie auf die Abwehr ihrer Tochter liebevoll und bestimmt eingehen kann.

Es geht zum Beispiel darum, die Gefühle von Emma wahrzunehmen, auszusprechen und einzuordnen. Mit neuen Vorsätzen holt Conny ihre Tochter aus der Ecke. Doch sie kapituliert schließlich davor, das Aufbäumen ihrer Tochter mit bestimmter Zärtlichkeit umzuleiten. Sie lässt Emma wieder los.

„Ich kann es nicht! Ich hab es selber nie erfahren! Ich musste selber immer stark sein! Ich kann nicht mehr! Ich bin ganz leer."

Conny sinkt in sich zusammen und weint. Emma krabbelt aus ihren Armen.

Conny bekommt die Möglichkeit, sich von Manuela halten zu lassen. Auf diese Weise kann Conny erstmal zu Kräften kommen. Im Halten kann sie auftanken.

Tochter Emma wird beim Halten mit dabei sein. Das hat zwei wesentliche Effekte. Einmal bekommt die Mutter einen Eindruck davon, wie es ist, Hilfe anzunehmen. Zum anderen *sieht die Tochter, wie die Mutter sich Hilfe holt. Conny kann dann diese Haltung ihrer Tochter gegenüber einnehmen.*

„Nur wenn Emma sieht, dass du dich stärkst, indem du dich von jemand anderem halten lässt, kann sie lernen, es auch bei dir zuzulassen", wird sie von der Therapeutin bestärkt.

Conny braucht erst mal Zeit, sich in den Armen von Manuela anzulehnen und aktiv die Nähe anzunehmen, die ihr angeboten wird.

Sie wird angeleitet, ihren Atem an die Stellen hinzuführen, an denen sie Halt und Wärme in und um ihren Körper wahrnimmt.

Mit jedem Einatmen nimmt sie dieses Gefühl auf und kann so Kraft tanken.

Emma beobachtet erstmal von einer Ecke aus, was ihre Mutter macht. Dann steht sie auf, geht in Richtung Türe und beginnt ihre Stiefel und ihre Jacke anzuziehen. Emma will gehen.

Die Therapeutin nimmt sie zu sich auf den Schoß.

Emma wehrt sich nur kurz und entspannt sich, während die Therapeutin ihr einordnet, was ihre Mama gerade macht:

„Siehst du, wenn die Mama nicht mehr kann und an ihre Grenze kommt, holt sie sich Hilfe. Und wenn sie wieder zu Kräften kommt, kann sie dich in ihre Arme nehmen und für dich da sein", lautet die empathische Erklärung für das Kind.

In aller Ruhe schauen beide Conny zu, wie sie atmet und langsam zur Ruhe kommt.

Emma ist ganz ruhig und schaut mit großen Augen ihrer Mutter beim „Auftanken" zu.

Conny braucht ein bisschen Zeit, sich an das Halten zu gewöhnen:

„Es fühlt sich fremd an und ist gleichermaßen schön, mich an-
lehnen zu dürfen."
Zuerst fließen bei Conny die Tränen. Dann geht sie in die be-
wusste Atmung über. Der Körper wird langsam ruhiger und
entspannt. Nach einer Weile macht Conny die Augen auf und
schaut ihre Tochter an.
Sie richtet sich auf und sagt zu Emma: „Komm her."
Die Therapeutin lässt Conny wahrnehmen, wer die Kleine
und wer die Große ist.
Sie steht auf und holt Emma zu sich: „Du bist meine Kleine
und ich bin da."
Sie nimmt sie in ihre Arme. Erst lehnt Emma sich erneut auf,
diesmal jedoch mit weniger Widerstand.
Dann bricht ein Weinen aus der Kleinen heraus.
Es hört sich an wie das Weinen eines zweijährigen Kindes.
Emmas Körper wird in Connys Armen ganz weich. Und Con-
ny macht nun intuitiv das, was ihre Tochter braucht. Sie strei-
chelt sie, küsst sie an den Stellen, an denen Emma einen Druck
verspürt und sagt immer wieder: „Meine Kleine."
Es folgt eine Phase, in der Emma sich immer wieder mal kurz
auflehnt. Aber weil Conny sie bestimmt und liebevoll hält,
lässt sich das Kind entspannt in die Arme ihrer Mutter sinken.
Mit der Zeit wird Emma ruhiger. Irgendwann umringt sie den
Bauch ihrer Mutter und flüstert ihr ins Ohr: „Meine Mami."
Conny hat Tränen in den Augen: „Das hat sie zum ersten Mal
so gesagt!" Später erfahren wir von Conny, dass es auch das
erste Mal war, dass Emma so weich und kuschelig in ihren
Armen lag.

In einer späteren Einheit arbeitet die Therapeutin mit Conny und
ihrer Mutter. Es geht um das Thema, wer welchen Platz in der

Familie hat. In einem Ritual geht es darum, dass die Ordnung zwischen Conny, ihrer Mutter und Emma wieder hergestellt wird.

Für die Großmutter von Emma ist es ein wichtiger, doch auch schmerzvoller Schritt, ihre Rolle als Hauptbezugsperson gegenüber Emma Schritt für Schritt aufzugeben. Sie muss einsehen, dass sie nicht die Mutter ist. Sie hat die Rolle als Großmutter.

Für Conny bedeutet es in Zukunft, diese Stelle auch verantwortlich auszufüllen. Solche Schritte sind nicht einfach. Es wird Zeit und auch zwischendurch therapeutische Unterstützung brauchen, bis sich diese Veränderungen einspielen.

Leben heißt: in Verbindung sein

Im Moment der Zeugung bindet sich das Kind an seine Eltern und seine Eltern binden sich an ihr Kind, für ein Leben lang. Das ist unabhängig davon, wie diese Bindung angenommen und gelebt wird. Das Kind erlebt schon im Bauch der Mutter die ganze Breite menschlicher Emotionen. Es spürt, ob das Klima zwischen den beiden Eltern entspannt und gut, oder gereizt und vergiftet ist. Es spürt, ob die Mutter entspannt ist oder im emotionalen Stress. Es gilt dabei der Grundsatz: Je kleiner das Kind ist (zum Beispiel noch im Mutterleib), umso existentieller und prägender sind die gemachten Bindungserfahrungen.

Das Kind im Bauch der Mutter spürt die Anwesenheit und Wichtigkeit des Vaters über die Stimme. Zur elterlichen Verantwortung gehört es, sich für das Kind zuständig zu fühlen. Der Vater achtet die Bindung und Zweisamkeit von Mutter und Kind.

Für das Wohlempfinden des Embryos ist es wichtig, im Bauch der Mutter immer wieder zur Ruhe zu kommen. Diese entspannte emotionale Verbindung mit der Mutter ist das Fundament für die innere Gewissheit „ich werde gesehen". Ohne größeren Stress reifen zu können, ist für das heranwachsende Kind die beste Voraussetzung, für schwierige Umstände im späteren Leben gut gewappnet zu sein.

Auf dieser Grundlage kann das Gefühl für Geborgenheit gut wachsen. So entsteht das Bewusstsein, das sich in folgenden Sätzen ausdrücken lässt: Die Mutter wird schon für mich sorgen. Die Mama ist groß. Ich bin klein. Ich kann mich auf meine Mutter verlassen. Ich muss mich nicht um sie kümmern. Ich bin nicht zuständig und bin deshalb damit unbeschwert.

Ein Embryo im Bauch ist direkt mit dem Organismus der Mutter verbunden. Gibt es in dieser Zeit der Schwangerschaft Verunsicherungen, gibt es giftigen Stress und emotionale Ausnahmesituationen, hat das direkte Folgen für den Embryo. Die Bindung und die Beziehung zwischen Mutter und Kind werden gestört. Hat die Mutter selbst keine innere Sicherheit, sondern lässt sie sich zum Beispiel von negativen Diagnosen ihres Arztes beeinflussen, prägt dies zum Beispiel über den Hormonhaushalt auch das Baby.

Ein Kind ist schon im Mutterleib empfänglich für die reellen Ängste der Mutter. Eine schwangere Frau kann sich nach außen noch so sehr kontrollieren oder im Griff haben wollen, ihr Körper und ihre Seele lassen sich nicht überlisten. Angst verändert im Körper das hormonelle Geschehen.

Wenn das heranwachsende Kind dies spürt, ist das wie eine Trennung von der Mutter. Es fühlt sich im Stich gelassen, nicht mehr sicher und beschützt. Der Embryo gerät in eine Krise. Es versucht auf seine Weise mit den Gefühlen klarzukommen.

Der menschliche Organismus ist von früh an in der Lage, mit Notprogrammen sein Überleben zu sichern. Muss ein Embryo im Mutterleib ein solches Notprogramm aktivieren, graben sich diese Erlebnisse tief in die Vernetzungsstrukturen seines Gehirns ein. Je früher ein Mensch Notprogramme aktivieren musste, umso tiefer sind diese in seinem Gehirn verankert. Leider hat die Wissenschaft bisher viel zu selten solche Entwicklungsvorgänge untersucht. Das Wissen um die aktivierten Notprogramme wäre oft sehr hilfreich für die Beurteilung späterer, manchmal unerklärlicher Verhaltensweisen.

In späteren Stresssituationen werden oft reflexartig diese Notprogramme unbewusst erinnert und aktiviert. Sie haben ja schon einmal geholfen. Viele Mütter kommen dann mit dem Verhalten ihres Kindes nicht klar. Sie verzweifeln meistens in solchen Situationen. Sie haben dabei aber frühere Notsituationen des Kindes nicht mehr im Bewusstsein. Sie denken nicht daran, warum sich ihr Kind ihnen entzieht und sie ihm nicht helfen können. Sie verstehen nicht, weshalb das Kind so viel weint oder in seiner Not Nähe und Zuwendung nicht aushält.

Nach den neun Monaten im Mutterbauch ist der erste zentrale Meilenstein im menschlichen Leben die Geburt. Das Risiko, ins Leben zu kommen, ist der Tod. Deshalb ist eine geglückte, weil überlebte Geburt für alle Beteiligten das erste große und fundamentale Erlebnis auf diesem Weg.

Das gilt besonders für die Frau. Sie riskiert beim Gebären das eigene Leben. Die Geburt ist deshalb eine Zeit der großen und starken Gefühle: Freude und Furcht, Bangen und Hoffen, Schmerz und Wohlbefinden, Anstrengung und Erleichterung.

Das gilt auch für das Kind. Im Geburtskanal bewegt es sich zwischen den Polen Todesangst und Lebenswillen. Die sichere, emotionale Verbindung zu seiner Mutter ist dabei fundamental wichtig. Mit ihrer Hilfe macht das Baby die erste große Erfahrung, einen der wichtigsten Schritte im Leben gemeistert zu haben.

Wie erblickt es dabei das „Licht" der Welt? Voll geblendet vom Scheinwerfer im Kreissaal? Als Objekt der ärztlichen Untersuchungskunst mit schmerzhaftem Pieksen der Spritze zur Blutuntersuchung? Als freischwebend auf der Waage? In all den vielen fremden Händen? Mit dem ersten großen Geschmackserlebnisses des Gummihandschuhfingers des Arztes im Mund? Wo ist bloß die vertraute Mama?

Freudig willkommen geheißen zu werden, den Körperkontakt auf dem Bauch der Mutter, den vertrauten Geruch und den Herzschlag zu spüren – das sind grundlegend wichtige Säulen für Bindungssicherheit und späteres Vertrauen in das Leben. In vielen Geburtskliniken wird bereits nach solchen Kriterien verfahren. Wir sind aber immer noch mittendrin in diesem Umdenkprozess. Ärzte und Hebammen in großen Geburtskliniken haben aber immer noch viel zu sehr die medizinischen Routineabwicklungen im Auge. Oder sie leiten Geburten ein und machen immer mehr Kaiserschnitte ganz nach den Erfordernissen von Dienstplänen.

Es ist für das Baby vertraut und entspannend, nach all der Anstrengung sich an Mutters Körper ausruhen zu können, ihn zu riechen und ihren Busen zu spüren, die neue Nahrungsquelle. Das Baby hat seine erste existentielle Herausforderung mit der Geburt gemeistert. Wenn ihm dann „außerhalb" des Mutterbauches der bekannte Geruch der Mutter, ihre Stimme, ihre Körperwärme, ihre spezifische Körperschwingung, ihr Umsorgen und ihre emotionale Verbindung begegnen, hat es emotional das Erlebnis: „Alles ist vertraut, ich habe es geschafft!"

Es ist noch gar nicht lange her, dass man diese erste Kontaktaufnahme den Neugeborenen überhaupt nicht zugestanden hat. Waschen, untersuchen, Blutabnahme standen im Vordergrund. Man war sogar der Meinung, dass die kleinen Würmchen die Nähe zur Mutter nicht brauchen und ohnehin auch schmerzunempfindlich seien. Viele körperliche Eingriffe wurden sogar ohne Narkose ausgeführt. Bindungsaufbau war nicht im Fokus, ganz im Gegenteil![60]

Gefühlte tiefe Bindung entsteht da, wo zwei Menschen ein tiefes Erlebnis miteinander teilen und durchleben. Die Bindung wird gestärkt, wenn das Baby und die Mutter das Geburtserlebnis gemeinsam meistern. Dazu gehört auch, dass beide nach der überstandenen Geburt Raum haben, sich mit allen Sinnen zu begegnen.

---

[60]   Eine glühende Verfechterin einer beziehungslosen Erziehung von Geburt an, war die Ärztin Johanna Haarer. Ihre Thesen haben das Dritte Reich ab 1934 und auch noch die Nachkriegsjahre geprägt. Noch 1996 wurde ihr Buch bei Carl Gerber in Nürnberg verlegt. Erziehung ist bei Haarer nicht von Freude, Trösten, Zuneigung, Empathie geprägt.
Das Kind ist ein Gegner, dem man nicht die Macht über sich überlassen darf. So forderte Haarer, wenn das Kind schreit und auch der Schnuller als „Beruhigungsmittel" versagt, *„dann, liebe Mutter, werde hart! Fange nur ja nicht an, das Kind aus dem Bett herauszunehmen, es zu tragen, zu wiegen, zu fahren oder es auf dem Schoß zu halten, es gar zu stillen."*
Johanna Haarer: Die deutsche Mutter und ihr erstes Kind, Lehmanns München 1936, S. 173.
Haarer hat zum Bespiel das „richtige" Halten des Säuglings empfohlen. Dabei entsteht ein weiter Blickabstand, so dass das Kind nicht fokussieren kann. Ein Halten mit Blickkontakt wird von ihr abgelehnt.

Das alles, gepaart mit dem Willkommensgruß: „Schön, dass Du da bist!" und dem ersten gegenseitigen Blick der Begegnung, legt den Grundstein für das Selbstbewusstsein.

Für den Vater ist manchmal die Geburt des gemeinsamen Kindes mit großer Aufregung verbunden. Oft kann er nur warten und mitfühlend seiner Frau beistehen. Sein Handlungsfeld ist stark eingeschränkt. Das Miterleben der Geburtssituation, die Schmerzen der Frau, das laute Schreien, die Angst, wann geht es denn endlich richtig vorwärts, bringen manche Männer in große innere Not. Die mitunter lange Dauer der Geburt kann auch zermürben. Emotionale Not mit anzusehen, bringt den Zuschauer auch an die eigenen Ängste und berührt das eigene Erlebte.

Ist es dem Vater möglich, die Geburt ganz präsent mitzuerleben und kann die Mutter seine Teilnahme als Unterstützung gut annehmen, dann hat das positive Auswirkungen. Der Vater bietet der Mutter und damit auch dem Baby eine Sicherheit. In einer solchen Atmosphäre wird die gute Anbindung zwischen Mutter und Kind wesentlich unterstützt.

Und wenn dann die Zeit des ungewissen Wartens vorbei und das Kind endlich da ist, kann auch der Vater sein Kind endlich anfassen. Bisher hat es ja nur die Mutter in ihrem Bauch spüren können. Sein Kind anfassen und anschauen ist der Einstieg für die Väter in einen emotionalen Kontakt.

Auch für das Baby ist diese direkte Begegnung mit dem Vater von großer Bedeutung. In unserer westlichen Gesellschaft ist die Kleinfamilie auf dem Vormarsch. Gerade hier sind Mutter und Kind sehr auf die Unterstützung durch den Vater angewiesen. Je weniger die Familie in eine funktionierende soziale Gemeinschaft mit Großeltern, Geschwistern, Onkel und Tanten eingebunden ist, desto mehr braucht sich das Paar, um einen Halt gebenden Rahmen zu ermöglichen.

In den Monaten danach gibt die Mutter dem Vater zunehmend Raum. Sie zieht sich zeitweise zurück und überlässt dem Vater das Kind. Der Vater nimmt seinen Platz als Bindungsperson ein. Er ist es auch, der im Verlauf der Entwicklung das Kind zunehmend mit der Außenwelt vertraut macht und so eine gesunde Ablösung von der Mutter initiiert.

Mit zunehmendem Alter werden andere Menschen für das Kind relevant (Großeltern, Geschwister ...) In Bezug auf die Bindung bleiben jedoch die Eltern ein ganzes Leben lang die Hauptbezugspersonen. Gibt es im Verhältnis zwischen Eltern und Kindern Konflikte und Verwerfungen, dann können solche Bezugspersonen von außen, wie Erzieherinnen oder Lehrer, eine wichtige Orientierungsgröße sein.

Beim Kind wächst das Empfinden für eine positive Bindung, wenn die Eltern ihre Verantwortung als Eltern wahrnehmen und im Kind die Fähigkeit fördern, seine eigenen Emotionen offen mitzuteilen. Sie zeigen damit Empathie für das heranwachsende Kind, fühlen sich in das Kind ein und sind mit ihm im emotionalen Kontakt.

Auf diesem Weg erfährt das Kind die Einfühlung und das Mitgefühl und lernt durch diese Erfahrung. Es hat im späteren Leben diese Gefühle zur Verfügung und kann darauf zurückgreifen und sie weitergeben.

Die Entwicklung einer sicheren Bindung ist natürlich auch abhängig von den äußeren Lebensumständen der Eltern. Stress in der Arbeit oder Geldsorgen können diesen Prozess nachhaltig stören. Wenn ein Kind sich bei den Eltern sicher fühlt, kann die Welt einstürzen, ohne dass es traumatischen Schaden an seiner Seele erleidet. In den Wirren des letzten Krieges hat sich dies in Bombennächten oder bei Vertreibungen gezeigt. Kinder, die im guten Schutz und im guten Kontakt zu den Eltern standen, haben diese schwere Zeit wesentlich besser überstanden.

Ein zentraler Punkt ist die Qualität der elterlichen Paarbeziehung. Wie leben Eltern ihre Partnerschaft, und wie erlebt das Kind die Partnerschaft der Eltern? Ist sie geprägt von Vertrauen, liebevollem Umgang und Sicherheit? Oder kommt es zu verbalen Verletzungen oder gar zur Trennung? Wie gehen die Eltern bei einer Scheidung dann miteinander um?

Ein Kind lernt über die Nachahmung, im Positiven wie im Negativen.

Ein wichtiger Faktor sind die sozialen Kontakte, die hilfreichen oder belastenden Erfahrungen in der Gemeinschaft von Menschen. Nicht zuletzt entwickelt sich so auch eine territoriale Zugehörigkeit an das eigene Land, die Region. Es entsteht das Gefühl und das Erleben von Heimat.

In unseren Praxen und die Workshops kommen viele Eltern, die über das Verhalten ihrer Kinder verunsichert sind. Meistens ist schon viel eskaliert. Die Kinder sind auffällig und stellen sich mit ihrem Verhalten außerhalb der Gemeinschaft. Das scheint von außen paradox. Innerlich sind sie sehr bedürftig, wollen Zuwendung und Liebe, gehen aber in den Widerstand, in die Aggression, in die Isolation oder in die Flucht.

Damit verhindern sie, das zu bekommen, was sie am dringendsten in einer emotional schwierigen Situation eigentlich bräuchten, nämlich Nähe, Zuwendung und Liebe.

Sie haben möglicherweise aufgrund der äußeren Umstände ihr Notkonzept aktiviert: „Lieber ziehe ich mich zurück, als dass ich mich noch einmal enttäuschen lasse und den Schmerz spüren muss."

In einer solchen Lage schauen die Eltern natürlich mit Sorge auf das Verhalten des Kindes, verstehen die Hintergründe nicht und deuten es oft als persönliche Ablehnung. Das Heulen, die Aggression oder das aus den Armen Winden, empfinden sie als persönliche Zurückweisung.

Viele Eltern suchen erst Hilfe, wenn die Kinder schon älter sind und ihr Verhalten inzwischen mit den Erwartungen der Gesellschaft kollidiert. Meistens sind das Probleme in Kindergarten oder Schule, Konzentrationsschwierigkeiten oder Unruhe.

Es geht darum, dieses Verhalten als einen Hilfeschrei zu sehen und sich auf die Suche nach den Hintergründen zu begeben. Meistens sind das Hintergründe, die bei den Großen liegen, zum Beispiel Beziehungs- und Partnerschaftsprobleme.

Alles hängt danach von der Bereitschaft ab, sich dem Geschehen offen zu stellen. Das heißt, sich auf den Weg zu machen und sich die Situationen von damals mit den möglichen Auslösern von heute bewusst zu machen. Durch diese eigenverantwortliche Haltung der „Großen" wird das Kind emotional entlastet. Es kann die Eltern als stark erleben und sich mit seiner eigentlichen Not zeigen. So entsteht wieder eine emotionale Verbindung und das Gefühl, bei den Eltern geborgen zu sein.

Allerdings braucht der Aufbau einer neuen Verbindung Zeit und Geduld. Die Kinder wollen sanft und beständig überzeugt werden, dass ihre Eltern diese emotionale Unterstützung auch wirklich einhalten. Kinder wollen sich auf die „Großen" wirklich verlassen können. Manchmal testen sie fantasievoll und hartnäckig aus, um für sich zu prüfen, ob dieser neue Kontakt auch wirklich tragbar und belastbar ist.

Eltern brauchen in einer solchen Zeit oft noch Unterstützung, um diesen Tests standzuhalten und nicht in alte eingespielte Muster zu verfallen.

Je mehr stärkende Bindungserfahrungen ein Mensch im Laufe seines Lebens gesammelt hat, umso sicherer kann er Bindungen eingehen und pflegen und gleichzeitig seine Autonomie bewahren. Das Hauptthema des heranwachsenden Kindes heißt Sicherheit. Ein Kind will wachsen. Dafür braucht es Halt und eine verlässliche Basis. Emotionale Wärme lässt Sicherheit und Selbstvertrauen wachsen. Eine gute Eltern-Kind-Beziehung ist der Nährboden für emotionales Wachstum.

Die Erwachsenen müssen sich immer bewusst sein, dass sie die „Großen" sind und deshalb die Verantwortung für die „Kleinen" haben. Es ist ein altes Gesetz des Lebens, dass die Großen geben und die Kleinen nehmen.

Und je mehr gute Erfahrungen die Kleinen gemacht haben, desto größer wird ihr Potential, als Erwachsene auch selbst wieder den nachfolgenden Kindern reichlich geben zu können.

In diesem Sinne ist die Bindung das Tor zur Freiheit!

Halten und Körper – die Gesichtslähmung

„Mens sana in corpore sano." Dieses alte lateinische Sprichwort beschreibt eine tiefe Wahrheit. Seele und Körper sind eins. Sie beeinflussen sich gegenseitig. Wenn der Körper gesund ist, kann darin eine gesunde Seele wohnen. Und umgekehrt formuliert: Wenn die Seele krank ist, dann drückt das auch der Körper aus.

In der Zwischenzeit sind wir wieder dabei, solche Zusammenhänge ins Auge zu nehmen.

Es ist kein Streitpunkt mehr, dass psychische Belastungen auch schwere Rückenschmerzen hervorrufen können. Seelischer Schmerz verändert die Körperhaltung, lässt manche Muskelgruppen verkrampfen oder wirkt sich auf die Peristaltik des Darmes aus.

Diese Zusammenhänge wusste der Volksmund in seinen Lebenssätzen schon immer. „Mir läuft die Galle über", „Ich habe die Nase voll", „Mir bricht es das Herz", „Es geht mir an die Nieren", „Mir ist eine Laus über die Leber gelaufen". Es gibt viele Volksweisheiten, die auf den Zusammenhang zwischen Seele und Körper hinweisen. „Gift und Galle spucken", „Sich grün und blau ärgern". All diese Sätze weisen auf das Zusammenspiel zwischen Körper und Seele, zwischen Fühlen und Handeln, zwischen innerer Not und biologischer Reaktion hin.

Der Arzt Rüdiger Dahlke hat solche Zusammenhänge ganz ausführlich in seinem Buch „Krankheit als Sprache der Seele" beschrieben.[61] Dahlke kritisiert dabei die moderne Medizin.

Sie hat verlernt, diese Zeichen zu lesen. Sie richtet sich auf die Beseitigung der Symptome.

Bei Depressionen und niederdrückenden Gefühlen wird nicht nach der Ursache gefragt. Es werden Psychopharmaka verabreicht. Psychopharmaka können in Extremsituationen für eine überbrückbare Zeit Entlastung bringen, sie sind jedoch im Normalfall keine Lösung auf Dauer!

---

[61]   Rüdiger Dahlke: Krankheit als Sprache der Seele, Goldmann Taschenbuch 2008

Die körperlichen Symptome sprechen eine eigene Sprache. Sie können uns erste Hinweise auf die Hintergründe einer Krankheit geben.

Ein wenig drückt dies noch unser Sprachgebrauch aus. „Was fehlt Ihnen?", fragt der Arzt. Und Sie schildern Ihre Symptome. Sie sagen, was Sie haben. Aber was Ihnen tatsächlich fehlt, wird nicht ergründet.

Und dabei ist die Symptomsprache eine Form der Körpersprache. Der Körper drückt einen Mangel aus.

Diese Symptomsprache ist international. Das Zusammenspiel zwischen Körper und Seele lässt sich manchmal auch direkt in den Beratungen, Seminaren und Workshops beobachten.

Marlies ist eine junge Mutter. Seit fünf Jahren hat sie im Gesicht eine halbseitige Lähmung. Sie kann das rechte Auge und den rechten Mundwinkel nur schwer bewegen. Das Gesicht wirkt verzerrt, ein Auge ist größer als das andere. Die Lähmung ist damals zwei Tage vor der Geburt ihres ersten Kindes aufgetreten.

Zum Workshop kommt sie, weil sie für ihre inzwischen fünfjährige Tochter präsenter werden will.

„Ich war die letzten Jahre sehr mit mir selber beschäftigt und Mina lief nebenher. Das will ich ändern."

Im Verlauf des Erstgespräches zeigt sich, dass Marlies aktuell eine Abtreibung beschäftigt.

Vor einem halben Jahr entschloss sie sich zu diesem Eingriff.

„Es lässt mich einfach nicht los. Ich war in so einer beschissenen Lage, dass ich mir nicht vorstellen konnte, schwanger zu werden. Doch ich hätte dieses Kind so gerne gehabt. Ich kann oft an gar nichts anderes mehr denken. Nachts wache ich immer wieder auf und mache mir Vorwürfe. Es bindet so viel

Kraft und Energie. Ich bin gar nicht richtig da. Im Alltag funktioniere ich nur." Im Rahmen eines Haltens bekommt Marlies die Chance, alles erneut zu erleben."

Halten in diesem speziellen Sinn wird oft auch als Trauerhalten bezeichnet. Es hat die Funktion, unerledigte und besonders schmerzliche Lebenssituationen in den Blick zu nehmen. Trauern heißt dabei, seine Gefühle wahrzunehmen und zu spüren.

Trauern heißt, diese Gefühle anzunehmen als einen Teil des eigenen Lebens. Trauern heißt, diese Gefühle nicht zu unterdrücken, sondern zu ihnen zu stehen. Trauern heißt, diese Gefühle auch auszudrücken.

Wer Trauer offen und ehrlich zulässt, kann davon ausgehen, dass die Trauer irgendwann wieder der Freude Platz macht. Trauer ist so das Einstiegstor ins Leben.

Astrid, eine Frau aus dem Workshop, hält Marlies von hinten. Marlies braucht erst mal etwas Zeit, um Vertrauen aufzubauen und sich bei ihr anzulehnen:

„Es fühlt sich so fremd an, mich zu zeigen und die Wärme eines Menschen zu spüren."

Sie bekommt die Zeit, sich an diese neue Erfahrung zu gewöhnen. Über die Atmung und die ersten Tränen wird sie langsam weicher und lehnt sich an Astrid an.

Ganz leise kommen Tränen. Etwas später beginnt sie sich mitzuteilen.

Sie berichtet, wie sie von ihrer Schwangerschaft erfuhr:

„Ich war gerade in Ausbildung, die Beziehung mit Thomas lief schon lange nicht gut. Wir haben viel gestritten und ich war gerade dabei auszuziehen. Da erfuhr ich, dass ich in der 10. Woche schwanger war. Ich hatte keine Kraft mehr, ich

*brauchte eine Perspektive. Mit meiner Mutter habe ich gere-
det und ihr erzählt, dass ich das Kind auf keinen Fall will."
Erneut kommen die Tränen. Erst will sie sie hinunterschlu-
cken. Die Therapeutin macht ihr Mut, sich zu zeigen, die Tränen fließen zu lassen. „Diesmal bist du nicht alleine und du
darfst dich mit allem zeigen, was in dir ist." Eine Zeit lang
weint Marlies still vor sich hin. Dann erzählt sie von dem Augenblick, als sie in dem Wartezimmer der Klinik war.
„Ich sitze in einem Raum mit vielen Frauen. Wir warten alle.
Die Nacht vorher habe ich geträumt, von Ole. Ich habe mir
immer gewünscht zwei Kinder zu bekommen, einen Jungen
und ein Mädchen. Und ich wusste, diesmal ist es ein Junge.
Ich habe viel geweint in dieser Nacht. Im Wartezimmer war
ich wie erstarrt. Dann ging alles so schnell: Ich bin eingeschlafen und als ich aufgewacht bin, war ich so leer in mir. Und es
war niemand da. Ich war nur eine Nummer unter vielen."
Marlies bekommt die Zeit, ihren Schmerz auszudrücken und
gleichzeitig wahrzunehmen, dass sie nicht alleine ist. Sie spürt
die Wärme Astrids und kann über die Atmung ihren Körper
wahrnehmen. „Es ist so leer in mir."
Der Schmerz über den Verlust des Sohnes kommt in ihr hoch.
„Ich trage das Bild der Ultraschalluntersuchung immer noch
mit mir rum, kann mich nicht davon lösen."
Marlies wird eingeladen, mit ihrem Sohn in Dialog zu treten.
„Ich hätte dich so gerne gehabt. Es tut mir so leid. Es tut so
weh."
Langsam verschwindet das Gefühl der Leere. Marlies kann ih-
ren Schmerz zeigen und ihn innerlich mit ihrem Sohn teilen.
Dadurch tritt die Bindung zwischen Mutter und Sohn in den
Vordergrund und wird für Marlies spürbar. Ihr Körper fühlt*

sich nicht mehr so leer an. Sie nimmt vor allem das Schlagen ihres Herzen wahr.

„Du bist mein zweites Kind und mein erster Sohn. Ich habe mir so sehr einen Sohn gewünscht. In meinem Herzen wirst du immer spürbar sein."

Das Weinen verändert sich. Das Schütteln des Körpers beruhigt sich. Ab und zu kommen Seufzer, die den Körper entspannen. Der Atem geht langsam in ein ruhiges Fließen über.

Und in dieser Ruhe kommt langsam Leben in den Körper von Marlies. Ihre Zehenspitzen fühlen sich an, wie wenn die Zehen auftauen würden. Das Aufwachen schmerzt. Dann geht der Schmerz über in die Hände. Sie beginnt sie langsam zu bewegen. Nach und nach geht dieses Kribbeln über den ganzen Körper.

Langsam richtet sie sich auf. Sie öffnet die Augen. Das erste, was sie sieht, sind die Blätter eines Baumes, der in einem Abstand von vier Metern hinter dem Fenster steht: „Sie sind so scharf!"

Dann erblickt sie die Blumen auf dem Tisch.

„Die Farben leuchten so!"

„Es fühlt sich alles so schief an ... Das muss eigentlich heißen, dass mein Gesicht wieder gerade ist."

Mit Staunen stellen wir fest, dass sich die Asymmetrie in ihrem Gesicht gelöst hat.

Die Augen sind gleich groß, die Mundwinkel verlaufen parallel, die Gesichtslähmung ist verschwunden.

Ihre Gefühle kamen ins Fließen und haben ihren Körper wieder aufgetaut.

Halten in der Therapie und im Familienalltag

Ein Halteprozess ist beim ersten Mal eine ungewohnte Emotionalarbeit. Wir sind trainiert, Abstand zu anderen Menschen zu halten. Außerdem haben wir unbewusst Angst, die Kontrolle über unsere Gefühle zu verlieren. Vielleicht mischt sich dazu auch noch die Angst, in emotional unangenehmen Situationen verlassen oder enttäuscht zu werden. Wir sind darauf geeicht, Schmerz zu kontrollieren und in Schach zu halten. Deshalb ist es angebracht, Halteprozesse nur unter Anleitung und fachlicher Begleitung zu machen. Ein Therapeut kann dann auf die Emotionen achten, kann Prozesse unterstützen oder eingrenzen.

Der Therapeut kann aufgrund seiner fachlichen Kompetenz auch einschätzen, welche Nähe bei welchem Prozess angesagt ist.

Damit fördert er einen guten, haltgebenden Verlauf des Haltens. Bei einem Kinderhalten achtet er besonders darauf, dass das Kind von einem eindeutigen, sicheren Elternteil gehalten wird, das für die Not des Kindes offen bleibt und nicht von der eigenen Not dabei überschwemmt wird.

Im Folgenden wird ein Beispiel beschrieben, bei dem ein Vater sein Kind hält. Hendrik hat selbst schon zahlreiche Erfahrungen mit dem Halten gemacht. Er weiß deshalb aus dem eigenen Erleben heraus, wie es ist, gehalten zu werden, Emotionen zu zeigen und durch einen lösenden Prozess zu gehen.

Seine Frau Sarah dagegen lernt im Rahmen dieses Workshops zum ersten Mal diese Art von Arbeit kennen. Da sie sich auch eine Arbeit mit ihrer jüngsten Tochter wünscht, wird sie eine „leichtere" Form des Kinderhaltens mit Mira erleben.

„Deinen Schmerz habe ich nicht gesehen, doch jetzt sehe ich dich."

Ein Kind sehen heißt nicht, es nur vor Augen zu haben und ausreichend zu versorgen. Ein Kind sehen heißt, seine Emotionen wahrnehmen und annehmen.

Diese Erkenntnis machen viele Eltern in einem Halteprozess. Das „Aha-Erlebnis" passiert immer dann, wenn ihnen dabei zum ersten Mal bewusst wird, dass sie ihr Kind emotional nicht aufgefangen haben, obwohl es das gebraucht hätte.

Sie haben das nicht aus böser Absicht getan. Sie haben es nicht gemerkt. Ihr Kind musste deshalb über einen gewissen Zeitraum alleine für sich sorgen. Es musste eigene Überlebensstrategien entwickeln.

Meistens ist diese Erkenntnis von einem Staunen darüber begleitet, dass man damals die Situation doch als gar nicht so „schlimm" wahrgenommen hatte.

Dass dies aus einer Kinderperspektive ganz anders empfunden werden kann, müssen Erwachsene oft erst lernen.

Das Schöne an dieser durch die Halteerfahrung gewonnenen Erkenntnis ist, dass das Kind im Rahmen dieses Halteprozesses die Chance hat, endlich eine nicht gestillte Sehnsucht erfüllt zu bekommen.

Endlich wird sein damaliger Schmerz gesehen und aufgefangen. Diese Erfahrung speichert sich im Gehirn des kleinen Kindes.

Es eröffnet ihm die Möglichkeit, seine erlernten Überlebensstrategien mit der Zeit aufgeben zu können, weil es sie nicht mehr braucht.

Hendrik und Sarah sind mit Paula (5) und Mira (1) im Workshop. Paula ist für ihr Alter überaus selbständig. Sie möchte alles alleine regeln und scheut jeglichen Körperkontakt mit den Eltern.

In der Großgruppe setzt sie sich immer weg von ihren Eltern. Mit Gleichaltrigen kollidiert sie oft, weil sie alles selbst bestimmen will.

Auch im Kindergarten ist sie deshalb schon unangenehm aufgefallen.

Hendrik: „Es hat sich schleichend entwickelt. Es tut mir im Herzen weh, wenn ich sehe, wie sie alles mit sich alleine ausmacht. Wir wissen nicht, wie wir an sie rankommen."

Hendrik wünscht sich, im Rahmen eines Halteprozesses Paula zeigen zu können, dass sie sich auf ihn verlassen kann.

Sarah, die Mutter, erkennt sich im Verhalten ihrer erstgeborenen Tochter oft wieder. Sie hat Angst, Paula könnte genauso werden wie sie.

Sarah wünscht sich, in einem Halten ihr eigenes Thema mit ihrer Mutter zu bearbeiten. Sie hofft, dadurch aus dieser ständigen Sorge um Paula rauszukommen. Diese Sorge versperrt ihr den freien Blick auf ihr Kind.

Vor dem Kinderhalten weist die Therapeutin Hendrik in das bevorstehende Geschehen ein. Er kann sich nochmal genau darüber bewusst werden, was ihm bei diesem Halten wichtig ist.

Dieses Gespräch ist ganz wichtig, damit der Vater sicher in den Prozess gehen kann. Die Sicherheit der Eltern ist wichtig. Wer nicht sicher ist, kann auch dem Kind beim Halten keine Sicherheit vermitteln.

Paula kommt später gut gelaunt mit ihrem Papa ins Zimmer. Hendrik nimmt sie zu sich auf den Schoß. Er teilt seiner Toch-

ter mit, was ihm jetzt wichtig ist: „Ich bin dein Papa, ich möchte dich beschützen und dass du weißt, dass ich dich lieb habe."

Paula wird die körperliche Nähe zu ihrem Papa schnell zu viel.

Sie versucht auf vielfältige Art und Weise die Nähe zu beenden.

Erst stemmt sie sich wütend gegen Hendrik auf, versucht sich rauszuwinden und schreit.

Hendrik gibt ihr die Erlaubnis, ihre Wut zu zeigen und muntert sie darin auf.

Dann will Paula zur Mami ... Hendrik bleibt eindeutig: „Du bleibst jetzt bei mir."

Danach beginnt sie irgendwann ihren ganzen Charme einzusetzen, um die Nähe zu beenden: „Bitte, bitte lieber Papi, lass mich los,... ich bin auch wieder brav."

Hendrik: „Du brauchst nicht brav zu sein, du bist gut so, wie du bist. Ich bin hier der Große, du darfst schreien und wütend sein. Ich mag dich auch dann. Ich bin dein Papa und du darfst endlich wieder klein sein."

Paula reagiert auf diese Erlaubnis mit einem Aufatmen. Der ganze Körper entspannt sich augenblicklich. Ein kurzer Schauer geht durch den Körper.

Diese Reaktion zeigt, dass Hendrik gerade ein wichtiges verletztes Bedürfnis seiner Tochter ausgesprochen hat. Das Grundbedürfnis, nach dem sie sich sehnt, heißt: Ich will beim Papa klein sein dürfen und beschützt werden.

Die aktive Auflehnung wandelt sich nun um in ein inneres Ringen. Das Mädchen zeigt augenblicklich seinen Schmerz, um kurz danach wieder in einen etwas passiveren Widerstand zu gehen. Papas Beständigkeit wird dabei geprüft. Hendrik kommt dabei manchmal ins Zweifeln, ob es richtig ist, was er da gerade macht. Manchmal braucht er eine kurze Unterstützung, um wieder an sich selbst anzudocken und sich nicht in Paulas ausgelöster Angst vor Nähe und Trauer zu verlieren. Die Therapeutin unterstützt ihn darin, den eigenen Zweifel auszusprechen und über den Körper zu überprüfen, wie das Halten mit Paula sich anfühlt.

Hendrik: „Es fühlt sich gut an."

Er soll sich an die eigenen Erlebnisse im Halten von damals erinnern. Wie war es für ihn, in der Not gehalten zu werden?

Paula: „Du tust mir weh!"

Hendrik: „Nein, ich tu dir nicht weh, ich halte dich nur im Arm."

Die Therapeutin ordnet Hendrik Paulas Schmerz ein: „Es tut ihr wirklich weh. Es gab eine Zeit, in der Paula dich gebraucht hat. Du warst damals nicht da. Diese Gefühle kommen bei Paula hoch, wenn du sie so eng bei dir hast. Diese Erinnerung kann auch wirklich körperlich weh tun."

Diese Reaktion des Kindes ist eine wichtige Stelle in diesem Halteprozess. Hier zeigt sich die Not des Kindes von damals in Form eines körperlichen Schmerzes. Das Kind hat über Jahre alles gemieden, was sie hätte enttäuschen und noch einmal verletzen können. Sie wurde quasi emotional autark. Eine solche Haltung ist aber mit Kraftanstrengung verbunden.

Im Halten spürt sie jetzt die sichere Nähe. Dadurch wird ihr Gefühl von damals freigesetzt. Solche unterdrückten Gefühle zeigen sich als körperlicher Schmerz, als Herzschmerz, Schwere oder

Druck. Im Fall von Paula ist es ein körperlicher Druck, der sich innerlich aufbaut.

Der Körper ergreift die Chance. Dieser Schmerz will nun endlich gesehen werden.

> *Hendrik nimmt Paula eindeutig zu sich: „Da drinnen tut etwas weh und ich bin da."*
> *Die Therapeutin lässt Hendrik ein paar Mal wahrnehmen, wie alt Paula inzwischen ist.*
> *Er schaut ihr ins Gesicht und nimmt ihren Ausdruck wahr.*
> *Hendrik: „Sie ist drei Jahre alt."*
> *Therapeutin: „Was ist passiert, als Paula drei Jahre alt war?"*
> *Hendrik fällt erst mal gar nichts dazu ein.*

Wenn sich im Kind der Schmerz zeigt, kommt meistens auch die Erinnerung. Mit dieser Erinnerung verändert sich auch der Ausdruck eines Kindes und es zeigt den Gesichtsausdruck von damals. Die Eltern können dann oft sehr präzise wahrnehmen, zu welcher Zeit dieser Schmerz gehört.

> *Paula versucht, sich freizubeißen. Hendrik unterbindet es erst mal mit zaghafter Stimme.*
> *Die Therapeutin ermutigt den Papa, zu seinen Gefühlen zu stehen.*
> *„Was passiert mit dir, wenn sie versucht dich zu beißen?"*
> *Hendrik: „Ich werde wütend."*
> *Jedes Mal, wenn Hendriks Stimme bestimmt, ernst und klar ist, hört Paula auf zu kämpfen. Sie wird ruhig und entspannt sich kurz in seinen Armen.*
> *Hendrik wird sicherer in seinem Selbstverständnis als Vater. Das zeigt sich darin, dass er eindeutig wird in seinem Han-*

deln. Seine Stimme wirkt bestimmt, ernst und klar. Paula hört auf zu kämpfen. Sie wird ruhig und entspannt sich kurz in seinen Armen.

Die Therapeutin macht ihn genau auf diese Veränderung aufmerksam.

Er soll bewusst dieses neue Verhalten der Tochter wahrnehmen.

Hendrik spricht aus, was ihm wichtig ist: „Ich will wissen, wie es dir geht, und deshalb möchte ich, dass du dableibst, ich bin dein Papa, ich beschütze dich, ich bin jetzt für dich da."

Mit der Zeit liegt Paula ganz ruhig und entspannt in seinen Armen und schaut ihn müde und zufrieden an.

Hendrik blickt liebevoll auf sie: „Jetzt sehe ich auch, wie klein du noch bist. Du bist meine Große, aber du bist noch ganz schön klein. Und ich hab vergessen, wie wichtig es ist, dass ich als großer Papa für dich da bin."

Plötzlich hält er inne.

Die Erinnerung kommt in ihm hoch: „Jetzt weiß ich, was passiert ist, als sie drei Jahre alt war."

Therapeutin: „Sag es ihr direkt."

Hendrik: „Das war die Zeit, in der wir unser Haus umgebaut haben. Ich war in der Arbeit. Wenn ich nach Hause kam, war ich mit dem Umbau rund um die Uhr beschäftigt.

Sarah war mit Mira schwanger und ihr war ständig übel, so dass keiner von uns Zeit für dich hatte.

Du bist immer in irgendeinem Raum ganz verloren in einer Ecke gekauert und warst ganz schön allein."

Hendrik bekommt feuchte Augen und zeigt Mitgefühl für die damalige Situation der kleinen Paula.

Er streichelt ihr liebevoll übers Haar. „Es tut mir so leid ..."

Paula schaut die ganze Zeit ihren Papa mit großen, glühenden Augen an und wird ganz ruhig. Irgendwann liegt der Körper ganz entspannt in seinem Arm.

Sie kuschelt sich an ihn. Irgendwann schließt sie die Augen und schläft zufrieden und erschöpft in seinen Armen ein.

Hendrik ist ganz überwältigt, endlich dieses große, kleine Bündel zusammengekuschelt in seinen Armen zu halten. Ganz gesammelt streichelt er seine Tochter. Er grinst und schaut die Therapeutin an:

„Danke, alleine hätte ich das nicht durchgestanden …"

Bei der abendlichen Runde geht Paula zielstrebig auf den Papa zu und legt sich während der Übung auf die Matte.

Die ganze Zeit liegt Paula ruhig und entspannt da und genießt die Zuwendung vom Papa.

Am nächsten Morgen kommt Paula an das Bett der Eltern und legt sich freiwillig zu Hendrik. Auf diese Weise bekommen die Kinder die Chance, sich in ihrem Tempo an eine beständige, nährende, körperliche Nähe zu gewöhnen.

Am nächsten Tag arbeitet die Therapeutin mit Sarah und ihrer einjährigen Tochter Mira. Es geht um das Thema Unruhe.

Während des Gespräches sitzt Mira im Arm der Mama. Die Therapeutin unterstützt die Mama darin, ihre Tochter in ihren Emotionen und Äußerungen zu spiegeln. Anfangs traut sich Sarah nicht, die Geräusche von Mira in Form eines Echos mitzumachen und sie so zu spiegeln. Dieses Baby-Talking ist eine wunderbare Möglichkeit, mit dem Kleinkind in Kontakt zu kommen.

Die Therapeutin zeigt, wie es gehen kann, bis Sarah sich selbst traut, sich auf diese noch etwas befremdliche „Geräuschebene" einzulassen.

Für Eltern, die bisher eher auf der Verstandesebene mit ihren Kindern kommuniziert haben, fühlt sich diese Art von Kommunikation erst einmal sehr fremd an.
Es bedarf der Übung, bis diese Form der Kontaktaufnahme sich auf eine natürliche Art und Weise entfaltet.
Der Babytalk ist eine wichtige Resonanz für das Baby. Er spiegelt die Gefühle, drückt sie aus und ordnet sie ein. In diesem Sinne ist er eine wunderbare Möglichkeit, die Kinder emotional zu nähren.

Sarah traut sich erstaunlich schnell, sich auf diese Ebene einzulassen. Mit der Zeit entwickelt Sarah richtig Spaß daran.
Sarah und Mira kommen in einen leichten, spielerischen Austausch. Beide haben Spaß an dieser Kommunikation. Sarah: „Das hatten wir schon lange nicht mehr, einen leichten Kontakt miteinander und Spaß dabei."

Ein Jahr später kommt die Familie erneut zu einem Workshop. Die Eltern wollen diesmal ihrer Paarbeziehung Raum geben. Es fällt auf, dass die Eltern mit Paula gut im Kontakt sind. Paula sitzt in den Runden bei ihren Eltern. Die Eltern sind im Umgang mit ihr sehr klar und sicher geworden. Sie können eindeutig Grenzen setzen, wo es notwendig ist, und bleiben in einem liebevoll zugewandten Kontakt. Der Alltag mit den Kindern ist leichter und unkomplizierter geworden.

Halten ist Übungssache

Das Gehirn lernt über Erfahrung. Wer etwas am eigenen Leibe erfährt, lernt daraus. Das Erleben eigener Empfindungen im unmittelbaren Kontakt mit einem anderen Menschen aktiviert die Spiegelneuronen. Empfinden über die Spiegelneuronen meint: Ich empfinde, wie es dir geht. Solche Erfahrungen sind ideale Bedingungen für ein nachhaltiges, effizientes und wirkungsvolles Lernen. Lernen heißt, sein Verhalten nach eigenen Erfahrungen zu ändern. In diesem Sinne gilt das alte deutsche Sprichwort: „Übung macht den Meister."

Das gilt für angenehme und für schmerzhafte Erlebnisse. Schmerzhafte Bindungserfahrungen können aus dem Gehirn nicht gelöscht werden. Sie sind da. Sie können über ähnliche Erlebnisse neu aktiviert und ihre Präsenz in uns damit jedes Mal aufs Weitere verstärkt werden.

Die therapeutische Arbeit im Bindungshalten geht von dieser Grundlage aus.

Das Bild ist, dass wir jederzeit neue Möglichkeiten haben, über ein weiteres Erleben neue Verschaltungen im Gehirn anzustoßen. Positive, stärkende, sich wiederholende Bindungserfahrungen können einem Menschen neue zwischenmenschliche Erfahrungen ermöglichen.

Die beständige Wiederholung angenehmer, positiver Verhaltensweisen kann die alten, unsicheren Bindungserfahrungen in ihrer Wirkung abschwächen und beim wieder Aufflackern schneller zur Ruhe bringen.

Übungen sind deshalb fester Bestandteil des Bindungshaltens. Alle Erfahrungen sind im Gehirn angelegt. Sie können als „Erfahrungsrucksack" mit nach Hause genommen werden.

Wenn eine Mutter am eigenen Körper erlebt hat, wie sich eine haltgebende Umarmung anfühlt, kann sie ihre Abwehr aufgeben. Wenn sie das Wahrnehmen und das offene Ausdrücken eigener Gefühle nicht als bedrohlich empfindet, sondern als stärkend, verändert sich die Haltung zu sich selbst und zum Gegenüber. Das macht wieder einen aufrichtigen präsenten Kontakt zu anderen Menschen möglich.

Wer solche neue Erfahrungen macht, kann die Bedürfnisse und die eigentliche Not der eigenen Kinder ganz anders wahrnehmen.

Ein schreiendes Kind ist nicht mehr Anlass zur Abwehr, zum schnellen Ruhigstellen oder zur üblichen Verhaltensweise, es auf den Auszeitstuhl im eigenen Zimmer zu schicken.

Wer in Kontakt gekommen ist mit den eigenen Bedürfnissen und die Lösung erlebt hat, weiß um die lösende Kraft der Zuwendung an Stelle der Ablehnung.

Einbeziehen ist wirkungsvoll. Ausschließen löst kein Problem, es dressiert höchstens.

Haltgebende, beziehungsorientierte Präsenz der Eltern ist die wirksamste, nachhaltigste Art und Weise, ein weinendes Kind aufzufangen, zu integrieren und zu stärken.

Die Übungen, die beim Bindungshalten verwendet werden, stammen zum großen Teil aus der haltgebenden Pädagogik von Philipp Nessling[62] und Heide Wettig.

Viele ihrer Übungen sind aus der integrativen Körperarbeit von Besems übernommen. Ebenso wurden viele Übungen im Rahmen unserer Familienseminare und unserer Weiterbildungen ausgebaut und ergänzt.

---

[62]   Arbeitsgemeinschaft haltgebende Pädagogik www.haltetherapie.de

Sie sind ein lebendiges Arbeitsmaterial, welches sich ständig in der unmittelbaren Erfahrung mit Menschen erweitert und ergänzt.

In den Familienworkshops dürfen die Erwachsenen zuerst die Übungen untereinander ausprobieren und erleben. Im Rahmen der abendlichen Runden können sie das Gelernte dann an ihren Kindern erproben und gegebenenfalls zu Hause weiterführen.

Das angelehnte Sitzen

Die Paare nehmen die Sitzposition ein. Jeder soll gut sitzen. Der Haltende achtet darauf, stabil und sicher zu sitzen. Ein Sitzkissen zwischen den Beinen kann dabei helfen.

Nur wenn der oder die Haltende gut für sich sorgt, kann sich der Gehaltene auch entspannen und hingeben. Es können unterschiedliche Sitzpositionen ausprobiert werden. Wie fühlt sich eine Umarmung angenehm an? Wie kann ich mich im Schoß eines anderen entspannen und fallen lassen? Eine Vielfalt von Sitzpositionen ist möglich.

Es geht letztendlich darum, dass die Eltern ihre eigene Körperwahrnehmung schulen.

Kann ich dabei gut nehmen? Habe ich eher gelernt die Kontrolle zu behalten? Möchte ich nicht nehmen, sondern immer nur geben?

Es gilt dabei auch die Ebenen trennen zu lernen. Was macht eine gute Eltern-Kind-Ebene aus? Was können wir uns als Paar an Nähe geben?

Viele genießen einfach die körperliche Nähe des anderen, ohne etwas tun zu müssen. Eine Mutter bringt es so auf den Punkt: „Es ist eigentlich so einfach und schön: einen Menschen körperlich zu spüren, die Wärme, die Begrenzung … Es tut so gut … Da entspannt sich der ganze Körper."

Bei dieser Übung geht es darum, sich langsam wieder der Berührungserfahrung zu öffnen.

Eine häufige Rückmeldung der Haltenden ist dabei, dass es gut tut, für jemand einfach da zu sein, ohne selbst etwas machen zu müssen. Auch diese Erfahrung ist viel wert.

Auf Kinder oder Partner übertragen heißt das, weniger ist manchmal mehr. Eine echte menschliche Unterstützung muss sich nicht in Aktivität und ständigem Reden ausdrücken. Die alleinige Präsenz, das bloße „Dasein", reicht aus, damit sich der Gehaltene verstanden fühlt und sich fallen lassen kann.

Die Übung „Autonomie oder Nähe"

Die Teilnehmer stehen sich paarweise gegenüber. Frauen mit Frauen, Männer mit Männern.

Die Übung wird unter verschiedenen Aspekten durchgeführt.

Zuerst sollen die Teilnehmer einfach in Kontakt mit ihrer eigenen Kraft kommen. Es geht darum, erst einmal den Atem und den Körper gut zu spüren. Ein guter Kontakt zum Boden ist wichtig.

Es geht bei der Übung nicht um Kampf, sondern um die Möglichkeit, sich selbst in seiner ganzen Kraft gut zu spüren und auch die Kraft des Gegenübers zu erfassen. Manche haben keinen eindeutigen Zugang mehr zu ihrer eigenen Stärke und Kraft. Sie befürchten, anderen weh tun zu können, wenn sie sich mit ihrer Kraft einem anderen zumuten.

Ein Leben lang haben sie gelernt, sich für andere zurückzunehmen und nur mit der halben Kraft aufzutreten.

Der Gehaltene darf sich in seiner ganzen Kraft zeigen. Der Haltende nimmt das hin. Auch in dieser Übung geht es um das Spüren. Stützt sich das Gegenüber einfach nur ab? Oder fällt der andere um, wenn der Partner aus der Übung rausgeht?

Im übertragenen Sinne kennen das manche auch vom Beruf. Manchmal geht es dort auch darum, den anderen immer wieder auszuhalten und zu stützen.

Mit solchen Erfahrungen lässt sich nachspüren, ob man mit solchen Verhaltensweisen einverstanden ist. Wie fühlt es sich an, wenn jeder wieder für sich steht und die gegenseitige Kraft zu spüren ist.

Die Beteiligten bekommen einen Eindruck davon, ob das sich-in-die-Augen-Schauen dazu führt, von sich selbst wegzugehen und sich zu verlieren.

Was verändert sich, wenn der eine Teilnehmer kurz mal die Augen schließt und in die eigene Wahrnehmung geht.

Wie verändert sich dadurch das Spüren der eigenen Kraft?

Dann darf der Eine den anderen wegschieben und dabei erfahren, dass der andere standhält.

Meistens macht man dann die Erfahrung, dass sich bei stärkerem Schieben auch das Gegenüber verändert. Druck erzeugt Gegendruck.

Solche Körperübungen bringen die Teilnehmer ganz bewusst wieder in Kontakt mit ihrem Körper. Sie erfahren ganz unterschiedliche Formen, über den Körper Nähe zu erleben oder sich auch abzugrenzen. Denn diese Fähigkeiten gehören zu einem sicheren Bindungsstil. Es braucht Sicherheit, um die Nähe zu anderen aktiv aufsuchen zu können.

Genauso braucht es Sicherheit, die eigene Autonomie einfordern zu können.

Im dritten Durchgang erfolgt noch der Einsatz der Stimme. In unserer westlichen Gesellschaft ist ein Erheben der Stimme oft mit Aggression und Gewalt verbunden.

Wir sind darauf trainiert, über die Stimmmelodie nicht zuviel Gefühl zu zeigen. Wir verstecken uns hinter der monotonen Stimme. Dabei bleibt die Lebendigkeit auf der Strecke. Ebenso distanzieren wir uns dadurch von uns selbst und verlieren abermals Kontakt zu uns.

Gefühle sind Ausdruck unserer selbst. Sie sind Hinweise dafür, wie es uns momentan geht.

Über das Wahrnehmen unserer Gefühle bekommen wir einen Zugang zu unseren Bedürfnissen und können gezielter für uns sorgen.

Für die Teilnehmer bedeutet es, sich in der Übung noch ein Stück mehr dem eigenen Erleben zuzuwenden, sich dem anderen damit zuzumuten und sich zu zeigen.

Erneut soll einer der Teilnehmer den anderen wegschieben. Diesmal jedoch mit Einsatz der Stimme, indem er sagt: „Geh weg!" Der dazugehörige Partner hat die Aufgabe, sich ihm entgegenzustellen und dabei: „Nein!" zu sagen.

Wie schon bei den letzten Übungen geht es auch diesmal nicht um einen Kampfeinsatz, sondern darum, sich in der gegenseitigen Kraft wahrzunehmen und damit zu experimentieren.

Die Rückmeldungen der Teilnehmer zeigen eine Besonderheit:

„Am Anfang dachte ich spontan: O Gott, bitte nicht diese Übung! Es ist mir dann total schwergefallen: Ich sag zu meiner Partnerin: Geh weg! Und sie steht da und weicht nicht von der Stelle. Da gibt es diese Pattsituation.

Also habe ich versucht, sie rumzukriegen. Ich hab die Stimme lieblich verstellt, habe versucht, sie zu umgarnen, sie dafür zu gewinnen. Dabei fand dann aber keine Abgrenzung statt, sondern wir kamen wieder mehr in Kontakt.

Irgendwann überwog dann das Gefühl: ‚Ich schaff es eh nicht.‘

Diese Rückmeldung steht beispielhaft dafür, dass bei der Übung die meisten an die Grenzen dessen kommen, was sie als Kinder mit ihren Eltern erlebt haben.

Wenn jemand Gewalt über die Stimme erlebt hat, kann es sein, dass sofort eine innere Instanz wach wird. Es meldet sich eine innere Stimme: ‚So mach ich es nicht!‘“

Es geht hier also nicht um einen Machtkampf, wie viele ihn erlebt haben. Es geht hier nicht darum, den anderen mit aller Kraft wegzuschieben. Es geht darum, dass sich jeder für sich selbst einsetzt in der Abgrenzung zum anderen ohne Wertung.

Es kann auch richtig Spaß machen, sich eindeutig für die eigene Person einzusetzen.

Manchmal braucht es dazu auch die Wut. Die Wut ist eine Kraft, die uns hilft, anderen und uns selbst eine Grenze aufzuzeigen. Bis hierher und nicht weiter. Und wenn es eine Wut ist, die nur ein Ausdruck dieser momentanen Abgrenzung ist, dann kann der andere gut damit umgehen.

Schwierig wird es, wenn eine Wut aus anderen Lebenserfahrungen dazukommt, weil wir sie so oft zurückhalten mussten.

Das sind dann Gefühle aus früheren Situationen, die in uns schlummern, in denen wir damals nicht wütend sein durften.

Dann kommt die Wut überwuchtig und das Gegenüber kann schlecht damit umgehen.

An diesem Beispiel kann man auch eine häufig ausgeübte Lebenstechnik wahrnehmen, nämlich über Umwege das zu bekommen, was wir brauchen.

Wer versucht, den anderen für sich zu gewinnen, „ihn rumzukriegen", hält sich im Bereich der Ersatzhandlungen und der Manipulation auf.

Es kostet viel mehr Kraftaufwand, weil der Manipulateur dabei für sich und den anderen die Verantwortung übernehmen muss.

Dabei zeigen sich erneut unsere entwickelten Überlebensstrategien, die wir uns als Kinder angeeignet haben, um das zu bekommen, was wir auf direktem Wege nicht kriegen konnten.

Viele Erfahrungen können bei dieser Übung aktiviert werden. Manchmal geht das bis zum Gefühl: „Ich könnte ihn vernichten."

Solche Emotionen gehen aber in der Regel über in ein abwechselndes und gegenseitiges Grenzenabtasten.

Man kann dabei immer wieder spüren, wie weit das geht. Im Laufe der Übung wird es dann auch immer weniger wichtig, wer stärker ist.

Für manche ist es erstmal schwierig, die eigene Stimme zu erheben!

Manchmal braucht es mehrere Versuche, bis man sich traut und nach zaghaftem Beginn bestimmter und kraftvoller wird.

Wenn die Stimme dabei schwingt, kann das gegen Ende richtig befreiend sein.

Meistens werden in dieser Übung genau die Muster aktiviert, die tief in einem schlummern.

Manche fangen an zu lachen, nach dem Motto: „Humor ist, wenn man trotzdem lacht." Meistens sind es die Menschen, die Konfrontationen scheuen und Harmonie lieben.

Oft kommt dann auch das wirkliche Gefühl durch, die Tränen und mit ihnen die Trauer.

Dies ist bei den Menschen der Fall, die sich früher nicht zeigen durften und immer eine gute Miene zum bösen Spiel machen mussten.

Solche Verhaltensweisen können ganz tief in einem Menschen stecken.

Bei Cholerikern, die immer gelernt haben, ihre überschüssige Energie umzuleiten, um andere nicht vor den Kopf zu stoßen, kommt es zum Spüren dieser zurückhaltenden Verhaltensweise.

Sie spüren die Anstrengung, die damit verbunden ist, dem anderen immer alles in einem zumutbarem Ton zu sagen.

Manchmal kommen die Partner genau damit nicht klar. Sie spüren, dass bei ihnen nur die halbe Energie ankommt und versuchen die Wut und Entschlusskraft rauszukitzeln und zu provozieren.

In diesem Prozess sind beide irgendwann nicht mehr an dem Punkt, die gegenseitige Kraft zu erleben und auszuprobieren. Der Prozess kippt um in ein gegenseitiges Kräftemessen. Nur wer bei sich bleibt, entgeht diesem Machtkampf.

Der Körperspaziergang

Diese Partnerübung unterstützt die Beteiligten darin, sich ihres Körpers und dessen Grenzen bewusst zu werden. Sie zwingt die ausführende Person in die Präsenz. Eine Person liegt entspannt auf dem Boden. Die andere Person führt aktiv die Übung aus. Sie nimmt zum Beispiel die Hand und klebt sie auf den Boden. Das heißt, die Hand wird mit etwas Druck auf den Boden gedrückt. Auf diese Weise werden alle Körperteile der Reihe nach benannt und mit einem beständigen Druck schwer gemacht. Dadurch fühlt sich die liegende, empfangende Person durchgehend in ihrer Körperlichkeit gesehen.

Der Ausführende hat die Aufgabe, sich zwischendurch bei der liegenden Person zu vergewissern, ob der Druck stimmt und in der angemessenen Kraft kommt. Die liegende Person darf gegebenenfalls korrigieren. Das heißt, es ist eine Übung, die die Einfühlung der ausführenden Person in den anderen fördert.

Die Übung wird in einem beständigen Kontakt ausgeführt. Eine Hand bleibt immer am Körper, während die andere Hand den nächsten Körperteil ergreift. Dieser Vorgang und immer die gleichen Sätze vermitteln einen Zustand der Sicherheit.

Viele Teilnehmer melden zurück, dass es wohltuend ist, den Körper in seiner Ganzheit und gleichzeitig in seiner Begrenzung wahrzunehmen.

Kinder, die bewussten Körperkontakt nicht gewohnt sind, brauchen ein zeitlich aufeinander aufbauendes Angebot. Sobald sie beim Ausführen der Übung unruhig werden, sind die Eltern aufgefordert, die Übung zu beenden.

Die Unruhe zeigt an, dass sie in ihrer Aufnahmebereitschaft an einer eigenen Grenze angekommen sind. Diese Grenze ist von dem Erwachsenen zu achten.

Eltern, die diese Übung ihren Kindern regelmäßig anbieten, berichten, dass viele Kinder diese Übung einfordern, wenn sie Einschlafschwierigkeiten haben.

Die Übung vermittelt ihnen eine Schwere und Sicherheit. So können unruhige Kinder zur Ruhe kommen und besser einschlafen.

Emotionale Kompetenz und Autonomietraining

Das Leben ist Gewohnheit. Wir tun das, was wir können. Übung macht den Meister, heißt das Sprichwort. Was in der Vergangenheit gut war, kann doch in der Zukunft nicht schlecht sein.

Es gibt Lebensthemen, die sind für uns klar, einfach und selbstverständlich. Wir spüren keinen Grund, unser Verhalten zu hinterfragen. Wir wissen, was in manchen Lebensbereichen richtig ist und was falsch.

Unser Verhalten dem Partner oder den Kindern gegenüber ist eingespielt und gleichförmig. Wir fragen nicht, ob es schon festgefahren ist. Wir registrieren auch nicht die Starre in der Beziehung. Wir spüren nicht die Distanz der Körper. Wir funktionieren wie Automaten. Leben reduziert sich auf die Sicherheit des immer Gleichen. Das Empfinden passt sich an. Es stumpft ab. Und dann beginnt die Zeit der Vorwürfe.

„Du verhältst Dich falsch!", „Du siehst mich nicht!", „Du musst Dich ändern!"

In den Anfangsstreitereien stehen immer das „Du" und die Worte „nie" und „immer" im Mittelpunkt.

„Du bist …, du hast …, du tust …, nie zeigst du …, immer muss ich …" sind die Angriffsspeere in den Auseinandersetzungen.

Der ganze Streit hat meistens nur ein Ziel: Ändere dich, damit es mir besser geht.

Leider führt dieser Kampf zu keinem der gewünschten Ergebnisse. Der Partner ändert sich nicht, wie man es eigentlich ganz gerne hätte. Das erwünschte Ziel wird nicht erreicht.

Meistens werden Partner oder Partnerin bockig und unnachgiebig. Der große Kampf beginnt. In der Ehe wird offen oder versteckt der Krieg erklärt. Am Ende steht in manchen Fällen die gegenseitige Zerstörung.

So ist das in Kriegen.

Und wenn dann die unausweichliche Krise kommt, fallen wir aus allen Wolken.

Die Kinder werden aggressiv, unausstehlich oder respektlos. Der Partner oder die Partnerin fühlt sich missachtet und hat sich schon längst zurückgezogen.

Das bisherige Lebenskonzept knirscht oder kracht zusammen. Der Fall ins Nichts kommt plötzlich, obwohl er sich doch hinter den Kulissen schon längst angedeutet hat.

Der Aufprall tut weh, verdammt weh.

In diesem Augenblick gibt es nur zwei Möglichkeiten: Resignation oder Aufbruch! Wer sich für den Aufbruch entscheidet, muss die Ärmel hochkrempeln. Der Start ist hart. Ohne Aufbruch gibt es aber keine Chancen für eine Neuorientierung. Wer sich dieser

Herausforderung verweigert, bleibt im alten Fahrwasser und erlebt in neuen Beziehungen die gleichen Krisen.

Die Familienworkshops sind in solchen Lebenssituationen oft eine erste Station der Neuorientierung. Die Teilnehmer bekommen hier erste neue Einblicke in Zusammenhänge des Beziehungsgeschehens. Sie lernen zu sehen, was sie geprägt hat, welche biografischen Erfahrungen das heutige Leben beeinflussen oder bestimmen.

Sie erfahren, dass es einen Weg raus aus dem Schlamassel gibt. Dieser Weg ist ungewohnt und neu.

Sein Kern heißt: „Ich kümmere mich um mich und meine ganz persönliche Geschichte.

Ich schaue auf mein Leben und übernehme für mein Handeln die Verantwortung!"

Wer sich so verhält, ist frei. Wer sich so verhält, entscheidet über das eigene Leben autonom. Wer sich so verhält, sieht seine eigene Geschichte, handelt aber auf diesem Hintergrund selbständig und eigenverantwortlich.

Ein solches Verhalten nennen wir „Emotionale Kompetenz" oder „Autonomie".

Emotionale Kompetenz und Autonomie sind Fähigkeiten, seine eigene Prägung zu erkennen und zu verstehen. Es ist das Wissen um die Hintergründe und Ursachen des persönlichen Verhaltens.

Emotionale Kompetenz hat ein Mensch, wenn er sein Gefühlsgeschehen einordnen kann, wenn er um die Auslöser, Verstärker, Blockaden der innerlichen Gefühlsausbrüche oder Schockstarren Bescheid weiß.

Ein Mensch ist emotional kompetent, wenn er solche Verhaltensweisen einordnen, sie in sein Leben integrieren und dafür die persönliche Verantwortung übernehmen kann.

Wie wir an den Beispielen in diesem Buch gesehen haben, steckt hinter diesem Konzept eine ganz triviale Überlegung.

Jeder persönliche Lebensweg ist durch positive oder negative Ereignisse geprägt.

Auf schmerzhafte Erlebnisse reagiert der Mensch mit Abwehr und Strategien der Verdrängung oder Vermeidung. Es geht dabei darum, den Schmerz des Erlebens möglichst auszublenden oder zu vergessen. Besonders schwierig wird es, wenn das Erlebte eine traumatische Verletzung nach sich zieht.

Nach solchen traumatischen Erlebnissen kann es zu größeren oder kleineren „Flashbacks" kommen. Das passiert, wenn ein kleiner Auslöser eine emotionale Erinnerung an das problematische Geschehen verursacht. Das kann eine Handbewegung, ein bestimmter Ton, ein Geruch oder ein Bild sein.

Die Auslöser haben mit dem alten Geschehen nichts zu tun. Der Geruch, die Geste, die Redensart, der Blick oder die Körperhaltung genügen, um das zurückliegende Geschehen wieder in das Bewusstsein zu holen.

Den Betroffenen ist dieser Zusammenhang in diesem Moment nicht bewusst. Der Prozess läuft dann ganz automatisch ab. Der Auslöser in der Gegenwart aktiviert die Gefühle von damals. Er kann eine Flutwelle an Emotionen freisetzen.

Meistens sind die Beteiligten dann entsetzt über die Heftigkeit von Reaktionen und Gefühlsausbrüchen.

Diese Zusammenhänge und Hintergründe zu erkennen, ihnen den richtigen Platz zu geben und darauf angemessen zu reagieren, ist Gegenstand der Workshops „Emotionale Kompetenz" und Inhalt des „Via Autonomietrainings".

Einsichten in dieses innere Geschehen helfen, das eigene Leben emotional gelassener zu gestalten und dadurch freier zu werden.

Mit den Methoden des Bindungshaltens lernen die Teilnehmer, sich ihren wirklichen Gefühlen zu nähern, ihre innere Wahrheit zu erfahren und ihr Leben danach auszurichten.

Sie kommen vielleicht zum ersten Mal richtig in Berührung mit dem Gefühl, glücklich zu sein.

Auf diese Weise lernen sie auch, das Glück selbst in die Hand zu nehmen.

Diese Prozesse sind nicht mit einer Seminareinheit erledigt. Die Seminare sind Anstoß und wichtiger Impuls für eine Lebenshaltung im Alltag.

Diese Lebenshaltung gilt es, immer wieder neu zu leben und zu erleben.

In diesem Zusammenhang bekommt ein altes Sprichwort eine wichtige Bedeutung: „Jeder ist seines Glückes Schmied."

Es geht darum, das eigene Leben bewusst anzuschauen mit allem, was dazu gehört hat und heute dazu gehört. Wir sind es in der Regel nicht gewohnt, Gefühle als innere Kraft zu spüren, sie für das eigene Leben ganz bewusst zu nutzen.

„Sei doch nicht so emotional!" ist ein oft gebrauchter Satz. Er fordert Menschen auf, ihre Gefühle zu kontrollieren. In vielen Lebenssituationen sind Emotionen unerwünscht.

Viele haben daher gelernt, die Gefühle zu bändigen, sie zu verstecken, gegen sie anzukämpfen und sie zu unterdrücken.

Gefühle sind unerwünscht oder gar bedrohlich.

Wer mit seinen tiefen Gefühlen so ignorant umgeht, wird mit den Jahren müde und kraftlos. Der Kampf gegen das innere Empfinden kostet viel Energie. Bewusst oder unbewusst die Gefühle im Zaun zu halten oder sich nur Ausweichgefühle (sekundäre Gefühle) zu gestatten, ist harte Verdrängungsarbeit.

Menschen gehen in dieser Haltung auf Distanz, statt in die Nähe. Sie wehren ab, statt sich zuzuwenden. Sie meiden die Begegnung, die Berührung und alles, was uns körperlich gut tun könnte. Sie kapseln sich ab inmitten all der anderen Menschen.

Von Dan Casriel, dem Begründer des Bondings, wird gesagt, dass er diese emotionale Austrocknung so beschrieben hat: „Eigentlich verhungern Menschen am gedeckten Tisch."

Mit dem gedeckten Tisch meinte er unsere Möglichkeiten für emotionale und körperliche Nähe. Wir Menschen brauchen sie als tägliche Nahrung. Wir könnten uns damit auch ohne großen Aufwand gegenseitig „füttern".

Aber in unserer technisierten, versachlichten und ökonomisierten westlichen Welt haben wir diese Kraft aus dem Auge verloren. Es gibt einen wachsenden Analphabetismus der Gefühle. Die Emotionen werden mit Ersatzstoffen und Ersatzhandlungen bedient.

Vielen Menschen ist der Ausdruck von wirklichen Gefühlen fremd geworden. Wir müssen regelrecht wieder lernen, wie das „Emotionsessen" ablaufen kann. Deshalb gilt es, die emotionale Kompetenz wieder zu entwickeln. Es gilt, im Leben wieder autonom zu werden, eigenverantwortlich und nicht fremdbestimmt zu handeln.

Auch die echte körperliche Berührung ist der distanzierten und unverbindlichen „Bussi-Bussi-Kultur" gewichen.

Wirkliche körperliche Berührung und Begegnung, das zarte Streicheln oder die feste Umarmung sind bereits außerhalb der Vorstellungskraft und wirken eher bedrohlich als vertraut.

Aber gerade eine solche Nähe setzt ungeahnte Kräfte frei, lässt das gegenseitige Vertrauen und das Gefühl von Sicherheit entstehen.

Es zeigt sich relativ schnell, welche Kraft im Klima des gegenseitigen Vertrauens wachsen kann.

Die Präsenz eines ehrlichen Gegenübers tut gut, gibt Sicherheit und das Gefühl von Halt. In diesem Rahmen gedeiht der Mut, sich mit all den Gefühlen zu öffnen, die tief in einem schlummern und bisher nicht an das Licht kommen durften.

Nach und nach machen die Teilnehmer an den Seminaren für „Emotionale Kompetenz" so die Erfahrung, wie sich in den Armen eines anderen Teilnehmers, einer eigentlich noch relativ fremden Person, Blockaden und Ängste auflösen lassen.

Die Teilnehmer entdecken wieder eine Kraft, die nur im menschlichen Zusammenleben entstehen kann.

In der Gemeinschaft entsteht durch diese körperliche Nähe das Gefühl von Geborgenheit und Sicherheit. Das kann eine Hand auf der Schulter sein oder das Anlehnen an einen anderen oder, wie bei Gerlinde, die Zuwendung einer Seminarteilnehmerin, die mit ihr auf der Matte liegt und sie in die Arme nimmt.

Gerlinde: „Zunächst war das eine fremdartige Vorstellung. Ich liege auf einer Matte, eine Hand auf dem Herzen, eine auf dem Bauch und ich gestatte einer anderen Person, sich auf mich zu legen. Auch wenn es jemand aus der Familie ist. Wer zeigt sich schon gerne so vor ‚Publikum', einem begleitenden Therapeuten oder einer Therapeutin, denkt man.

Aber seltsam, wenn die Situation dann ansteht und zuvor gut vorbereitet wurde, hat sie nichts Peinliches oder Unangenehmes. Erstaunlich normal fühlt sich das an.

Ich habe zum ersten Mal im Leben erfahren, dass schon alleine die Wärme und Schwere eines anderen Körpers, die unbedingte Nähe eines anderen Menschen etwas ungeheuer Anrührendes und Tröstendes, aber auch Befreiendes haben kann.

Das gilt auch, wenn man den Teilnehmer überhaupt nicht kennt, wenn einen also nichts mit ihm verbindet, außer dass eben beide Menschen sind.

Besonders erstaunt war ich, dass ich das Gewicht des anderen nicht als bedrängende Beschwerung empfand, sondern eher als heilsamen Druck, der es möglich machte, sich ganz nach innen zu wenden. Es kam mir vor, als hindere die Schwere auf mir, dass sich meine Gedanken und Gefühle selbstständig machen. Im Gegenteil. Ich fühlte mich gleichsam zu größtmöglicher Konzentration gezwungen.

Es gab kein Entrinnen über Bewegungen, Herumlaufen, Umsehen. Es gab nur einen Weg, den die aus den Tiefen kommenden Gefühle nehmen konnten, den durch den Mund.

Man kann erzählen, auf Fragen antworten, herausschreien und dabei ungeheuer viel Ballast abwerfen.

Wenn das, was da aufkommt, weh tut, tröstet die Wärme und Berührung des anderen und hilft über den Schmerz hinweg. "

Die Therapeuten unterstützen durch ihre sensible Begleitung, einen guten Weg für aufkommende Gedanken und Gefühle zu finden. Die Fragen oder Bemerkungen haben nichts Vereinnahmendes oder Bedrängendes, sie sind nichts weiter als Anregungen und Wegweiser, denen man freiwillig folgen kann oder nicht.

Wie eine Hebamme nicht am Kind zieht, sondern ihm nur den Weg zeigt, an das Licht zu kommen, wird auch beim Bindungshalten nicht gezerrt und gezogen, sondern nur angeregt. Alles, was sich dabei äußert, war immer schon da. Es kommt aus dem eigenen Inneren. Es konnte nur noch nicht hinaus.

Thorsten ist von Beruf Pädagoge. In seinem bisherigen Leben hat er gelernt, Gefühle vor allem mit sich im Alleingang auszumachen. „Es gibt Momente, in denen mich Filme berühren. Dann kann ich meine Tränen nicht zurückhalten und genieße sie wirklich.

Aber so unkontrolliert, wie sie auch kommen, sind sie wieder weg."

Thorsten schildert, dass er keinen bewussten Zugang zu seinen Gefühlen hat.

Er will in der direkten Begegnung mit seiner Frau und seinem Sohn wieder seine wirklichen Emotionen erleben und leben.

Ein weiterer Teilnehmer dazu:

„Die Gefühle haben mich im Griff. Wenn sie aus mir herausprudeln, kann ich nicht anders. Sie sind einfach mit ihrer ganzen Wucht da und oft in so einer Vehemenz, dass sie, mich inklusive und die anderen Menschen um mich herum, erschrecken.

Ansonsten erlebe ich mich im Alltag eher kontrolliert, funktionierend und gefühllos."

Wie viele Menschen ist auch Thorsten im Laufe seines Lebens zu einem perfekten Verwalter seiner Gefühle geworden. Gefühlsausbrüche gibt es nur im stillen Kämmerlein:

„Gegenüber meiner Frau äußere ich Wut durch Ignorieren und Schweigen. Gegenüber meinen Sohn lebe ich meine Wut am meisten aus. Zu ihm bin ich verbal aggressiv, verletzend. Da muss ich dann gegen die Wand schlagen, um aus dieser Situation wieder herauszukommen.

Ich kann das kontrollieren, spüre dabei aber viel zerstörerische Kraft in mir. Das macht mir Angst.

Meistens bleibe ich im Kopf und bin dann auf der sicheren Seite."

Solche Erfahrungen kennen viele Erwachsene aus dem Alltag mit ihren Kindern. Die Kleinen kriegen zu Hause oft die Gefühlsausbrüche ab, die sonst im Berufsleben oder in der Öffentlichkeit vermieden oder gar unterdrückt werden.

Auch Thorsten wünscht sich, in diesem Gefühlsbereich endlich frei zu sein und seine inneren Emotionen besser zeigen zu können.

Bei Uta zeigt sich ihre Unbeholfenheit im Umgang mit Gefühlen und Nähe immer dann, wenn sie sich endlich wieder mal traut, sich auf einen Mann einzulassen.

„Liebesbeziehungen strengen mich immer an. Ich lebe allein und könnte mir gar nicht mehr vorstellen, mit jemanden zusammen zu wohnen. Wenn jemand bei mir übernachtet oder ich bei anderen Leuten bin, kann ich schlecht schlafen.

Wenn ich einen interessanten Mann kennenlerne, gehe ich meist innerlich auf Distanz, ohne es richtig zu merken. Ich merke dann eher an der Reaktion des anderen, dass er sich zurückzieht.

Wenn ich mich in jemanden verliebe, bekomme ich oft Panik. Bei der letzten Liebesbeziehung hab ich am Anfang Beruhigungsmittel genommen, sonst hätte ich es nicht ausgehalten. Nach einer Weile ging es dann besser. Ich brauche aber in der Liebesbeziehung immer Distanz und Zeit für mich.

Ich komme am besten mit meinen eigenen Bedürfnissen in Kontakt, wenn ich allein bin. Ich lege mich ins Bett und umarme ein Kissen. Dabei stelle ich mir vor, dass ich auch so umarmt werde."

Ein solches Verhalten ist aus der Sicht von außen eigentlich paradox. Uta hat den großen Wunsch, eine Liebesbeziehung zu einem Mann zu finden, vor dem sie nicht mehr davonrennt. Sie will endlich Nähe frei und ungezwungen genießen können.

Tatsächlich tut sie genau das Gegenteil. Sie umarmt nur ihr Kissen. Das ist für sie in keiner Weise bedrohlich. Es wird sie auch nicht enttäuschen. In diese Umarmung kann sie all ihre Sehnsucht legen, ohne die Angst haben zu müssen, zurückgewiesen zu werden.

„Bisher halte ich keinen Mann über einen längeren Zeitraum aus. Den letzten habe ich abends nach Hause geschickt, gleich nachdem wir miteinander geschlafen hatten. Mir wurde die Nähe zuviel. Wenn es ein Mann ernst mit mir meint, steigt eine Angst in mir hoch. Ich fühle mich total blockiert und bekomme schreckliche Schmerzen auf der Blase. Und dann will ich nur noch, dass er so schnell wie möglich geht. Ich kann dann zur Furie werden. Die meisten Männer gehen freiwillig, um sich eine erneute Abfuhr von mir zu ersparen."

Ein solches Eingeständnis ist für eine Frau wie Uta alles andere als einfach. Dieses Eingeständnis ist ein großer Schritt auf dem Weg zur eigenen verletzten Seele.

Uta war in ihrem Leben sicher auch einmal das freie und offene kleine Kind, das sich spontan auf den Schoß von Mama oder Papa setzt, sich seine Nähe und Zuwendung, seine Sicherheit holt, und wenn sie satt ist, sich wieder aus der Umarmung löst und auf die eigene Entdeckungsreise geht.

Bildlich gesprochen lernen Kinder so ihr Selbstbewusstsein zu entwickeln. Sie bekommen durch Nähe und wohltuende Berührung Sicherheit und das Gefühl für die eigene Person, das eigene

Dasein. Sie lernen so, ihren eigenen Gefühlen zu vertrauen, sie auszudrücken und einzufordern.

Sind die Eltern abweisend, strafend, böse oder gleichgültig, sind die Kinder gezwungen, auf diese emotionale Enttäuschung zu reagieren. Sie entwickeln ihr eigenes Überlebenskonzept, meistens unter Ausschluss der Eltern. Alles, was schmerzen könnte, körperlich oder seelisch, wird vermieden.

Uta hatte auch keine zugewandten Eltern. Deshalb hat sie gelernt, ihre eigenen Gefühle und Bedürfnisse unter Kontrolle zu halten. Sie hat gelernt, alleine im Leben klarzukommen.

Immer wieder kommen diese alten Einstellungserinnerungen in ihrem Körper ganz unbewusst hoch. Ihre Haltung ist deshalb reflexartig und paradox. Ihr zentraler Überlebenssatz bestimmt ohne ihr bewusstes Zutun ihr Verhalten. Er ist ihr schon in Fleisch und Blut übergegangen:

„Von meinem Gegenüber kommt ohnehin nicht die Berührung, die ich brauche und haben will, deshalb mache ich lieber alles mit mir alleine aus. Dann brauche ich den Schmerz der Enttäuschung nicht aushalten."

Mit diesem Satz geht sie ganz automatisch in die innere Abwehr. Wie sehr ihr Körper und ihre Seele sich dabei unterstützen, zeigt sich an körperlichen Symptomen des Schmerzes.

Die Blase meldet sich. Sie hat Schmerzen im Unterleib. Das ist die körperliche Bestätigung, dass ihr Verhalten absolut richtig und angebracht ist.

Es ist allerdings ein paradoxes Verhalten. Es sorgt nicht für die Befriedigung ihrer tiefen Bedürfnisse und Wünsche.

Es bringt sie eher davon weg.

In den Workshops zur emotionalen Kompetenz und im Autonomietraining können sich die Teilnehmer mit den Hintergründen dieses Verhaltens auseinandersetzen.

Uta lernt, auf diese Weise Enttäuschung und Schmerz zu spüren. Ihr wird langsam bewusst, dass sie als Kind sehr enttäuscht wurde. Sie konnte damals ihren Schmerz aber nicht ausdrücken. Sie konnte nur ihr Verhalten ändern.

Sie kann jetzt endlich wahrnehmen und ahnen, welche Schmerz-Vermeidungsstrategie sie im Laufe ihres Lebens entwickelt. Sie kann sehen, dass sie damit gegen ihr ureigenstes Bedürfnis nach Beziehung unterdrückt.

Utas unbewusster Wahlspruch heißt:

„Bloß keine Beziehung! Eine Beziehung heißt immer Enttäuschung!"

Uta hat ihr Verhalten mittlerweile so perfektioniert, dass sie mit raffinierten Mitteln Beziehungen vermeidet.

Ihr unterschwelliger Antrieb heißt dann: Wer sich nicht einlässt, kann auch nicht enttäuscht werden.

Eine solche Haltung ist aber zutiefst lebensfeindlich. Alles Lebendige wird vermieden, weil die Angst vor der Zurückweisung zu groß ist.

Um aus diesem Teufelskreis zu entkommen, müssen neue positive Erfahrungen an die Stelle der alten Enttäuschungen treten.

Es gilt deshalb ganz praktisch, das Gehirn mit neuen Erfahrungen zu füttern und so die alten Denkstrukturen zu überschreiben. Neue neuronale Netze müssen über Erlebnisse, Gefühle und positive Erfahrungen geknüpft werden.

Der wohlwollende Kontakt in der Gruppe, die Rückmeldungen und die Realitätsprüfung, die sie immer wieder macht, lassen nach und nach ihr Vertrauen wachsen.

Sie kann sich immer besser auf reale Gefühle einlassen und die wohlwollende Nähe aufnehmen.

Die Halteprozesse, die Nähe, die körperliche Berührung und das Gefühl von Wohlwollen und Sicherheit unterstützen den Verstand. Diese neuen Erfahrungen von Nähe, Vertrauen und emotionaler Sicherheit lassen die Netzwerke im Gehirn größer und stärker werden.

Die behutsamen Halteprozesse sind der Einstieg in diese neue, noch unbekannte, aber ersehnte Gefühlswelt. Endlich bekommt ein blockierter Mensch einen Eindruck von dem, was er eigentlich auch zum Leben braucht und sich bisher nie nehmen konnte.

Die Teilnehmer wechseln sich in der Begleitung untereinander ab. Das ist so gewollt, damit sich im Laufe des Wochenendes keine spezielle Bindung zu einem der Teilnehmer entwickelt.

Im ersten Halteprozess wird Uta von Klara gehalten. Dabei kommt Uta bewusst mit ihrem Bedürfnis nach Nähe in Kontakt: Sie lernt im Prozess immer wieder ganz offen und frei zu spüren, welche Nähe ihr gut tut. Sie gibt dabei genaue Anweisung, welche Berührung sie an welcher Stelle ihres Körpers und mit welchem Druck haben will.

Ihr Körper kann sich im Verlauf dieses Prozesses entspannen. Sie macht im Haltesprozess die Erfahrung von Sicherheit. Sie braucht keine Angst zu haben, dass jemand sie verlässt, wenn sie in ihre Gefühle kommt. Sie kann ablassen von der üblichen Abwehr. Es droht kein Schmerz.

Sie kann sich ganz konzentrieren auf ein bewusstes Nehmen.

Sie fasst Mut und entschließt sich, einen weiteren Prozess am Nachmittag mit einem Mann zu machen. Thorsten wird sie begleiten:

Uta legt sich auf die Matte. Thorsten soll sich hinter sie setzen und die Hände auf ihre Schultern legen. Die großen, warmen Hände strahlen Ruhe aus. Das fühlt sich für Uta gut an. Sie kommt auf diese Weise innerlich zur Ruhe. Die anfängliche Angst schwindet und ihr Körper entspannt sich.

Über diese Entspannung meldet sich in ihr eine leichte Trauer. Sie merkt, wie in ihrem Körper zunehmend das Bedürfnis nach mehr Nähe und Geborgenheit aufsteigt. Sie bittet Thorsten darum, sich auf sie zu legen.

Die Begrenzung empfindet sie als angenehm. Sie fühlt sich von überall beschützt. In dieser Lage verstärkt sich das Gefühl der Trauer. Es steigt ein Bild in ihr auf. Sie sitzt als Drei- bis Vierjährige in einer Ecke und beobachtet ihren Vater. Er unterhält sich mit anderen. Eine Sehnsucht steigt in ihr auf. Unter Tränen sagt sie zu sich selbst: „Er hat nie Zeit für mich gehabt."

Die Therapeutin leitet Uta an: „Dann ruf ihn!"

Utas Stimme klingt etwas gebrochen. „Papi ... "

Über diesen Ruf kommt eine Welle des Schmerzes hoch.

Uta beginnt zu wimmern. Sie spürt, dass der Vater sie nie wirklich gesehen hat.

Die Therapeutin fragt, wie Uta damals als Kleine auf das Nichtgesehenwerden vom Vater reagiert hat.

Mit welcher Überlebensstrategie hat sie damals reagiert?

Uta: „Als Teenie bin ich schnell wütend geworden. Ich habe meinen Vater ständig herausgefordert. Ich habe ihn so lange gereizt, bis er handgreiflich wurde. Manchmal kam es zu einer Rangelei zwischen mir und meinem Vater."

Uta wird zum ersten Mal richtig bewusst, dass sie auf diese Weise ihren Vater wenigstens körperlich in seiner Kraft spüren konnte.

Mit der Zeit lernte Uta aus der Abhängigkeit gegenüber dem Vater auszusteigen.

Sie hat ganz gezielt den Vater immer wieder verbal verletzt und herausgefordert. Das ging so weit, dass ihr Vater dabei manchmal richtig verzweifelt war.

Ein paar Mal hat Uta erlebt, wie ihr Vater wie ein Häufchen Elend vor ihr stand und sie darum gebeten hat, ihn zu lieben und nicht immer so verletzend anzugreifen.

Bei dieser Erinnerung wird Utas Körper total hart.

Thorsten spiegelt ihr diese Empfindung wieder. Wenn er ihren Körper so hart wahrnimmt, würde er am liebsten mit ihr in den Kampf gehen. Da sie jedoch eine Frau sei, wäre ihm eher danach, die Flucht zu ergreifen, um sie körperlich nicht zu verletzen.

Uta: „So geht es den anderen Männern auch immer mit mir!"

In ihr kommt die alte, gewohnte Strategie hoch, sich mit Thorsten anlegen zu wollen.

Die Therapeutin fordert sie auf, mit ihrem Körpereinsatz Thorsten abzuwerfen. Thorsten soll dabei Uta gut festhalten. Uta versucht es immer wieder. Sie lacht dabei. Doch gegen Thorstens Kraft kommt sie nicht an.

Irgendwann kommt eine Trauer in ihr hoch:

„Das hätte ich mir von meinem Vater gewünscht, dass er es mit mir aushält und stärker ist als ich."

Tränen kullern und die Therapeutin leitet Thorsten an, Uta nun seitlich einfach nur im Arm zu halten.

Mit der Zeit versickern die Tränen und Uta wird weicher. Sie schaut Thorsten an und staunt, wie leicht sich die Nähe gerade anfühlt.

Es ist eine völlig neue Erfahrung für sie. Uta sieht die liebevoll schauenden Augen von Thorsten und erlebt sich gleichzeitig weich und verletzlich.

Als sie sich dieser Nähe bewusst wird, legt sie instinktiv den Arm um Thorsten. Damit ist sie wieder auf der sicheren Seite. Sie behält die Kontrolle. Sie ist jetzt wieder formal zwar auf gleicher Augenhöhe, aber Thorsten fühlt sich ihr gegenüber plötzlich wieder ganz klein.

Er empfindet ein Gefühl der Gefahr.

„Wenn Uta das Kommando über die Nähe übernimmt, dann ist sie die Entscheiderin über die Nähe. Wenn es ihr zu viel wird, schmeißt sie mich wieder raus."

Die Therapeutin schlägt Uta ein Experiment vor. Thorsten soll den Arm um Uta legen.

Schlagartig ändert sich das Verhältnis wieder zwischen ihnen.

Thorsten: „Bei mir steigt das Gefühl hoch, nun wieder mit Uta kräftemäßig auf gleicher Augenhöhe zu sein. Ich habe das Gefühl, sie beschützen zu wollen. Wenn ich auf Uta schaue, merke ich zum ersten Mal ihren weiblichen Charme. Sie fühlt sich ganz weich an. Wenn sie will, kann sie mich mit ihrer Weiblichkeit rumkriegen."

Er lacht.

Ganz anders ist die Wahrnehmung bei Uta: „Es ist ganz ungewohnt, den Arm um mich herum zu spüren. Ich werde kleiner, was bedeutet: Ich gebe Kontrolle ab. Das ist total ungewohnt!"

Es folgt eine Sequenz, in der Uta immer wieder die Position des Armes wechselt, mal oben, mal unten. Sie spürt, wie sich das anders anfühlt. Sie spürt den Zusammenhang mit ihrem Vater.

Als Thorsten ihr den Arm umlegt, sagt sie schließlich den Satz: „Ich mute mich dir zu, mit allem was ich bin." Die Therapeutin unterstützt sie darin, dieses neue Körpergefühl im Körper zu verankern.

Solche Prozesse zum Erspüren der eigenen Gefühle und damit zur Entwicklung der eigenen emotionalen Kompetenz hören sich in der Beschreibung total leicht und selbstverständlich an.

Es braucht allerdings Übung und Mut, sich einem anderen Menschen anzuvertrauen, ihm mitzuteilen, was einem gut tut. Es ist eine total unbekannte, neue Erfahrung, die Berührung durch das Gegenüber in sich aufzunehmen. Uta erlebte dabei ganz neue Dimensionen.

„Das war einfach klasse! So leicht ist das: Ich sage, wo ich was brauche und bekomme es auch! Und dann hab ich gemerkt, diese Berührung an den Schultern und an der Brust tut mir besonders gut. Da konnte ich mal so richtig loslassen, obwohl mir jemand kontinuierlich auf die Pelle gerückt ist und nicht gegangen ist." Dabei strahlt sie Klara über das ganze Gesicht an und stupst sie wohlwollend in die Seite.

Solche Erlebnisse im Halten sind ganz neue Erfahrungen für das Gehirn. Sie stellen das bisherige (Über-)Lebenskonzept in Frage. Jetzt kommt es darauf an, diese neuen Erfahrungen im Gehirn zu verankern.

Eine wirksame Methode ist, für die neue Erfahrung die richtigen Einstellungssätze zu finden und diese in das eigene Herz aufzunehmen.

Thorsten formuliert für sich: „Ich erlebe meine Traurigkeit und sie gehört zu mir." Es war neu für ihn, in einem Halteprozess seine Tränen fließen lassen zu können, dabei Halt zu spüren und nicht zurückgewiesen zu werden.

Thorsten kann sich Zeit nehmen und die Hand an die Stelle legen, wo die Traurigkeit spürbar ist.

Er wiederholt diesen Satz immer wieder und bleibt dabei im Blickkontakt zu den anderen.

So kann sich der neue Satz, die neue Haltung fest in seinem Körper und seiner Seele verankern.

Bei Uta heißt der neue Satz: „Ich mute mich dir zu, mit allem was ich bin." Es fällt auf, dass es ihr leichter fällt, diesen Satz an Frauen zu richten. Gegenüber den Männern schwankt ihr Körper etwas und der Satz kommt nicht so überzeugend rüber.

Die Arbeit zum Thema „Emotionale Kompetenz" und das persönliche „Autonomietraining" ist ein Schritt zur Emanzipation. Die Teilnehmer lernen, die Verantwortung für sich, ihre Gefühle und ihre Bedürfnisse zu übernehmen. Verantwortung kann nur für etwas übernommen werden, was wir im Bewusstsein haben. Deshalb ist die Arbeit bei den Workshops in „Emotionaler Kompetenz" vor allem ein Erforschen und Erspüren all der Themen, die uns oft heimlich steuern. Emotionale Kompetenz heißt „sich bewusst sein".

Auf diesem Weg dient der Körper als zuverlässiger Wegweiser. Er zeigt die Lebensaufgaben, die in den Blick genommen werden müssen. Der Körper ist dabei freundlich und macht uns auf etwas aufmerksam.

Auch mit seinen somatischen Reaktionen hilft er uns, mehr über das eigene Innenleben zu erfahren. Mit diesem Bewusstsein können wir uns unseren Lebensaufgaben bewusst stellen.

Wer sich auf diesen Weg macht, kann auf seinem Lebensweg ein Stück vom Glück einfangen. Mit Glück ist dabei nicht das Glück des Lottogewinns gemeint.

Die spanische Sprache unterscheidet die Begriffe von Glück sehr treffend. Da gibt es den Ausdruck „la suerte". Dieses Wort steht für das Glück, welches einem plötzlich auf den Schoß fällt. Nach dem Motto: „Hast du aber Glück gehabt, dass gerade dir das passiert ist!"

Daneben gibt es „la felicidad". Damit ist das Glück des langen Zustandes der Freude gemeint. Anders ausgedrückt: „Wenn ich auf mein Leben schaue, so überkommt mich ein Gefühl des Glücks. Ich bin mit der Art, wie ich lebe, zufrieden. Ich bin glücklich."

Dan Casriel kam in der Begleitung seiner Klienten zu folgender Erkenntnis:

„Ich sehe die Menschen nicht als krank, sondern als unglücklich an. Ich weiß nun, dass wir uns selbst beibringen können glücklich zu sein."[63]

Und weiter sagt er: „Tatsächlich ist es so, dass die glücklichsten Menschen die verantwortungsvollsten sind, denn in einem Zustand der Verantwortungslosigkeit kann das Glücklichsein nicht aufrechterhalten werden."[64]

---

[63] zitiert nach Konrad Stauss: Bonding Psychotherapie, Kösel Verlag 2006, S. 79

[64] ebd.

Glück stellt sich ein, wenn wir unser Leben in die Hand nehmen und es nach unserem innersten Streben, nach unserer inneren Wahrheit ausrichten.

Das Bindungshalten ist eine Methode, die eigene innere Wahrheit zu erfahren, zu erkennen und das Leben danach auszurichten. Wenn wir glücklich sein wollen, müssen wir Verantwortung zeigen und unser Leben selbst in die Hand nehmen. In diesem Sinne können wir das alte deutsche Sprichwort in seiner vollen Bedeutung annehmen: „Du bist selbst deines Glückes Schmied."

Glückskonto

Wir Menschen sind ein Wunderwerk der Natur. Wir sind komplex und von ungeheurer Vielfalt. Dieses Buch ist der Versuch, ein Stückchen Komplexität in unserer Gefühlswelt verstehbar zu machen.

Wenn wir den Zugang zu unserem inneren Empfinden gewonnen haben, sind wir schon weit fortgeschritten auf dem Weg zu unserem Ich. Wir können plötzlich spüren und verstehen, von welchen Gefühlen wir gesteuert werden.

Dieser Schritt im Bewusstsein macht es uns möglich, unser Glückskonto immer mehr zu füllen.

Meistens können wir diese Prozesse auf den ersten Blick gar nicht zuordnen. Deshalb haben wir ja auch so große Schwierigkeiten damit umzugehen und sie zu beeinflussen.

Erst wenn wir Bekanntschaft machen mit unseren wahren Gefühlen, gewinnen wir Autonomie und Souveränität zurück. Tun wir das nicht, bleiben wir im Stadium des kleinen, verletzten Kindes gefangen.

Sich auf den Weg machen heißt, sich einem unbekannten Prozess zu stellen. Manchmal scheuen wir davor zurück. Manchmal scheint „leiden" leichter zu sein als „lösen".

Wer den Schritt macht und das Wagnis des Falls eingeht, wird belohnt. Sein persönliches Glückserleben nimmt zu.

In diesem Entschluss liegt eine große Chance. Unser Leben ist die Summe aller Schritte, die wir gehen. Erst am Ende der Strecke können wir auf unseren eigenen, ganz persönlichen Lebensweg zurückblicken. Wenn wir nicht gehen, ist auch das eine Entscheidung. Es gibt keine entscheidungslose Phase.

Stehen bleiben oder gehen, wir entscheiden es selbst.

Und für alle diese Entscheidungen in unserem Leben tragen nur wir und niemand sonst die Verantwortung.

Unser Leben liegt nur in unserer Hand. Niemand lebt unser Leben für uns. Wir müssen das selber tun.

Nur wir selbst können entscheiden, wie unser Leben aussehen soll.

Jeder von uns ist also auf diese Weise ein Glückssucher.

Manchmal müssen wir nur Schutt und Geröll beiseite räumen.

Aber nur so finden wir dann manchmal auch die Goldader.

Die Beispiele in diesem Buch haben hoffentlich Mut gemacht. Mut zum seelischen Risiko, das eine wunderbare Belohnung abwirft. Es ist die Belohnung des Gipfelglücks.

Aber dieses Glück muss ständig neu erobert werden. Das ist der Gang des Lebens.

Nelson Mandela hat darin Erfahrung. Einer seiner Lebensgrundsätze war:

„Wenn man einen hohen Berg bestiegen hat, stellt man fest, dass es noch viele andere Berge zu besteigen gilt."[65]

Diese Herausforderung heißt Leben.

---

[65]   www.poeteus.de

Wer nach einem Familienworkshop wieder in den Alltag einsteigt, wer sich in einer Einzelberatung seinen Themen stellt, ist ein Bergsteiger und kann sicher viele wichtige Impulse mit in sein Leben nehmen. Diese Anregungen und neue Sichtweisen wollen aber jeden Tag gepflegt werden.

Nicht immer ist diese neue Entwicklung leicht und einfach. Wer sich aber dieser Herausforderung stellt, hat die Aussicht einen Zipfel vom Rock des Glücks zu erwischen. Die Rückmeldung eines Paares gibt davon einen kleinen Eindruck:

„Wir beide haben immer noch nicht recht erfassen können, was an diesem Wochenende eigentlich geschehen ist.

Wir haben aber gespürt, in unserer Partnerschaft ist viel in Bewegung gekommen.

Es hat begonnen, sich zum Besseren zu wenden. Wir haben das beide nicht im Traum für möglich gehalten.

Unsere Probleme begleiten uns immerhin seit 20 Jahren. Irgendwann beginnt man dann den Glauben an mögliche Veränderungen zu verlieren.

Nicht, dass die Zeit seit Mitte September sonderlich einfach gewesen ist, überhaupt nicht! Sie war auch gespickt mit Tiefs und konfliktreichen Wochen.

Mittlerweile überwiegt jedoch die Hoffnung und die Zuversicht, dass wir gemeinsam und in Verbindung zueinander unseren Weg als Paar und Familie gehen werden. Und das Schönste ist, dass auch die Freude und Leichtigkeit in unsere Partnerschaft zurückzukehren beginnt.

Vielleicht bekommt sie endlich einen dauerhaften Platz. Mit anderen Worten gesagt, das Familienwochenende war ein wenig wie unser ganz persönliches Weihnachten, die Geburt von etwas Neuem und eine Quelle neuer Hoffnung!"

Die Beziehung unter den Menschen ist vielfältig. Die erzählten Einzelbeispiele sollten ein Gefühl dafür vermitteln, warum die Bindung das Tor zur persönlichen Freiheit ist.

Wir sind Gemeinschaftswesen. Wir können uns nur in der Ko-existenz entwickeln. Wir werden am Du zum Ich.

Unsere Beispiele haben das gezeigt. Wenn es keine natürlichen und guten Bindungen gibt, ist der Mensch Gefangener seiner negativen Erfahrung und nicht frei.

Fehlende Bindung richtet sich gegen die Autonomie und gegen eigenverantwortliche Entscheidungen.

Wir entwickeln unsere Entscheidungsfreiheit nur im Anblick des Gegenübers.

Wir wachsen an den Mitmenschen oder wir verkümmern in ih-rem Schatten. Wir brauchen für unser Großwerden den Zuspruch und die Bestätigung.

Wir brauchen den Satz: „So wie Du bist, bist Du in Ordnung."

Menschen sind nach negativen, schmerzvollen Erfahrungen nicht mehr in der Lage, sich den Herausforderungen des Lebens unbe-fangen und offen zu stellen. Sie sind ganz auf die Vermeidung von Schmerz ausgerichtet.

Mit dieser Haltung leben sie am wirklichen Glück vorbei.

Das Buch ist eine Einladung, das Leben zu nehmen, wie es lebt.

Das Buch ist eine Einladung, seine Gefühle kennenzulernen, auf diese Weise dem Glück nachzuspüren und es immer wieder neu zu erleben.

Das Leben stellt uns tagtäglich andere Aufgaben, bis wir aus die-sem Leben abberufen werden.

Es lädt uns ein, immer neue Entwicklungsschritte zu machen.

Solche Einladungen sind oft mit Anfangsschmerzen verbunden.

Sie anzunehmen und in Kraft umzuwandeln, ist unsere Entwicklungsherausforderung.

Das Ziel, das uns damit das Leben vorgibt, heißt:

Werde, der Du bist!

Es lohnt sich, dieses Ziel immer vor Augen zu behalten.

Das Glück wird dann immer öfter unser Wegbegleiter sein.

Heinrich Heine hat das so wunderbar ausgedrückt:

„In uns selbst liegen die Sterne unseres Glücks."

Kontakte

Cristina Candel Zentrum für Halt und Bindung (Zhab e.V.)
Moltkestr. 26
85356 Freising

mail: c.candel@zhab.de
www.zhab.de/
www.haltepunkt-praxis.de

Jo Frühwirth Via der Weg-Autonomietraining
Hauptstr. 16
71579 Spiegelberg

mail: info@via-derweg.de
www.via-derweg.de

Die Autoren begleiten Menschen auch in der eigenen Praxis auf ihrem Weg zur Selbständigkeit, Eigenverantwortung und Autonomie.

Ein Lebensweg ist die Summe aller gemachten, aber auch aller nicht gemachten Schritte.

Literatur

Jochim Bauer: Das Gedächtnis des Körpers.
Eichborn Verlag 2002
Das kooperative Gen
Hoffmann und Campe 2008

Joachim Bauer: Prinzip Menschlichkeit
Verlag Hoffmann & Campe

Joachim Bauer: Vortrag vor Arbeitnehmerkammer
Vorarlberg; „Schmerzgrenze -
Vom Ursprung alltäglicher und globaler
Gewalt" 11.4.2011

Joachim Bauer: Vortrag: Vortrag „Einsamkeit, Verletzung,
Demütigung: Zur Entwicklung von
Aggressivität bei Kindern und
Jugendlichen" am 19.4.2013 in
Bad Herrenalb Kongress:
„Die Liebe in der Familie"
Joachim Bauer: Sozial und resonanzfähig –
Warum der Mensch auf Kooperation ge-
eicht ist. SWR 2 Aula, 21. Januar 2007

Karl Heinz Brisch (Hg.): Bindungen – Paare, Sexualität und Kinder
Klett-Cotta 2012

Karl Heinz Brisch: Bindungsstörungen, Klett-Cotta 2006

Statistisches Bundesamt: Pressemitteilung Nr. 253 v. 30.7.2013

Rüdiger Dahlke: Krankheit als Sprache der Seele
Goldmann Taschenbuch 2008

Karin Grossmann: Weinen als Ruf nach Bindung, Vortrag
auf den Psychotherapiewochen in Lindau
CD Auditorium Netzwerk 2011

Johanna Haarer: Die deutsche Mutter und ihr erstes Kind
Lehmanns München 1936

Gerald Hüther,
Cornelia Nitsch: Wie aus Kindern glückliche Erwachsene
werden, Gräfe und Unzer 2008

Gerald Hüther,
Inge Krems: Das Geheimnis der ersten neuen Monate
Patmos Verlag 2005

Konrad Lorenz: Das sogenannte Böse, dtv 1974

Kurt Meyer: „Geweint wird, wenn der Kopf ab ist."
Herder Verlag 2000

Konrad Lorenz: Das sogenannte Böse, dtv 1974

Hans-Joachim Maaz: Die narzisstische Gesellschaft
C.H. Beck Verlag 2013

Phillip Neßling: „Die Liebe als Kraft in der haltgebenden
Pädagogik" Vortrag auf dem Kongress
„Liebe und Festhalten"
vom 14.10. – 17.10. 2009 in Prag

Allessandra Piontelli: From Fetus to Child
Routledge 1992

Jirina Prekop,
Christl Schweizer: Kinder sind Gäste, die nach dem Weg fragen, Kösel Verlag 2000

Franz Renggli, Der Ursprung der Angst Walter Verlag Düsseldorf 2001

Konrad Stauss: Bonding Psychotherapie Kösel Verlag 2006

Sabine Voss: Erwachsene Scheidungskinder erzählen. SWR 2 Eckpunkt 7.11.2006

Bärbel Wardetzki: Über das Drama narzisstischer Beziehungen, in Spiegel online: 9.11.2009